한사랑 4S

# 1트 합격
# 지텔프

― 한사랑 편저 ―

**경찰&소방 전용
43~50점 대비서**

1 TRY PASS

## 지텔프 경찰&소방 기본서

실전영문법+문법 실전모의고사 3회분+
독해 실전모의고사 2회분 단 한권으로!

▶ 동영상 & 학습문의
www.primeedunet.com

# PREFACE

### 이 책의 머리말

안녕하세요 G-TELP 43-50점을 대비하시는
예비 경찰&소방공무원 수험생 여러분
**1트합격 G-TELP 한사랑**입니다.

본 교재는 G-TELP 최신 기출 문제들의 경향을 빅데이터를 토대로 철저하게 분석하여 예비 경찰공무원 & 소방공무원 여러분들과 간부 후보생 가산점 획득을 위한 목표점수인 43-50점을 획득할 수 있도록 제작되었습니다.

최근 3년 내 시험에 나왔던 기출문제 경향을 100% 반영하고 그 출제율을 분석하여 출제 비중이 높은 순서대로 교재의 목차를 정했습니다.

가장 단기간에 학습자로 하여금 목표하는 점수를 획득할 수 있도록 6개의 유형별 문법이론과 Level-up 연습문제, 문법 모의고사 3회와 독해 모의고사 2회 문제풀이와 오답노트 작성을 통해 실제 시험문제에 익숙해질 수 있도록 구성하였습니다.

최근 3년간의 최신기출문제 경향을 살펴보면 문법문제 26문제의 출제 빈도수는
시제, 가정법, 준동사, 조동사, 접속사, 관계사 등의 순으로 출제되고 있음을 알 수 있습니다.

본 교재와 제 온라인 강의를 통해 여러분들이 목표하시는 점수를 단기간에 확실히 받으실 수 있도록 제가 이끌어 드리겠습니다. 시간과 비용을 낭비하지 마시고 꼭 시험에 나오는 경향의 문제에만 집중하시기 바랍니다.

후회 없는 선택을 하고 싶다면 기억하세요. G-TELP는 한사랑입니다!

*한사랑*

# CONTENTS 이 책의 목차

## Grammar Part 문법파트 [이론]

### UNIT 01 시제 / 10

| | |
|---|---|
| 01 단순시제 진행 | 11 |
| 02 완료시제 진행 | 13 |
| 03 완료시제 | 15 |
| 04 단순시제 | 18 |
| LEVEL-UP 연습문제 | 20 |

### UNIT 02 가정법 / 42

| | |
|---|---|
| 01 가정법 과거완료 | 43 |
| 02 가정법 과거 | 44 |
| 03 were toV 가정법 (가정법 미래) | 45 |
| 04 If 생략 가정법 도치 | 46 |
| 05 가정법 현재 | 48 |
| 06 혼합 가정법 | 49 |
| LEVEL-UP 연습문제 | 50 |

### UNIT 03 준동사 / 72

| | |
|---|---|
| 01 동명사란? | 73 |
| 02 동명사의 시제란? | 75 |
| 03 to부정사란? | 78 |
| 04 to부정사의 시제란? | 83 |
| LEVEL-UP 연습문제 | 86 |

## UNIT 04 조동사 / 108

01 조동사란? — 109
02 당위성 절 내 Should 조동사 생략 — 114
LEVEL-UP 연습문제 — 118

## UNIT 05 접속사&접속부사 / 142

01 접속부사란? — 143
02 접속사란? — 146
03 기타(전치사) — 149
LEVEL-UP 연습문제 — 150

## UNIT 06 관계사 / 172

01 관계사란? — 173
02 관계부사란? — 175
LEVEL-UP 연습문제 — 178

# CONTENTS 이 책의 목차

## Grammar Part 문법파트 [모의고사]

### 문법 실전 모의고사 1회      202
실전 모의고사 (정답 및 해설)      215

### 문법 실전 모의고사 2회      232
실전 모의고사 (정답 및 해설)      245

### 문법 실전 모의고사 3회      260
실전 모의고사 (정답 및 해설)      273

## Reading Part 독해파트 [모의고사]

**독해 실전 모의고사 1회**     **288**

    PART 1     292
    PART 2     302
    PART 3     312
    PART 4     322

**독해 실전 모의고사 2회**     **330**

    PART 1     334
    PART 2     344
    PART 3     354
    PART 4     366

한사랑 4S 경찰&소방 전용
# 1트합격 지텔프

**Grammar Part**

기본적인 문법 구조와 약간의 복잡한 문장 구조를 이해할 수 있는지를 묻는 문제들이 출제됩니다.
총 26문항 100점 만점으로 시간제한은 없습니다.
문제 유형으로는 시제, 가정법, 준동사, 조동사, 접속사, 관계사 순으로 출제가 되며
문장 전체를 해석하거나 이해하지 않아도
빈칸이 들어가 있는 문장의 문맥 확인만으로도 정답 유추가 가능합니다.

# 문법파트

이론

# UNIT 01 시제

**출제율**

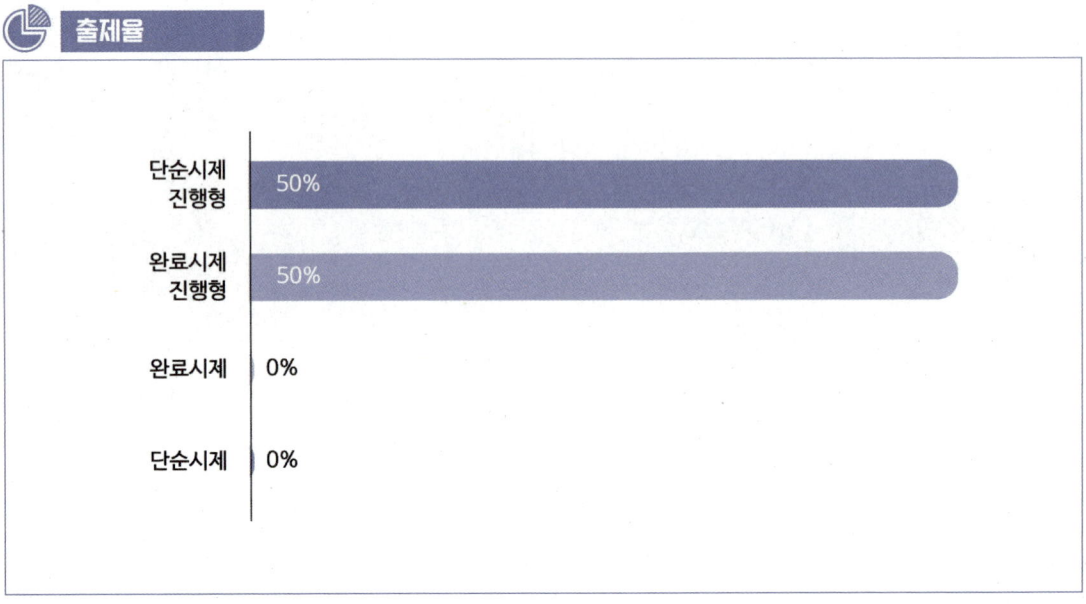

## 시제란?

시제는 기본적으로 현재, 과거, 미래 시제로 나뉘고 동사의 형태 변화를 통해 어떤 동작이나 상태가 일어난 시점을 표현하는 것이다. 시제유형의 문제를 풀 때는 **정답의 단서**를 찾는 훈련을 해야만 한다!

**사랑의♥TIP**

26개의 문법파트 문제 중 총6문제가 시제유형의 문제로 출제된다. 현재 시제유형 출제 추세는 현재진행형 1문제, 과거진행형 1문제, 미래진행형 1문제, 현재완료진행형 1문제, 과거완료진행형 1문제, 미래완료진행형 1문제 이렇게 총 6문제로 출제되며 완료시제와 단순시제는 참고용으로만 익혀두도록 하자! 시험을 치를 때 위의 진행형 종류별로 총 6개를 골랐는지 더블 체크 할 것!
ex) 현진, 과진, 미진, 현완진, 과완진, 미완진

# 01 단순시제 진행

## 진행시제란?

특정한 시점에 진행 중인 일 즉, '~하고 있는', '순간적인 동작'을 나타낸다.
순간적인 동작에 의미를 두어야 한다.
진행시제의 형태는 be동사+동사원형ing으로 쓴다.

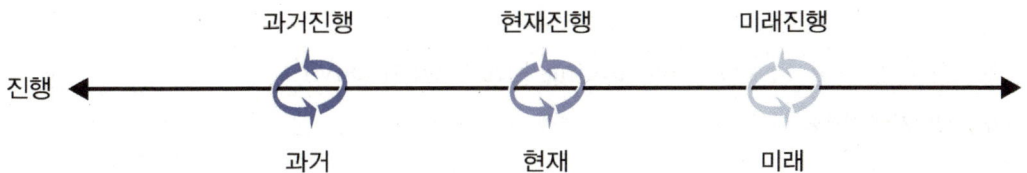

### 01 현재진행

현재진행시제는 〈am/is/are+동사원형ing〉의 형태로 쓰이며 '~하고 있는 중이다', '~하고 있다' 등으로 해석된다. 주로 현재 어떠한 행동, 동작이나 상태가 진행되고 있음을 나타낸다.

- My mom is making sandwiches now.
  우리엄마는 지금 샌드위치를 만들고 계신다.

- Rachel and Dave are talking on the phone right now.
  Rachel과 Dave는 지금 전화 통화를 하고 있다.

---

**사랑의 ♥ TIP**

문제 내에 현재를 나타내는 시간부사 now, right now, recently, these days, nowadays, at the moment, as of the moment 등이 보인다면 바로 박스!

최근 기출표현
- **최근 기출** currently: 현재는, 지금은
- as of this moment: 이 순간, 지금 순간부터
- as of now: 현재로서는, 아직까지는
- as of today: 오늘부로

정답은 **현재진행형**이다.

## 02 과거진행

과거진행시제는 〈was/were + 동사원형ing〉의 형태로 쓰이며
'~하고 있는 중이었다', '~하고 있었다' 등으로 해석된다.
주로 과거의 분명하고 구체적인 시간에, 어떤 행위가 진행 중이었음을 나타낸다.
또한, 과거를 나타내는 시간의 부사(구) (at that time, then, last, ago 등)와 함께 쓰이곤 한다.

- She was playing the guitar when I saw her.
  내가 그녀를 보았을 때 그녀는 기타를 연주하고 있었다.

- When I called her, she was having lunch with Dave.
  내가 그녀에게 전화했을 때, 그녀는 Dave와 점심을 먹고 있었다.

> **사랑의 ♥ TIP**
> 거의 매 시험마다 빠지지 않고 출제되는 과거진행형 문제 공식 패턴!
> 문제 내에 when + 주어 + 단순과거형이 보인다면 정답은 **과거진행형**이다.
> 꼭 익혀두도록 한다.

## 03 미래진행

미래진행시제는 〈will + be + 동사원형ing〉의 형태로 쓰이며 '~하고 있는 중일 것이다' 등으로
해석된다. 미래의 분명하고 구체적인 시간에, 어떤 행위, 동작이 진행 중일 것임을 나타낸다.
미래를 나타내는 시간의 부사(구) (next, in 미래연도, tomorrow, soon, by 등)와 함께 쓰이곤 한다.

- Our team will be having a meeting at 10 a.m. tomorrow.
  우리 팀은 내일 오전 10시에 회의를 하고 있는 중일 것이다.

- My family will be staying at Millenium Hotel starting next Friday till Sunday.
  우리가족은 다음 주 금요일부터 일요일까지 밀레니엄 호텔에 머물고 있는 중일 것이다.

> **사랑의 ♥ TIP**
> 보기 내에 단순미래시제와 미래진행형이 보인다면 **미래진행형**을 정답으로 고르도록 하자.
> 정답일 확률이 훨씬 높다. 지문 안에 미래를 나타내는 표현인 soon, then, as soon as,
> as planned, next, by next week, this, coming 등이 보이면 **미래진행형**이 정답이다.

## 02 완료시제 진행 ★★★

### 완료진행이란?

현재완료, 과거완료, 미래완료에 좀 더 <u>진행을 강조</u>하고 싶을 때 쓰이는 시제이다.
진행시제는 'be+v-ing'의 형태이고 완료는 'have/has/had+p.p.'의 형태이다.
이 두 시제를 합치면 'have/has/had+been+v-ing'의 형태가 된다.
'완료진행'은 주어가 얼마 동안이나 그 행위를 했는지 즉, 지속 시간을 더 강조하게 된다.

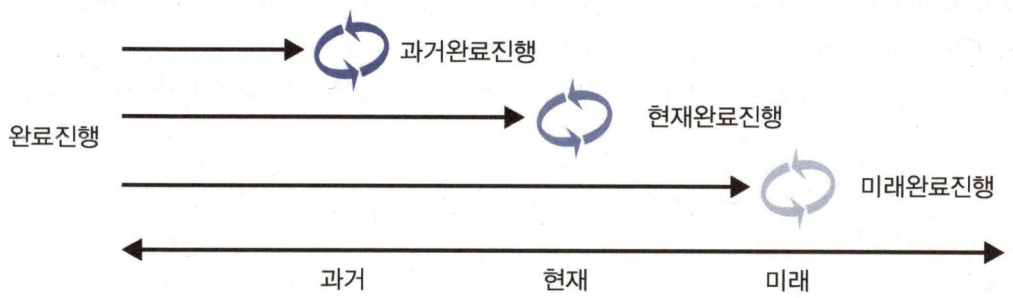

### 01 현재완료진행

have/has been+v-ing의 형태이고 과거에 시작되어 현재까지 계속 진행 중인 일을 나타낸다. '(계속) ~해 오고 있다'는 의미를 강조한다. 또한, 기간에 대한 구체적인 언급이 있고 지금 현재까지 계속 되고 있는 일을 나타낸다.

- He has been working as a manager <u>since 2019</u>.

  그는 2019년 이래로 계속해서 매니저로 근무해 오고 있는 중이다.
  (=그는 2019년 이래로 계속 매니저로 근무해 왔고 지금도 진행 중임을 강조한다.)

- They have been practicing yoga <u>for many years</u>.

  그들은 수년 동안 계속 요가를 수련해오고 있는 중이다.
  (=그들은 수년 동안 계속 요가를 해왔고 지금도 진행 중임을 강조한다.)

## 02 과거완료진행

had been+v-ing 형태로 과거의 특정한 시점 이전에 시작되어 그 과거 특정한 시점까지 계속 진행 중이었던 일을 나타낸다. '(계속) ~해 오고 있었다'는 의미를 강조한다.

- I had been smoking for years before my girlfriend asked me to quit.
  나는 내 여자 친구가 금연을 요구하기 전에 수년 동안 계속 흡연을 하고 있었다.
  (=과거 이전부터 흡연을 시작하여 과거 시점인 여자 친구가 요구하기 전까지 계속 흡연을 하고 있었다.)

- We had been chatting online for hours before his mother came home.
  우리는 그의 엄마가 집에 오기 전에 수 시간 동안 계속 온라인 채팅을 하고 있었다.
  (=과거 이전부터 온라인 채팅을 시작하여 과거 시점인 엄마가 집에 오기 전까지 계속 온라인 채팅을 하고 있었다.)

## 03 미래완료진행

will have been+v-ing 형태로 미래 특정 시점 이전부터 발생하여 미래의 특정한 시점까지 영향을 주며 동작이 계속될 것을 나타낸다. '(계속) ~하고 있을 것이다'는 의미를 강조한다.

- By that time they arrive at the cafe, I will have been talking with my friend for three hours.
  그들이 카페에 도착할 즈음이면, 나는 내 친구와 세 시간 동안 이야기하고 있는 중일 것이다.
  (=그들이 카페에 도착하는 것은 미래의 한 시점, 내가 친구와 이야기하고 있는 것은 미래의 특정 시점보다 이전에 발생한 것이다. 즉, 그들이 카페에 도착했을 미래시점에도 내가 친구와 이야기하고 있는 동작이 계속될 것이다.)

- Jane will have been sleeping for eight hours by the time Sarah gets home.
  Jane은 Sarah가 집에 도착할 때까지 8시간 동안 자고 있을 것이다.
  (=Sarah가 집에 도착하는 것은 미래의 한 시점, Jane이 자고 있는 것은 미래의 특정한 시점보다 이전에 발생한 것이다. 즉, Sarah가 도착했을 미래 시점에도 Jane은 자는 동작을 계속할 것이다.)

> 사랑의 ♥ TIP
> 문제 내에 by that time 또는 by the time이 보인다면 보기 중에 will을 찾고 since 또는 for이 보인다면 박스! 보기에서 been이 들어간 보기가 정답이다.

# 03 완료시제

시제는 크게 단순 현재, 과거, 미래로 나뉘는데 더 세세하게 나누면 단순, 진행, 완료로 나눌 수 있다. 단순시제는 한 시점에 머물러 있는 반면 완료시제는 두 시점을 연결한다.

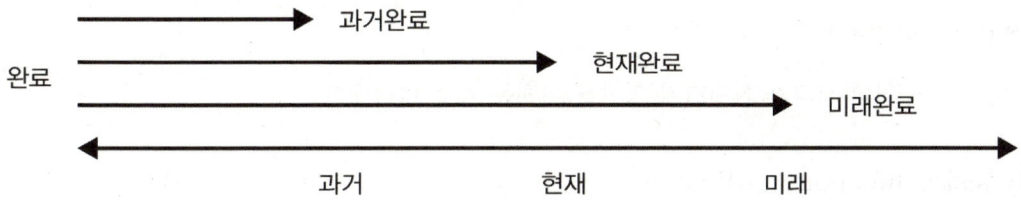

## 01 현재완료

have(has)+p.p. 형태로 과거의 일이 현재까지 영향을 줄 때 쓴다.

### ① 완료: 막 ~했다

과거에 시작되어 최근에 막 완료된 일을 나타내며 already, just, yet 등과 자주 쓰인다.

- I have just done my homework.
  나는 막 숙제를 끝냈다.

### ② 경험: ~한 적이 있다

과거부터 현재까지의 경험을 나타내며 ever, never, before, once 등과 자주 쓰인다.

- I have never been to France.
  나는 프랑스에 가본 적이 없다.

### ③ 계속: (계속) ~해 왔다

과거부터 현재까지 계속되어 온 일을 나타내며 since+기준시점(~이래로), for+기간(~동안)과 자주 쓰인다.

- **Dave has lived alone since last year.**
  Dave는 작년 이후로 혼자 살아왔다.

### ④ 결과: ~해버렸다

과거에 발생한 일의 결과가 현재까지 영향을 미치는 것을 나타낸다.

- **My sister has gone to Boston.**
  나의 여동생은 Boston으로 갔다. 〈지금 여기에 없다는 의미〉

## 02 과거완료

had+p.p. 형태로 과거의 한 시점을 기준으로 그 이전에 완료되었거나, 그 과거 시점까지 지속되었던 행위를 나타낸다. 과거보다도 더 이전의 일을 나타내므로 대과거라고도 부른다.

- **She had already left for the airport when I called her.**
  내가 그녀에게 전화했을 때 그녀는 이미 공항으로 떠났었다.
  과거(when I called her)보다 이전의 과거(She had already left for the airport)

### ① 완료: 막 ~했었다

- **He had already made cookies when his children came back home.**
  그의 아이들이 집에 돌아왔을 때 그는 막 쿠키를 만들었다.

### ② 경험: ~한 적이 있었다

- **She had visited Singapore once before they moved there.**
  그들이 그곳으로 이사 가기 전에 그녀는 Singapore에 방문한 적이 있었다.

③ 계속: (계속) ~해 왔었다

- Adam had been sick for a week, so he couldn't join the basketball practice.
  아담은 일주일 동안 아파오고 있었고, 그래서 그는 농구 연습에 참가할 수가 없었다.

④ 결과: ~해 버렸었다 (그 결과 ~했다)

- Jenny had gone to Korea, so we missed her.
  제니가 한국에 가버려서 우리는 그녀가 그리웠다.

## 03 미래완료

will+have+p.p.의 형태로 미래의 어떤 특정 시점까지 완료될 것으로 예상되는 일을 나타낸다.

- Jason will have arrived here by 2 p.m. tomorrow.
  Jason은 내일 오후 2시까지 여기에 도착해 있을 것이다.

- I will have finished this new project by next Thursday.
  나는 이 새 프로젝트를 다음 주 목요일까지 다 마칠 것이다.

> **사랑의♥TIP**
> 완료시제에서 완료, 경험, 계속, 결과로 분류하는 것은 시험에 출제되지 않으므로 해석할 때 참고로만 알아두도록 하자.

## 04 단순시제

### 01 단순현재

대부분 현재의 시점을 나타낼 때 쓰이지만, 일반적/과학적 사실이나 진리, 반복되는 일이나 습관, 현재의 사실을 나타낼 때도 쓰인다.

- Magan takes a walk every afternoon. 〈반복되는 일이나 습관〉
  Magan은 매일 오후 산책을 한다.

- There is no water on the moon. 〈일반적/과학적 사실〉
  달에는 물이 없다.

- Amy lives in San Francisco. 〈현재 시점/사실〉
  Amy는 샌프란시스코에 거주한다.

### 02 단순과거

과거 특정 시점이나 과거의 반복적인 습관, 행동 또는 역사적 사실을 나타낼 때 쓰인다.

- He visited Switzerland last year. 〈과거 특정 시점〉
  그는 작년에 스위스를 방문했다.

- King Sejong the Great created Hangul in 1443. 〈역사적 사실〉
  세종대왕은 1443년에 한글을 창제했다.

## 03 단순미래

미래의 일을 나타낼 때 쓰이며, 조동사 will + 동사원형 또는 be going to + 동사원형과 함께 쓰인다.

### ① will + 동사원형

미래에 대한 예측, 주어의 미래에 대한 의지나 말하는 시점에 즉흥적으로 결정한 미래의 일을 나타낸다.

- **I will not attend the meeting tomorrow.**
  나는 내일 회의에 참석하지 않을 것이다.

- **Emily will be a great pianist.**
  Emily는 훌륭한 피아니스트가 될 것이다.

## LEVEL-UP 연습문제

**01** Dexter uses his time on the weekend in different ways. This weekend he will be working in the afternoon on Saturday and that messes up any plans for that day. Right now, he _____ what he will do on Sunday because that is his only full day off.

(a) is deciding
(b) will be deciding
(c) has decided
(d) decides

**02** Brad woke up with a very bad pain on the right side of his body. After many tries to drive himself to the hospital, he called 911 for help. The doctor concluded that he had a large kidney stone. Brad looked back and he _____ the symptoms for a few years.

(a) experiences
(b) has been experiencing
(c) was experiencing
(d) had been experiencing

**03** In the winter, the new Costco Wholesale will open in Boston. It _____ more than 300 workers within the next three years.

(a) was employing
(b) has been employed
(c) will be employing
(d) had employed

**04** Because of the wide spreading of fish louse, which is really uncommon, the Agriculture-Fisheries Committee is going to try a drastic solution. Soon, they _____ the infected fish and all those around them to be gotten rid of and burned.

(a) are ordering
(b) were ordering
(c) have been ordered
(d) will be ordering

**05** Climate change, increasing water scarcity, population growth, demographic changes and urbanization already pose challenges for water supply systems. By 2025, half of the world's population _____ in water-stressed areas.

(a) will be living
(b) is living
(c) lives
(d) would live


**06** Season 27 of ABC's "Dancing With The Stars" _____ for six weeks. And so far, only female contestants have been sent home. First to go was Comedian Nikki Glaser, then Paralympic Skier Danelle Umstead, then Actress Nancy McKeon, then R&B Singer Tinashe. Last week, Olympic Gymnast Mary Lou Retton said goodbye.

(a) airs
(b) is airing
(c) has been airing
(d) had aired

**07** Beth said that she would meet me at the movie theater at 7 PM. When she showed up at 7:15, I _____ nervous that we would miss the start of the movie. Getting in the theater earlier also means a better choice of seats.

(a) is getting
(b) would get
(c) has gotten
(d) was getting

**08** My family often enjoyed having dinner at the Slunch Factory Restaurant because of Chef Kevin. The restaurant's excellent foods _____ by him for so many years before he moved to Seattle.

(a) was prepared
(b) had been preparing
(c) were preparing
(d) is preparing

**09** Emma and Jonathan got to the coffee shop at 4 o'clock for the business meeting. Harry won't make it until 5, so they _____ some conversations for about an hour by the time Harry arrives.

(a) will be just having
(b) would be just having
(c) will have been just having
(d) would have been just having

**10** This coming June, I _____ in Toronto for over seven years. It doesn't really seem that it has been that long.

(a) has been living
(b) am living
(c) had lived
(d) will have been living

**11** Ian, like many students, is not sure that he wants to be a lawyer. It was a childhood dream as he watched TV shows. Currently, he _____ his mind to enter the field of veterinary medicine because of his love of animals.

(a) has made up
(b) makes up
(c) will make up
(d) is making up

**12** Tokyo has a population of 13 million. Even Kyoto and Osaka combined have less population. Nowadays, the population in Tokyo _____ and extremely straining for its available resources and facilities.

(a) has been expanded
(b) is expanding
(c) will be expanded
(d) had expanded

**13** The doctor warned me not to stay up late for two weeks. Yesterday, I _____ to get up from the chair to get the newspaper, and I lost my balance and fell on my back.

(a) had been trying
(b) will have tried
(c) am trying
(d) was trying




**14** Apple Inc. plans to release a new update to iOS 12. It added ARKit2. This coming Wednesday, the development team _____ the exact date when the new software is available.

(a) was announcing
(b) will be announcing
(c) has been announcing
(d) will have been announcing

**15** The journalism of today for the most part is distorted. We have experienced this in the last assembly elections. For centuries, news _____ people's choices on who to vote for.

(a) will have been influencing
(b) have been influencing
(c) has been influencing
(d) was influencing

**16** Kelly is an art maniac. Her entire life has been about drawing and painting. Because of this, she is one of the best at helping students that are dropping behind. For decades, Kelly has been working with them and _____ them what she knows and admires.

(a) would teach
(b) has been teaching
(c) have taught
(d) had been teaching

**17** Jordan will be opening a new shoe shop in New York city in the near future. He _____ a very famous shop for a few years before wanted to start his own.

(a) is running
(b) will be running
(c) has ran
(d) had been running

**18** A large power outage in a major city can cause the power company crew to work many hours to have the power restored. A large outage in New York is still not completely restored and the crew _____ for more than five days straight this weekend.

(a) have worked
(b) will work
(c) are working
(d) will have been working

**19** Daniel bought a camping van for his 60th birthday gift for himself. Thanks to this, he _____ all around the country since his retirement.

(a) had traveled
(b) will be traveling
(c) has been traveling
(d) is traveling

**20** The Mapo Bridge in Seoul is infamous for being the place of many suicide attempts. Fortunately, Samsung Life Insurance provided the handrails with suicide prevention sign. This _____ lives since they were equipped.

(a) has been saving
(b) saves
(c) was saving
(d) will save

## LEVEL-UP 정답/해설

| 01 | 02 | 03 | 04 | 05 | 06 | 07 | 08 | 09 | 10 |
|----|----|----|----|----|----|----|----|----|----|
| a  | d  | c  | d  | a  | c  | d  | b  | c  | d  |
| 11 | 12 | 13 | 14 | 15 | 16 | 17 | 18 | 19 | 20 |
| d  | b  | d  | b  | c  | b  | d  | d  | c  | a  |

### 01

**영어문제**

Dexter uses his time on the weekend in different ways. This weekend he will be working in the afternoon on Saturday and that messes up any plans for that day. Right now, he _____ what he will do on Sunday because that is his only full day off.

(a) is deciding
(b) will be deciding
(c) has decided
(d) decides

**문제해석**

Dexter는 주말에 그의 시간을 다른 방법으로 사용한다. 이번 주에 그는 토요일 오후에 일을 하는 중일 거고, 그것은 그 날의 모든 계획을 망친다. 바로 지금, 그는 일요일이 그의 완전히 쉬는 유일한 날이기 때문에 그날 무엇을 할지 정하고 있다.

정답 (a)

**문제 해설**

빈칸에 알맞은 동사 시제를 고르는 문제이다. Right now는 현재를 가리키는 대표적인 부사이므로 빈칸에는 현재 정하고 있는 중이라는 현재진행형이 가장 자연스럽다.

*cf* 현재를 나타내는 시간부사
 : now, right now, recently, these days, nowadays, at the moment, as of the moment
 ex) I'm washing the dishes <u>at the moment</u>.
 나는 지금 설거지를 하고 있는 중이다.

## 02

**영어문제**

Brad woke up with a very bad pain on the right side of his body. After many tries to drive himself to the hospital, he called 911 for help. The doctor concluded that he had a large kidney stone. Brad looked back and he _____ the symptoms for a few years.

(a) experiences
(b) has been experiencing
(c) was experiencing
(d) had been experiencing

**문제해석**

Brad는 몸 오른쪽에 극심한 통증을 느끼며 잠에서 깼다. 병원에 운전해서 가려고 여러 번 시도한 후에, 그는 911에 도움을 요청하기 위해 전화했다. 의사는 그가 커다란 신장 결석이 있다고 진단했다. Brad는 과거를 되돌아보았고, 그는 수 년 동안 그 증상을 겪어오고 있던 중이었다.

**정답** (d)

**문제 해설**

전체적으로 과거시제가 쓰인 문장이며, Brad가 병원에서 과거를 떠올려본 것은 과거시점이다. 이 과거시점보다 더 이전부터 어떠한 동작이 지속된 것이므로 과거보다 더 이전의 일을 나타내는 과거완료 또는 과거완료진행시제가 오는 것이 알맞다. 문장 내에 for a few years라는 기간을 나타내는 표현이 보이므로 정답은 과거완료 진행형인 had been experiencing이다.

## 03

**영어문제**

In the winter, the new Costco Wholesale will open in Boston. It _____ more than 300 workers within the next three years.

(a) was employing
(b) has been employed
(c) will be employing
(d) had employed

**문제해석**

겨울에, 새로운 Costco Wholesale이 Boston에 열릴 것이다. 이 새로운 마트는 향후 3년 안에 300명 이상의 직원을 고용하고 있는 중일 것이다.

**정답** (c)

**문제 해설**

미래에 Costco Wholesale이 열리고 난 후 3년 안에 새로운 직원들을 고용한다는 의미이므로 보기에서 미래시제를 골라야한다. 그러므로 보기 중 미래진행시제인 will be employing가 옳다. 또한, 주어인 Costco Wholesale이 직원을 고용하는 능동의 의미이므로 수동형태인 be employed는 옳지 않다.

## 04

### 영어문제

Because of the wide spreading of fish louse, which is really uncommon, the Agriculture-Fisheries Committee is going to try a drastic solution. Soon, they _____ the infected fish and all those around them to be gotten rid of and burned.

(a) are ordering
(b) were ordering
(c) have been ordered
(d) will be ordering

### 문제해석

곧, 물고기 진드기의 매우 드문 번식 때문에, 농수산 위원회는 극단적인 해결책을 시도할 예정이다.
곧, 그들은 감염된 물고기와 그들 주변의 모든 물고기를 제거하고 태우라고 지시하고 있는 중일 것이다.

**정답** (d)

### 문제 해설

soon (곧) 이라는 시간부사로 보아 가까운 미래에 일어날 일을 말하고 있다. 또한 앞의 문장에서 be going to를 사용하여 예정된 미래에 대한 이야기를 하고 있고, 농수산 위원회의 해결책은 미래에 실시될 것이므로 미래진행시제인 will be ordering이 옳다.

## 05

### 영어문제

Climate change, increasing water scarcity, population growth, demographic changes and urbanization already pose challenges for water supply systems. By 2025, half of the world's population _____ in water-stressed areas.

(a) will be living
(b) is living
(c) lives
(d) would live

### 문제해석

기후 변화, 물 부족 증가, 인구 증가, 인구구조 변화, 그리고 도시화는 이미 물 공급 시스템에 어려움을 주고 있다. 2025년에는 세계 인구의 절반이 물 부족 지역에서 살고 있을 것이다.

**정답** (a)

### 문제 해설

가까운 미래의 시점인 2025년에 진행 중인 일을 이야기하고 있으므로 미래진행시제인 will be living이 옳다.

| 06 | 영어문제 | 문제해석 |
|---|---|---|

Season 27 of ABC's "Dancing With The Stars" _____ for six weeks. And so far, only female contestants have been sent home. First to go was Comedian Nikki Glaser, then Paralympic Skier Danelle Umstead, then Actress Nancy McKeon, then R&B Singer Tinashe. Last week, Olympic Gymnast Mary Lou Retton said goodbye.

(a) airs
(b) is airing
(c) has been airing
(d) had aired

ABC의 "스타와 함께 춤을" 시즌 27은 6주 동안 방영되고 있는 중이다. 그리고 지금까지 여성 참가자만이 탈락했다. 첫 번째 탈락자는 코미디언 Nikki Glaser였고, 다음은 패럴림픽 스키선수 Danelle Umstead, 그리고 배우 Nancy McKeon, 마지막으로 알앤비 가수 Tinashe 순이다. 지난주에는 올림픽 체조선수 Mary Lou Retton이 마지막 인사를 했다.

**정답** (c)

### 문제 해설
6주 전부터 현재까지 계속해서 지속되고 있는 일에 대해 이야기하고 있으므로, 과거부터 현재까지의 계속을 나타낼 때 쓰는 현재완료진행형인 has been airing이 빈칸에 알맞다.

| 07 | 영어문제 | 문제해석 |
|---|---|---|

Beth said that she would meet me at the movie theater at 7 PM. When she showed up at 7:15, I _____ nervous that we would miss the start of the movie. Getting in the theater earlier also means a better choice of seats.

(a) is getting
(b) would get
(c) has gotten
(d) was getting

Beth는 저녁 7시에 영화관에서 나를 만나겠다고 말했다. 그녀가 7시 15분에 나타났을 때, 나는 우리가 영화의 첫 부분을 놓칠까봐 초조해하고 있었다. 극장에 더 일찍 들어가는 것은 더 좋은 좌석을 선택할 수 있다는 것도 의미한다.

**정답** (d)

### 문제 해설
영화를 보러 간 것은 과거의 일이며, Beth가 약속 시간보다 늦게 나타났을 때 (when + she+ showed up) 나는 초조해하는 중이었다는 내용이므로 과거에 진행 중인 일을 말할 때 사용하는 과거진행시제인 was getting이 빈칸에 옳다.
*cf)* 과거진행형 패턴을 기억하자! When + 주어 + 단순과거시제 = 정답은 과거진행형이다!

## 08

**영어문제**

My family often enjoyed having dinner at the Slunch Factory Restaurant because of Chef Kevin. The restaurant's excellent foods _____ by him for so many years before he moved to Seattle.

(a) was prepared
(b) had been preparing
(c) were preparing
(d) is preparing

**문제해석**

우리 가족은 셰프 Kevin 덕분에, Slunch Factory Restaurant에서 저녁 먹는 걸 종종 즐겼다.
그 레스토랑의 훌륭한 음식은 그가 Seattle로 이사 가기 전에 수년 동안 그에 의해 준비되어졌다.

**정답** (b)

**문제 해설**

셰프 Kevin이 Seattle로 이사를 간 과거의 일 이전에 그 레스토랑의 음식이 셰프Kevin에 의해 수년 동안 준비 되었으므로 과거완료진행형인 had been preparing을 사용해야 한다.

## 09

**영어문제**

Emma and Jonathan got to the coffee shop at 4 o'clock for the business meeting. Harry won't make it until 5, so they _____ some conversations for about an hour by the time Harry arrives.

(a) will be just having
(b) would be just having
(c) will have been just having
(d) would have been just having

**문제해석**

Emma와 Jonathan은 사업 회의를 하기 위해 4시에 카페에 도착했다. Harry는 5시까지 도착하지 않을 것이다. 그래서 Harry가 도착할 쯤에 그 둘은 약 한 시간가량 단지 대화만 나누고 있는 중일 것이다.

**정답** (c)

**문제 해설**

4시가 지난 현재부터 Harry가 도착할 미래의 어느 시점까지 계속 대화를 하고 있을 것이라는 의미이므로 미래완료진행형인 will have been just having을 사용해야 한다.

| 10 | 영어문제 | 문제해석 |
|---|---|---|
| | This coming June, I _____ in Toronto for over seven years. It doesn't really seem that it has been that long.<br>(a) has been living<br>(b) am living<br>(c) had lived<br>(d) will have been living | 현재부터 미래 시점인 이번 6월까지 내가 Toronto에서 산지 7년이 넘을 것이라는 의미이므로 미래에 어느 시점까지 계속의 의미이다. 따라서 미래완료진행형태인 will have been living이 옳다.<br>**정답** (d) |

**문제 해설**

이번 6월이 되면, 나는 Toronto에 산지 7년이 넘을 것이다. 이것(Toronto에 산 것)은 정말 그렇게 오래된 것 같지 않은데 말이다.

| 11 | 영어문제 | 문제해석 |
|---|---|---|
| | Ian, like many students, is not sure that he wants to be a lawyer. It was a childhood dream as he watched TV shows. Currently, he _____ his mind to enter the field of veterinary medicine because of his love of animals.<br>(a) has made up<br>(b) makes up<br>(c) will make up<br>(d) is making up | 많은 학생들과 같이 Ian은 그가 변호사가 되길 원하는지 확신하지 못한다. 그것은 그가 TV 프로그램을 보았을 때의 어린 시절의 꿈이었다. 현재 그는 그의 동물에 대한 사랑 때문에 수의학 분야에 들어가는 것으로 그의 마음을 정하고 있는 중이다.<br>**정답** (d) |

**문제 해설**

Currently(현재는, 지금은)라는 시간부사로 보아, 현재 이루어지고 있는 중인 행위에 대해 말하고 있으므로 빈칸에는 현재진행형인 is making up이 옳다.

*cf)* 현재진행시제(be Ving): 말하고 있는 현재 진행 중이고, 아직 끝나지 않은 일에 대해 말할 때 사용.

| 12 | 영어문제 | 문제해석 |
|---|---|---|
| | Tokyo has a population of 13 million. Even Kyoto and Osaka combined have less population. Nowadays, the population in Tokyo _____ and extremely straining for its available resources and facilities.<br>(a) has been expanded<br>(b) is expanding<br>(c) will be expanded<br>(d) had expanded | 도쿄에는 천삼백 만의 인구가 산다. 심지어 교토와 오사카를 합친 인구는 도쿄의 인구보다 적다.<br>도쿄의 인구는 점점 늘어나고 있고 이 시의 사용 가능한 자원과 시설이 극도로 한계에 이르고 있는 중이다.<br>**정답** (b) |

### 문제 해설

주어 다음의 동사 자리이므로 모두 답이 될 수 있지만, nowadays (오늘날) 시간부사로 보아 현재 도쿄의 인구가 증가하고 있는 중이라는 의미이므로 현재진행형인 is expanding이 올바른 답이다.
또한 and로 연결되는 뒷부분의 straining (무리하게 사용하다) 이 병렬구조로 이루어져있으므로 같은 구조인 ing을 사용한 답은 b밖에 없는 것을 통해 유추할 수도 있다.
*cf)* have to 동사원형: ~해야만 한다.

| 13 | 영어문제 | 문제해석 |
|---|---|---|
| | The doctor warned me not to stay up late for two weeks. Yesterday, I _____ to get up from the chair to get the newspaper, and I lost my balance and fell on my back.<br>(a) had been trying<br>(b) will have tried<br>(c) am trying<br>(d) was trying | 의사는 나에게 2주 동안 밤늦게까지 깨어있지 말 것을 권고했다. 어제 나는 신문을 가져오기 위해 의자에서 일어나려고 노력하는 중에 중심을 잃고 뒤로 넘어졌다.<br>**정답** (d) |

### 문제 해설

Yesterday라는 표현을 사용함으로써 과거의 일을 이야기하고 있고, 과거에 내가 물건을 꺼내려던 도중에 중심을 잃고 넘어진 것이므로 과거진행형인 was trying이 맞는 답이다.

## 14

**영어문제**

Apple Inc. plans to release a new update to iOS 12. It added ARKit2. This coming Wednesday, the development team _____ the exact date when the new software is available.

(a) was announcing
(b) will be announcing
(c) has been announcing
(d) will have been announcing

**문제해석**

Apple사는 iOS 12로 새로운 업데이트 출시를 계획한다. 그 새로운 업데이트는 ARKit2를 추가했다. 돌아오는 수요일에 개발팀은 언제 새로운 소프트웨어가 가능해질지 정확한 날짜를 발표할 것이다.

**정답** (b)

### 문제 해설

The development team이라는 주어 다음 동사 자리이고 미래의 일에 대한 이야기를 하고 있으므로 (Apple plans to release 로 미래에 대한 이야기임을 유추할 수 있다) a는 사용 불가능 하다.
또한 현재완료의 의미상 과거에 발표를 한 것이 현재에도 계속 되고 있다는 뜻이므로 불가능하다.
미래의 시점인 돌아오는 수요일 (this coming Wednesday)에 발표할 것이라는 예정의 의미를 가지는 미래진행형인 will be announcing이 옳다.

## 15

**영어문제**

The journalism of today for the most part is distorted. We have experienced this in the last assembly elections. For centuries, news _____ people's choices on who to vote for.

(a) will have been influencing
(b) have been influencing
(c) has been influencing
(d) was influencing

**문제해석**

오늘날 언론은 대부분이 왜곡되어 있다. 우리는 이것을 지난 국회의원 선거들을 통해 경험해왔다. 뉴스는 수세기동안 누구를 투표할지에 대한 사람들의 선택에 영향을 미쳐오고 있는 중이다.

**정답** (c)

### 문제 해설

과거에서부터 현재까지도 for centuries (수세기동안) 뉴스는 국회의원 선거에 대한 사람들의 선택에 영향을 미치고 있는 중이므로 현재완료 진행형인 has been influencing이 옳다.
news는 불가산명사이므로 단수취급 하므로 복수형 동사가 쓰인 have been influencing은 옳지 않다.

| 16 | 영어문제 | 문제해석 |
|---|---|---|

Kelly is an art maniac. Her entire life has been about drawing and painting. Because of this, she is one of the best at helping students that are dropping behind. For decades, Kelly has been working with them and _____ them what she knows and admires.

(a) would teach
(b) has been teaching
(c) have taught
(d) had been teaching

Kelly는 예술 애호가이다. 그녀의 삶 전체는 소묘와 그림에 대한 것이다. 이것 때문에 그녀는 뒤떨어진 학생들을 도와주는 최적임자 중에 한 명이다. Kelly는 수십 년 동안 그들(students)과 함께 일해 왔고 그녀가 알고 존경하는 것을 그들에게 가르쳐 오고있는중이다.

**정답** (b)

**문제 해설**

and로 연결되는 병렬 구조로서, 앞의 동사 자리에 해당하는 has been working과 같은 구조를 가져야 하며 Kelly가 과거부터 현재까지 수십 년 동안 (for decades) 계속 학생들에게 예술을 가르치는 일을 하고 있으므로 현재완료진행인 has been teaching이 정답이다.

| 17 | 영어문제 | 문제해석 |
|---|---|---|

Jordan will be opening a new shoe shop in New York city in the near future. He _____ a very famous shop for a few years before wanted to start his own.

(a) is running
(b) will be running
(c) has ran
(d) had been running

Jordan은 가까운 미래에 New York시에 새로운 신발 가게를 개업할 것이다. 그는 자신만의 가게를 시작하는 것을 원하기 전까지 수년 동안 매우 유명한 가게를 운영해 보고 있던 중이었다.

**정답** (d)

**문제 해설**

Jordan이 자신만의 신발 가게를 경영하길 원했던 것은 과거의 일이며, 그 이전부터 계속 다른 사람 소유의 가게를 수년 동안 (for a few years) 운영해왔던 것이므로 과거완료 진행형인 had been running이 옳다.

*cf)* run: 달리다, (사업체 등을) 운영/경영/관리하다

| 18 | 영어문제 | 문제해석 |
|---|---|---|
| | A large power outage in a major city can cause the power company crew to work many hours to have the power restored. A large outage in New York is still not completely restored and the crew _____ for more than five days straight this weekend.<br><br>(a) have worked<br>(b) will work<br>(c) are working<br>(d) will have been working | 대도시에서 대규모의 정전은 전기를 복구하기 위해 전기회사 직원들이 많은 시간 일을 하는 것을 야기할 수도 있다. 뉴욕의 대규모 정전은 여전히 완전히 복구되지 않았으며, 직원들은 이번 주말이면 5일 이상 연속으로 근무를 하고 있는 중일 것이다.<br><br>**정답** (d) |

**문제 해설**

가까운 미래인 이번 주말까지 5일 동안 계속해서 일을 하고 있을 상황을 의미하므로, 미래의 특정한 시점까지 동작이 계속해서 이루어질 때 사용하는 미래완료진행형이 빈칸에 옳다. 따라서 will have been working이 빈칸에 가장 적절하다.

*cf)* crew는 '(전체) 직원, 승무원, (특정한 기술을 가지고 함께 일을 하는) 팀'을 의미하는 집합명사로, 단체로 볼 때는 단수 취급, 각 구성원을 가리킬 때는 복수 취급한다.


| 19 | 영어문제 | 문제해석 |
|---|---|---|
| | Daniel bought a camping van for his 60th birthday gift for himself. Thanks to this, he _____ all around the country since his retirement.<br><br>(a) had traveled<br>(b) will be traveling<br>(c) has been traveling<br>(d) is traveling | Daniel은 그의 60세 생일 선물로 스스로에게 캠핑 밴을 사주었다. 이것 덕분에 그는 은퇴 이후 전국을 여행해오고 있는 중이다.<br><br>**정답** (c) |

**문제 해설**

since retirement로 보아 은퇴를 기점으로 과거에 캠핑 밴을 사서 여행을 시작하여 현재까지도 전국을 여행하는 중이므로 현재완료진행형인 has been traveling이 옳다.

## 20

**영어문제**

The Mapo Bridge in Seoul is infamous for being the place of many suicide attempts. Fortunately, Samsung Life Insurance provided the handrails with suicide prevention sign. This _____ lives since they were equipped.

(a) has been saving
(b) saves
(c) was saving
(d) will save

**문제해석**

서울의 마포대교는 많은 자살 기도가 이루어지는 장소로 악명 높다. 다행히 삼성 생명 보험이 자살 방지 표시가 있는 난간들을 제공했다. 그것들이 설치된 이후로 이것(sign)이 생명을 구해오고 있는 중이다.

**정답** (a)

**문제 해설**

완료시제와 함께 쓰이는 접속사 since(~이래로, ~부터)가 함께 쓰였고 현재까지도 영향을 미치고 있는 중이므로 보기에서 been이 들어가 있는 현재완료진행인 has been saving이 가장 알맞다.

 **1트 합격! 지텔프 오답노트**

제작날짜:

| 틀린문제 번호, 내용 | 틀린이유와 유의할 사항 |
| --- | --- |
|  |  |

# UNIT 02 가정법

### 출제율

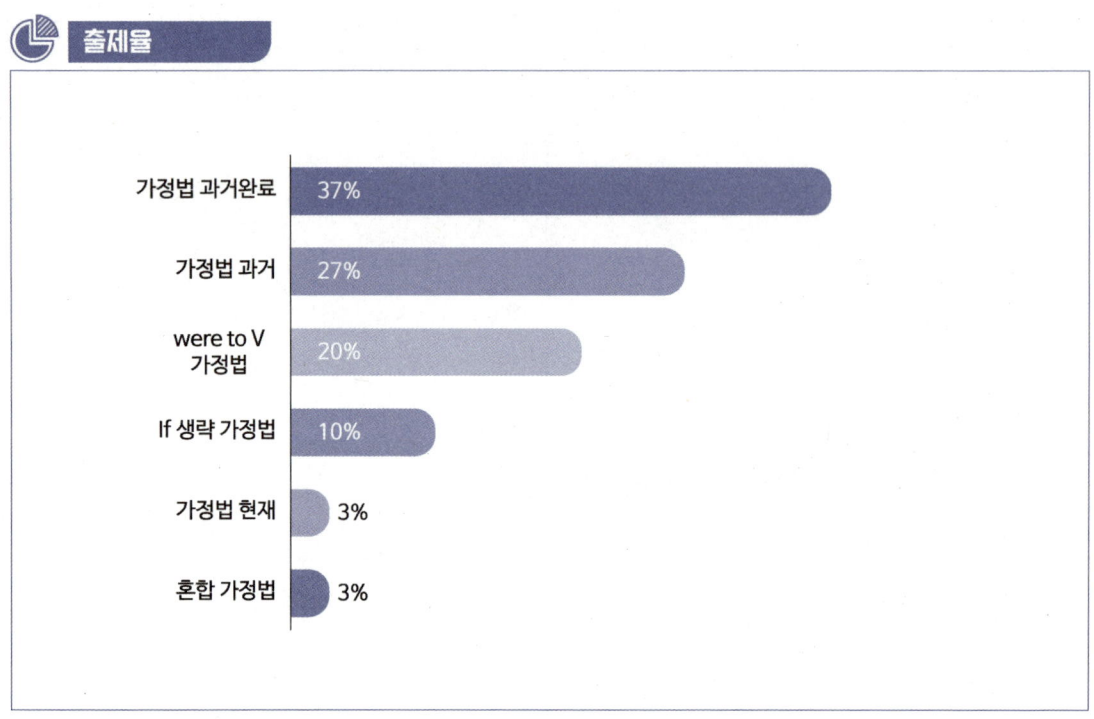

- 가정법 과거완료: 37%
- 가정법 과거: 27%
- were to V 가정법: 20%
- If 생략 가정법: 10%
- 가정법 현재: 3%
- 혼합 가정법: 3%

## 가정법이란?

가정법은 사실과 반대되는 일(가정법 현재 제외)을 가정하여 표현하는 것으로 현재 지텔프시험에서는 총6개 유형의 가정법을 출제하고 있다. 가정법 유형의 문제를 풀 때는 **짝꿍을 찾는** 훈련을 해야만 한다.

### 사랑의 ♥ TIP

문법 파트 총26개의 문제 중 가정법 유형의 문제는 6문제가 출제된다.
현재 출제율은 가정법 과거완료 〉가정법 과거 〉그리고 가정법 미래라고도 불리는 were toV가정법 순으로 출제되는 추세이다. 3개의 가정법 유형을 중점적으로 익혀두고 <u>if생략 가정법도 출제율이 높아지고 있으므로</u> 주의가 필요하다. 나머지 가정법 현재와 혼합 가정법은 참고로만 익혀둔다!

# 01 가정법 과거완료

## 01 가정법 과거완료

**과거의 사실과 반대되는 일을 가정**하여 말할 때 사용한다.
가정법 과거가 현재의 일에 대한 소원이나 후회를 하는 것이라면, 가정법 과거완료는
과거에 대한 소원이나 후회를 표현할 때 사용된다.

## 02 가정법 과거완료 형태

If + 주어 + <u>had p.p.</u> ~, 주어 + 조동사의 과거형(would, could, might) + <u>have p.p.</u> ~
의미: 만약 주어가 ~ (과거에) 했다면, 주어가 ~했을 텐데/할 수 있었을 텐데

'만약 ~했다면/ ~했을 텐데'로 영어의 형태는 과거완료형이지만, 해석은 과거로 해야 한다는
점을 알아두도록 한다.
(p.p.는 past participle 즉 과거분사의 축약형이다.)

- If I <u>had kept</u> the receipt, I could <u>have exchanged</u> this T-shirt for something else.
  만약 내가 영수증을 가지고 있었더라면, 나는 이 티셔츠를 다른 것으로 교환할 수 있었을 텐데.

  (= As I didn't keep the receipt, I couldn't exchange this T-shirt for something else.)
  나는 영수증을 가지고 있지 않았기 때문에, 이 티셔츠를 다른 것으로 교환할 수 없었다.

  → 나는 영수증을 가지고 있지 않았다는 과거 사실에 반대이기 때문에 가정법 과거완료를 사용한다.

- If my brother <u>hadn't played</u> the video games that much, he could <u>have gotten</u> much better job than his.
  만약 우리 오빠가 그렇게 비디오 게임을 하지 않았더라면, 그의 직업보다 훨씬 좋은 직업을 가질 수 있었을 텐데.

  (= As he played the video games that much, he couldn't get a much better job than his.)
  그는 그렇게 많이 비디오 게임을 했기 때문에, 그의 직업보다 훨씬 좋은 직업을 구할 수 없었다.

## 02 가정법 과거

### 01 가정법 과거

현재의 사실과 반대되거나 실현 가능성이 낮은 일을 가정하여 말할 때 사용한다.

### 02 가정법 과거 형태

If + 주어 + 동사의 <u>과거형</u> ~, 주어 + 조동사의 <u>과거형</u>(would, could, might) + 동사원형~
의미: 만약 주어가 ~ 한다면, 주어가 ~할 텐데/할 수 있을 텐데

형태는 과거형이지만 해석은 과거가 아닌 현재시제로 해석한다는 점을 알아두도록 한다.
(하지만 해석과 관련한 문제는 시험에 출제되지 않는다.)

- If I <u>were</u> him, I <u>would</u> date Alison.
  만약 내가 그라면, 나는 앨리슨과 데이트할 텐데.

  (= As I am not him, I can't date Alison.)
  나는 그가 아니기 때문에 앨리슨과 데이트하지 못한다.

  → 나는 그가 아니라는 현재 사실에 반대이기 때문에 가정법 과거를 사용한다.

- If I <u>saw</u> her, I <u>would</u> ask her about the rumor.
  만약 내가 그녀를 본다면, 나는 소문에 대해 그녀에게 물어볼 텐데.

  (= As I don't see her, I won't ask her about the rumor.)
  나는 그녀를 보지 못하기 때문에 그 소문에 대해 그녀에게 물어보지 못한다.

  → 나는 그녀를 보지 못한다는 현재 사실에 반대되기 때문에 가정법 과거를 사용한다.

## 03 were toV 가정법 (가정법 미래)

### 01 were toV 가정법

가정법 미래라고도 불리는 were toV가정법은 **비현실적인 상황을 상상 (가정)**할 때 사용한다. 가장 불확실한 상상이나 실현 가능성이 희박한 일을 가정할 때 사용한다.

### 02 were toV 가정법 형태

If+주어+<u>were toV</u> ~, 주어+조동사의 **과거형**(would, could, might)+동사원형~
의미: 만약 주어가 (그런 일은 없겠지만) ~한다면, 주어가 ~할 텐데/할 수 있을 텐데

가정법 과거와 마찬가지로 동사의 시제는 과거이지만 해석은 현재로 해야 한다는 점을 알아두도록 한다.

- If I <u>were to enter</u> American university, I <u>could make</u> an American boy-friend.
  내가 만약 미국 대학에 입학한다면, 나는 미국인 남자친구를 만들 수 있을 텐데.

  (= As I can't enter American university, I can't make an American boy-friend.)
  나는 미국대학에 입학 할 수 없기 때문에, 미국인 남자친구를 만들 수가 없다.

  → (현재의 상황으로 보아) 내가 미국대학에 들어가서 미국인 남자친구를 만들 가능성은 희박하기 때문에 were toV 가정법을 사용한다.

# 04 If 생략 가정법 도치

가정법에서 if를 생략할 경우, 주어와 동사의 위치가 서로 도치된다. (최근 시험 출제율 급상승!)

### 01 were가 쓰인 가정법 과거

Were+주어 ~, 주어+조동사의 과거형(would, could, might)+동사원형···.
(가정법 과거와 마찬가지로 해석은 현재로 한다.)

- If my dad were here now, he would tell you his whole life story.
  = <u>Were</u> my dad here now, he <u>would</u> tell you his whole life story.
  (if 생략 후, 주어 동사 도치)
  만약 우리 아빠가 지금 여기 있다면, 그는 그의 인생 전반의 이야기를 해줄 텐데.

※ 문장 앞에 were가 보인다면 가정법 과거임을 알고 정답으로 보기에서 would를 골라야 한다.

- If it were not for your help, I could not do the work.
  = <u>Were</u> it not for your help, I <u>could</u> not do the work.
  너의 도움이 없다면, 나는 그 일을 할 수 없을 것이다.

## 02 가정법 과거완료

Had+주어+p.p. ~, 주어+조동사의 과거형(would, could, might)+have+p.p. ….
(가정법 과거완료와 마찬가지로 해석은 과거로 한다.)

- If you had asked her, she would have told you the answer.
  = <u>Had</u> you <u>asked</u> her, she would <u>have told</u> you the answer.
  (if 생략 후, 주어 동사 도치)
  만약 그녀에게 물어봤다면, 그녀는 너에게 답을 말해줬을 것이다.

  ※ 문장 앞에 had가 보인다면 가정법 과거완료임을 알고 정답으로 보기에서
  조동사의 과거형+have+p.p.를 골라야 한다.

- If it had not been for your kindness, I would have been lost.
  = <u>Had</u> it not <u>been</u> for your kindness, I would <u>have been</u> lost.
  너의 친절함이 아니었다면, 나는 길을 잃었을 것이다.

---

**사랑의♥TIP**

If 생략 가정법 문제유형의 출제율이 최근 높아지고 있다.
문장 앞에 were가 보인다면 정답은 조동사 과거형, had가 보인다면 have+p.p.를 정답으로 고르자!

## 05　가정법 현재

### 01 가정법 현재

현재 시점에서 미래에 실제로 일어날 가능성이 있는 일을 가정한다.

### 02 가정법 현재 형태

If + 주어 + 동사의 **현재형** ~, 주어 + 조동사의 **현재형**(will, can, may, shall) + 동사원형~
의미: 주어가 ~ 한다면, 주어가 ~ 할 것이다/할 수 있을 것이다.

※ 가정법 현재의 해석 방법은 if 조건절을 현재시제로 쓰지만 해석은 미래처럼 해석한다.

- If it snows, I will build a snowman in the yard.
  만약 눈이 온다면, 나는 마당에서 눈사람을 만들 것이다.

- If she wants the book, I will give it to her.
  만약 그녀가 그 책을 원한다면, 나는 그것을 그녀에게 줄 것이다.

## 06 혼합 가정법

혼합가정법은 현재 사실의 반대를 가정하는 '가정법 과거'와 과거 사실의 반대를 가정하는 '가정법 과거완료' 이 둘을 if절과 주절에 섞어 사용한다. 문장내에 혼합 가정법의 단서가 되는 시간부사– now, by now, today등이 있으므로 주의해서 보도록 한다.

### 01 혼합 가정법

If+주어+<u>had p.p.</u> ~, 주어+<u>조동사의 과거형</u>(would, could, might)+동사원형 + 시간부사 ~

의미: 만약 주어가 ~ (과거에) 했다면, 오늘날 주어는 ~ 할 수 있을 텐데 / 할 텐데

- If my girl-friend <u>hadn't gone</u> to the bar with her classmates, I <u>wouldn't be</u> in bed now.

  만약 내 여자친구가 반친구들과 그 바에 가지 않았더라면, 나는 지금 침대에 있지 않을 텐데.

  = As my girl-friend went to the bar with her classmates, I am in bed now.

  내 여자친구가 반친구들과 그 바에 갔기 때문에, 나는 지금 침대에 있다.

※ 문장 뒷부분에 혼합가정법의 단서가 되는 시간부사 now, by now, today등을 주의해서 보도록 하자!

## LEVEL-UP 연습문제

**01** Kate always takes so long to do her work. If she sat down and studied the task beforehand, she _____ the job way faster.

(a) has accomplished
(b) was accomplished
(c) would accomplish
(d) accomplished

**02** At work, if the workers are loyal to the enterprise and do their job well, they _____ ahead of others.

(a) have been promoted
(b) would promote
(c) will have been promoted
(d) will be promoted

**03** I didn't check the weather forecast before going out this morning. Had I known it might snow, I _____ a hat with me.

(a) will bring
(b) brought
(c) would have brought
(d) will be bringing

**04** You should keep safe your valuable items all the time. Mike _____ his wallet if he had zipped up the zipper on his coat pocket.

(a) would not have lost
(b) did not lose
(c) would not lose
(d) will not lose

**05** If Jim had known that the coupon meant that much to Laura, he _____ it to her rather than keep it for himself.

(a) gave
(b) would have given
(c) will give
(d) would give

**06** Charles had the chance to go to Los Angeles but he doesn't like traveling. I _____ L.A. if I were to be given the chance.

(a) visited
(b) will have visited
(c) would have visited
(d) would visit

**07** If I _____ up earlier this morning, I would not miss the school bus by 10 minutes now. That's why I was late for school again.

(a) have gotten
(b) had gotten
(c) get
(d) got

**08** Making money is really important. A lot of people realize too late that they _____ a better life if they had earned more.

(a) is living
(b) has lived
(c) could have lived
(d) should be living

**09** Many artists try again and again to get their works published. During the exertion, they must have somebody to support them financially. If it were not for this support, they _____.

(a) was starving
(b) could have starved
(c) could starve
(d) starved

**10** The deadline for the thesis for graduation was last Thursday. However, I tried to get it repaired due to a software error on my computer, but the repair technician couldn't make the reservation according to his schedule. If the repair technician had come on time, my computer _____ repaired by now.

(a) would be
(b) would have been
(c) is
(d) will be

**11** Kim's brother said that he wanted to visit her in Chicago in the summer. She had already been planning a trip to New York. If she knew the date of his visit, she _____ her own reservations.

(a) made
(b) will make
(c) could had made
(d) could make

**12** After the final exams, Ron is now at risk of being put on notice for his bad grades. If he didn't have to work part time at a restaurant, he _____ higher grades.

(a) is getting
(b) will get
(c) might get
(d) had gotten

**13** Lisa loves novels that describe the classical life of the early 1800s. She thinks that she was born in the wrong century. If she could choose a decade to be born in, she _____ the Romantic period of the Victorian era.

(a) picked
(b) was picking
(c) would pick
(d) will pick

**14** Sharon returned The Black Beauty, that she had borrowed, to the library late. She was supposed to return it within 48 hours, but she only finished reading the book yesterday. If she had read it earlier, she _____ to pay the fine.

(a) is not needing
(b) did not need
(c) would not need
(d) would not have needed

**15** My cousin stopped playing professional baseball due to several back and shoulder injuries. He underwent a lot of surgeries, but his problems remained. If he hadn't been hurt so many times, he _____ at the early age of 20.

(a) is not retiring
(b) would not retire
(c) had not retired
(d) would not have retired

**16** Jordan had wanted the producer job that the local TV show was offering, but they had failed to agree on salary. He accepted an editorial post with a competitor instead. If the local TV show had offered a better wage and conditions, he _____ the job.

(a) would accept
(b) accepted
(c) would have accepted
(d) was accepting

**17** Three days ago, Steven had to walk 10 long and tough kilometers to the closest petrol station to fill up his fuel can. Had he not forgotten to fill his petrol tank before driving away, he _____ this unpleasant experience.

(a) could have avoided
(b) would avoid
(c) avoided
(d) was avoiding

**18** Leonard was so excited to attend the opening party for the school's new library. At the event, the principal announced that if it hadn't been for the parents' generosity, the project _____.

(a) is not being completed
(b) was not completed
(c) would not be completed
(d) would not have been completed

**19** Every afternoon, Margie, Brandon and Thomas walk all together on their way to the swimming pool. They _____ the same yesterday if it had not been snowing heavily.

(a) had done
(b) would have done
(c) will be doing
(d) have been doing

**20** Carl's health problems are causing him to miss a lot of classes, subsequently missing a lot of school projects. He just had a high fever two days ago and now has pneumonia. Were he in better health, he _____ all his homework on time.

(a) would complete
(b) is completing
(c) completed
(d) will complete

# LEVEL-UP 정답/해설

| 01 | 02 | 03 | 04 | 05 | 06 | 07 | 08 | 09 | 10 |
|----|----|----|----|----|----|----|----|----|----|
| c | d | c | a | b | d | b | c | c | a |
| 11 | 12 | 13 | 14 | 15 | 16 | 17 | 18 | 19 | 20 |
| d | c | c | d | d | c | a | d | b | a |

## 01

**영어문제**

Kate always takes so long to do her work. If she sat down and studied the task beforehand, she _____ the job way faster.

(a) has accomplished
(b) was accomplished
(c) would accomplish
(d) accomplished

**문제해석**

Kate는 항상 일을 하는데 긴 시간이 걸린다. 만약 그녀가 앉아서 그 일에 대해 미리 공부한다면, 그녀는 훨씬 더 빨리 그 일을 끝낼 것이다.

**정답** (c)

**문제 해설**

Kate는 일을 시작하기 전에 앉아서 공부를 하지 않기 때문에 일을 하는데 오랜 시간이 걸린다.
따라서 현재 사실에 대한 반대의 가정이므로 if절에는 동사의 과거형을 정답으로는 가정법 과거 + 동사원형인 would accomplish가 옳다.

| 02 | 영어문제 | 문제해석 |
|---|---|---|
| | At work, if the workers are loyal to the enterprise and do their job well, they _____ ahead of others.<br>(a) have been promoted<br>(b) would promote<br>(c) will have been promoted<br>(d) will be promoted | 직장에서 만약 근로자들이 회사에 충성도가 높고 자신의 일을 잘한다면, 다른 사람들보다 앞서서 승진할 것이다.<br>**정답** (d) |

### 문제 해설

실현가능성이 높은 미래의 일을 상상 또는 가정하여 말하고 있으므로 빈칸에는 가정법 현재인 will be promoted가 옳다.

*cf)* **가정법 현재**: If + 주어 + 현재동사, 주어 + 조동사의 현재형 will, can, may + 동사원형 ~.
가정한 일이 일어날 확률이 50%이상일 때 가정법 현재를 사용하게 된다.
→ 또한 시간, 조건 부사절의 경우 현재시제가 미래시제를 대신하므로,
if절을 조건 부사절로 보고 현재시제가 미래시제를 대신 한 형태로 이해해도 좋다.


| 03 | 영어문제 | 문제해석 |
|---|---|---|
| | I didn't check the weather forecast before going out this morning. Had I known it might snow, I _____ a hat with me.<br>(a) will bring<br>(b) brought<br>(c) would have brought<br>(d) will be bringing | 나는 오늘 아침에 외출하기 전에 기상예보를 확인하지 않았다. 만약 내가 눈이 올지도 모른다는 걸 알았더라면, 나는 모자를 가져왔을 것이다.<br>**정답** (c) |

### 문제 해설

빈칸이 포함된 문장의 시작이 had라는 것으로 보아 if가 생략된 후 주어와 동사가 도치된 것이라는 것을 알수 있다.
눈이 올 것이라는 사실을 몰랐던 과거 사실에 대한 반대로, 오늘 아침에 눈이 올지도 모른다는 걸 알았더라면,
내가 모자를 가져갔을 것이라는 가정법 과거완료의 의미이므로 would have brought가 옳다.

*cf)* **가정법 과거**: 현재 사실에 대한 반대를 의미함.
If 주어 + 동사의 과거형, 주어 + 조동사의 과거형 would/could/might + 동사원형
**가정법 과거완료**: 과거 사실에 대한 반대를 의미함.
If 주어 + had p.p., 주어 + 조동사의 과거형 would/could/might + have + p.p.

| 04 | 영어문제 | 문제해석 |
|---|---|---|

You should keep safe your valuable items all the time. Mike _____ his wallet if he had zipped up the zipper on his coat pocket.

(a) would not have lost
(b) did not lose
(c) would not lose
(d) will not lose

너는 항상 너의 비싼 물건들을 안전하게 보관해야 한다. 만약 Mike가 그의 코트 주머니의 지퍼를 잠갔더라면, 그의 지갑을 잃어버리지 않았을 것이다.

**정답** (a)

### 문제 해설

Mike가 과거에 코트 주머니의 지퍼를 잠그지 않았기 때문에 지갑을 잃어버렸으므로 과거사실에 대한 반대의 가정인 가정법 과거완료를 사용해야 한다. if절에 had p.p. 형태가 보이므로 정답은 조동사의 과거형 + have p.p.형태인 a를 고르며 혼합가정법의 단서가 없는지 더블체크하자!

| 05 | 영어문제 | 문제해석 |
|---|---|---|

If Jim had known that the coupon meant that much to Laura, he _____ it to her rather than keep it for himself.

(a) gave
(b) would have given
(c) will give
(d) would give

만약 Jim이 그 쿠폰이 Laura에게 그렇게 큰 의미가 있다는 것을 알았더라면, 그는 이것을 자신이 가지고 있기 보다 그녀에게 그 쿠폰을 주었을 것이다.

**정답** (b)

### 문제 해설

Jim은 과거에 Laura에게 쿠폰이 얼마나 큰 의미였는지 몰랐다. 그러한 과거 사실에 대한 반대 가정이므로 가정법 과거완료를 사용해야 한다. if절에 had + known이 보이므로 주절에는 조동사의 과거형 + have p.p.형태인 b를 정답으로 골라야한다. 정답을 고르기전 혼합가정법의 단서가 보이는지 주의하자!

## 06

**영어문제**

Charles had the chance to go to Los Angeles but he doesn't like traveling. I _____ L.A. if I were to be given the chance.

(a) visited
(b) will have visited
(c) would have visited
(d) would visit

**문제해석**

Charles는 로스앤젤레스에 갈 기회가 있었지만 그는 여행을 좋아하지 않는다. 만약 내게 그 기회가 주어진다면, 나는 L.A.에 방문할 것이다.

**정답** (d)

### 문제 해설

과거에 Charles에게 로스앤젤레스에 갈 기회가 있었지만 가지 않았고, 내게 Charles처럼 L.A.에 갈 기회가 생긴다면(그런 일은 없겠지만) 갈 것이라는 의미이므로 were toV 가정법을 사용한다. if절에 were to be가 보이므로 주절에는 가정법 과거인 would visit을 사용해야 한다.

## 07

**영어문제**

If I _____ up earlier this morning, I would not miss the school bus by 10 minutes now. That's why I was late for school again.

(a) have gotten
(b) had gotten
(c) get
(d) got

**문제해석**

만약 내가 오늘 아침에 좀 더 일찍 일어났더라면, 나는 지금 10분 차이로 학교 버스를 놓치지 않을 것이다. 이것 때문에 나는 학교에 또 지각을 했다.

**정답** (b)

### 문제 해설

과거에 내가 늦잠을 잤고, 과거의 사실에 대한 반대의 사실을 가정하고 있으므로,
if절에는 가정법 과거완료 표현인 'had p.p.'가 와야 한다. 과거에 ~ 했더라면 "현재" ~할 텐데 라는 의미의 문장이고 문장 내에 now라는 시간부사가 보이므로 혼합가정법을 사용해야한다. 주절에 조동사의 과거형+동사원형이 보이므로 if절에는 had+p.p.형태를 사용한다.

| 08 | 영어문제 | 문제해석 |
|---|---|---|
| | Making money is really important. A lot of people realize too late that they _____ a better life if they had earned more.<br>(a) is living<br>(b) has lived<br>(c) could have lived<br>(d) should be living | 돈을 버는 것은 정말 중요하다. 많은 사람들은 만약 그들이 더 많이 돈을 벌었더라면, 그들이 더 나은 삶을 살 수 있었다는 것을 너무 늦게 깨닫는다.<br><br>**정답** (c) |

**문제 해설**

사람들이 과거에 더 많은 돈을 벌었다면(과거 사실에 대한 반대) 더 나은 삶을 살 수 있다는 의미이므로 가정법 과거완료의 형태인 c가 옳다.

| 09 | 영어문제 | 문제해석 |
|---|---|---|
| | Many artists try again and again to get their works published. During the exertion, they must have somebody to support them financially. If it were not for this support, they _____.<br>(a) was starving<br>(b) could have starved<br>(c) could starve<br>(d) starved | 많은 예술가들이 작품을 출간하기 위해 계속해서 노력한다. 고군분투하는 동안, 그들은 경제적으로 그들을 도와줄 누군가가 있어야 한다. 이 도움이 없다면, 그들은 굶주릴 수도 있을 것이다.<br><br>**정답** (c) |

**문제 해설**

누군가의 도움이 없다면, 예술가들은 굶주릴 것이라는 가정법 과거 문장으로 If절의 동사의 시제가 be동사의 과거형인 were이므로 주절의 동사의 시제는 조동사의 과거형인 could가 되어야한다.

*cf)* starve: 굶주리다, 굶어 죽다, 굶기다

| 10 | 영어문제 | 문제해석 |
|---|---|---|

The deadline for the thesis for graduation was last Thursday. However, I tried to get it repaired due to a software error on my computer, but the repair technician couldn't make the reservation according to his schedule. If the repair technician had come on time, my computer _____ repaired by now.

(a) would be
(b) would have been
(c) is
(d) will be

졸업을 위한 논문의 마감일은 지난주 목요일이었다. 그러나 나는 내 컴퓨터의 소프트웨어 문제로 인해 그것 (컴퓨터)을 고치려고 노력했지만 수리기사의 일정에 따라 그는 예약을 해줄 수 없었다. 만약 (과거에) 수리기사가 정시에 도착했더라면 (현재) 내 컴퓨터는 지금쯤 수리가 되었을 것이다.

정답 (a)

### 문제 해설
주절에 by now(현재 시점)와 if 절의 had p.p. (had come) 과거완료형을 보고 혼합가정법이라는 것을 알 수 있다. 혼합가정법은 [if + had p.p., 주어 + 조동사 과거형 + 동사원형] 형태로 '과거에 ~했더라면, 지금쯤 이랬을 텐데'로 사용된다. 그러므로 '조동사 과거형 + 동사원형' 형태인 a가 정답이다.

| 11 | 영어문제 | 문제해석 |
|---|---|---|

Kim's brother said that he wanted to visit her in Chicago in the summer. She had already been planning a trip to New York. If she knew the date of his visit, she _____ her own reservations.

(a) made
(b) will make
(c) could had made
(d) could make

Kim의 남동생은 여름에 시카고에 있는 그녀를 방문하기를 원한다고 말했다. 그녀는 이미 뉴욕으로 여행을 계획하고 있었다. 만약 그녀가 그의 방문 날짜를 안다면, 그녀는 그녀만의 예약을 할 수 있을 것이다.

정답 (d)

### 문제 해설
빈칸 뒤에 her own reservations이라는 목적어가 나오므로 능동형이여야 하고, if절에 '만약 날짜를 미리 알았다면'이란 과거형을 쓰고 있기에 빈칸에도 조동사 과거형이 나와야 한다. 또한 현재 사실과 반대로 가정(현재상황 : 그의 방문을 미리 알지 못했음)한 가정법 과거로 [If + 주어 + 동사 과거형, 주어 + 조동사 과거형 + 동사원형] 형태가 되어야 한다.

| 12 | 영어문제 | 문제해석 |
|---|---|---|
| | After the final exams, Ron is now at risk of being put on notice for his bad grades. If he didn't have to work part-time at a restaurant, he _____ higher grades.<br><br>(a) is getting<br>(b) will get<br>(c) might get<br>(d) had gotten | 기말고사 이후에, Ron은 그의 나쁜 성적에 대한 통지를 받을 위기에 처해 있다. 만약 그가 식당에서 아르바이트를 할 필요가 없다면, 그는 더 높은 성적을 받을 수도 있을 것이다.<br><br>정답 (c) |

**문제 해설**

현재 사실에 대한 반대를 가정하는 가정법 과거가 사용되었으므로 주절은 [주어 + 조동사의 과거형 would / could / might + 동사원형]이 사용되어야 한다. 따라서 가능성을 나타내는 조동사 might get이 옳다.

| 13 | 영어문제 | 문제해석 |
|---|---|---|
| | Lisa loves novels that describe the classical life of the early 1800s. She thinks that she was born in the wrong century. If she could choose a decade to be born in, she _____ the Romantic period of the Victorian era.<br><br>(a) picked<br>(b) was picking<br>(c) would pick<br>(d) will pick | Lisa는 초기 1800년대의 고전적인 삶을 묘사한 소설을 매우 좋아한다. 그녀는 그녀가 잘못된 세기에 태어났다고 생각한다. 만약 그녀가 태어날 해(10년)를 선택할 수 있다면, 그녀는 빅토리아 시대의 낭만주의시기를 택할 것이다.<br><br>정답 (c) |

**문제 해설**

이루어질 수 없는 현재 사실에 대한 반대 가정으로 가정법 과거가 사용되었다. 따라서 주절은
[주어 + 조동사의 과거형 would / could / might + 동사원형]이 사용되어야 하므로 would pick이 옳다.

| 14 | 영어문제 | 문제해석 |

Sharon returned The Black Beauty, that she had borrowed, to the library late. She was supposed to return it within 48 hours, but she only finished reading the book yesterday. If she had read it earlier, she _____ to pay the fine.

(a) is not needing
(b) did not need
(c) would not need
(d) would not have needed

Sharon은 그녀가 빌렸던 The Black Beauty를 도서관에 늦게 반납했다. 그녀는 이것을 48시간 내에 반납하기로 되어있었으나, 그녀는 그 책을 읽는 것을 어제 서야 끝냈다. 만약 그녀가 이것을 좀 더 빨리 읽었더라면, 그녀는 연체료를 물지 않아도 되었을 것이다.

정답 (d)

### 문제 해설

과거 사실에 대한 반대 가정을 하는 가정법 과거완료가 사용되었으므로 주절은 [주어 + 조동사의 과거형 would / could / might + have p.p.] 형태가 사용되어야 한다. 따라서 would not have needed가 옳다.

| 15 | 영어문제 | 문제해석 |

My cousin stopped playing professional baseball due to several back and shoulder injuries. He underwent a lot of surgeries, but his problems remained. If he hadn't been hurt so many times, he _____ at the early age of 20.

(a) is not retiring
(b) would not retire
(c) had not retired
(d) would not have retired

내 사촌은 여러 번의 허리와 어깨 부상 때문에 프로 야구 선수로 운동하는 것을 그만두었다. 그는 많은 수술을 겪었지만, 그의 문제는 지속되었다. 만약 그가 그렇게 자주 다치지 않았더라면, 그는 20대 초반에 은퇴하지 않았을 것이다.

정답 (d)

### 문제 해설

과거 사실에 대한 반대 가정을 하고 있으므로 가정법 과거완료가 사용되었다.
따라서 주절에는 [주어 + 조동사의 과거형 would / could / might + have + p.p.]가 알맞으므로 would not have retired가 정답이다.

## 16

| 영어문제 | 문제해석 |
|---|---|
| Jordan had wanted the producer job that the local TV show was offering, but they had failed to agree on salary. He accepted an editorial post with a competitor instead. If the local TV show had offered a better wage and conditions, he _____ the job.<br><br>(a) would accept<br>(b) accepted<br>(c) would have accepted<br>(d) was accepting | Jordan은 지역 TV 쇼가 제안한 제작자 일을 원했지만, 그들은 연봉 협상에 실패했다. 그는 대신에 경쟁사의 편집 일을 받아들였다. 만약 그 지역 TV 쇼가 더 나은 급여와 혜택을 제공했더라면, 그는 그 직업을 받아들였을 것이다.<br><br>**정답** (c) |

**문제 해설**

과거 사실에 대한 반대가정을 하고 있으므로 가정법 과거완료가 사용되었다.
따라서 주절에는 [주어 + 조동사의 과거형 would / could / might + have + p.p.]가 사용되어야 하므로 would have accepted가 옳다.

## 17

| 영어문제 | 문제해석 |
|---|---|
| Three days ago, Steven had to walk 10 long and tough kilometers to the closest petrol station to fill up his fuel can. Had he not forgotten to fill his petrol tank before driving away, he _____ this unpleasant experience.<br><br>(a) could have avoided<br>(b) would avoid<br>(c) avoided<br>(d) was avoiding | 3일 전, Steven은 그의 연료통을 채우기 위해 가장 가까운 주유소까지 길고 험한 10킬로미터를 걸어야만 했다. 만약 그가 떠나기 전에 그의 연료통을 채우는 것을 잊어버리지 않았더라면, 그는 이런 불쾌한 경험을 피할 수 있었을 것이다.<br><br>**정답** (a) |

**문제 해설**

빈칸이 포함된 문장의 시작이 had이므로 과거 사실에 대한 반대를 가정하는 가정법 과거완료가 사용되었다라는 것을 알 수 있다. 따라서 주절에는 [주어 + 조동사의 과거형 would / could / might + have p.p.]가 쓰여야 하므로 could have avoided가 옳다. if가 생략된 후 주어와 동사가 도치된 형태이다.

| 18 | 영어문제 | 문제해석 |
|---|---|---|
| | Leonard was so excited to attend the opening party for the school's new library. At the event, the principal announced that if it hadn't been for the parents' generosity, the project _____.<br><br>(a) is not being completed<br>(b) was not completed<br>(c) would not be completed<br>(d) would not have been completed | Leonard는 학교의 새로운 도서관 개관식에 참여하게 되어 매우 들떠있었다. 행사에서 교장 선생님은 만약 학부모들의 관대함이 없었다면 그 프로젝트는 완성되지 못했을 것이라고 발표했다.<br><br>**정답** (d) |

**문제 해설**

과거 사실에 대한 반대의 가정을 나타내는 가정법 과거완료가 사용되었으므로 주절은 [주어 + 조동사의 과거형 would / could / might + have p.p.]가 사용되어야 한다. 따라서 would not have been completed가 옳다.

| 19 | 영어문제 | 문제해석 |
|---|---|---|
| | Every afternoon, Margie, Brandon and Thomas walk all together on their way to the swimming pool. They _____ the same yesterday if it had not been snowing heavily.<br><br>(a) had done<br>(b) would have done<br>(c) will be doing<br>(d) have been doing | 매일 오후 Margie, Brandon, 그리고 Thomas는 수영장으로 다 함께 걸어간다. 만약 눈이 많이 오지 않았더라면, 그들은 어제도 똑같이 했었을 것이다.<br><br>**정답** (b) |

**문제 해설**

과거 사실에 대한 반대의 가정을 나타내는 가정법 과거완료가 사용되었으므로 주절은 [주어 + 조동사의 과거형 would could / might + have p.p.]가 사용되어야 한다. 따라서 would have done이 옳다.

## 20

**영어문제**

Carl's health problems are causing him to miss a lot of classes, subsequently missing a lot of school projects. He just had a high fever two days ago and now has pneumonia. Were he in better health, he _____ all his homework on time.

(a) would complete
(b) is completing
(c) completed
(d) will complete

**문제해석**

Carl의 건강 문제들은 그가 많은 수업을 놓치고 그에 따라 많은 학교 숙제까지 놓치도록 만들고 있다. 그는 이틀 전에도 고열이 있었고 지금 폐렴을 앓고 있다. 만약 그가 더 건강하다면, 그는 그의 모든 숙제를 제시간에 끝낼 것이다.

**정답** (a)

### 문제 해설

빈칸이 들어간 문장내에 if는 없지만 문장이 be동사의 과거형인 were로 시작하고 있다. 즉 현재 사실에 대한 반대되는 가정을 하는 가정법 과거가 사용되었다. 따라서 주절에는 [주어 + 조동사의 과거형 would / could / might + 동사원형]이 사용되어야 하므로, 조동사의 과거형+ 동사원형인 would complete가 옳다.

 **1트 합격! 지텔프 오답노트**

제작날짜:

| 틀린문제 번호, 내용 | 틀린이유와 유의할 사항 |
|---|---|
|  |  |

# UNIT 03 준동사

## 01 동명사란?

동명사는 [동사원형+ing]의 형태로 문장에서 명사처럼 쓰여 주어, 목적어, 보어 역할을 한다.

### 01 동명사의 역할

① 주어: ~하는 것(은)

- **Making new friends** is always exciting.
  새 친구를 사귀는 것은 항상 신난다. (동명사가 주어로 쓰일 경우 항상 단수 취급한다.)

(♣단, 주어와 동사의 수 일치에 관한 문제는 시험에 출제되지 않는다.)

- **Creating a new brand** requires a lot of time and effort.
  새 브랜드를 만드는 것은 많은 시간과 노력을 요구한다.

② 목적어: ~하는 것(을)

- Victoria enjoys **helping** her mom with chores. 〈동사의 목적어〉
  Victoria는 그녀의 엄마의 집안일을 돕는 것을 즐긴다.

- I'm sorry for **replying** to your message so late. 〈전치사의 목적어〉
  너의 메시지에 너무 늦게 답장을 보내서 미안하다.

③ 보어: ~하는 것(이다)

- My mother's job is **designing** women's shoes.
  우리 엄마의 직업은 여성화를 디자인하는 것이다.

- His problem was **not having** any free time at all.
  그의 문제는 자유시간이 전혀 없다는 것이었다.

## 02 동명사를 이용한 관용적 표현

(둘 이상의 단어가 합쳐져서 관습적으로 쓰이면서 원래 뜻과는 다른 의미를 갖도록 굳어진 말)

- be busy v-ing: ~하느라 바쁘다
- go v-ing: ~하러 가다
- feel like v-ing: ~하고 싶다
- on v-ing: ~하자마자
- be worth v-ing: ~할 가치가 있다
- look forward to v-ing: ~할 것을 고대하다 (여기서 to는 전치사이다.)
- keep 또는 stay away from v-ing: ~하는 것으로부터 멀리하다
- cannot help v-ing: ~하지 않을 수 없다
- confess to v-ing: ~하는 것을 고백, 시인하다 (여기서 to는 전치사이다.)
- it is no use v-ing: ~하는 것은 소용없다
- spend 돈/시간 v-ing: ~하는 데에 돈/시간을 쓰다
- have difficulty v-ing: ~하는 데에 어려움을 겪다
- object to v-ing: ~하는 것을 반대하다
- be devoted to v-ing: ~하는 데에 전념하다, 헌신하다

- She is busy preparing dinner in the kitchen.
그녀는 부엌에서 저녁을 준비하느라 바쁘다.

- I don't feel like having lunch.
나는 점심을 먹고 싶지 않다.

- He finally confessed to cheating on her.
그는 마침내 바람을 피우는 것을 고백했다.

### 사랑의 ♥ TIP

최근 G-TELP 시험에 동명사를 이용한 관용적 표현들이 시험문제로 출제되고 있다. 신경향이므로 꼭 익혀두도록 한다.

## 02 동명사의 시제란?

동사가 시제를 나타내듯이 동명사도 동사가 변한 것이므로 시제를 나타낼 수 있다.
단순 시제와 완료 시제가 있다.

> 사랑의♥TIP
> 동명사와 to부정사의 시제를 익혀야 하는 이유는 보기에 시제가 섞여서 나오기 때문에
> 단순 시제와 완료 시제의 차이점을 알고 있어야 한다.

### 01 단순동명사

동사원형+ing - 본동사와 같은 시제인 경우

- I am proud of being a doctor.
  
  나는 의사인 것이 자랑스러워.
  
  = I am proud that I am a doctor. (현재- am proud/ 현재- am a doctor)

### 02 완료동명사

having+p.p. - 본동사의 시제보다 한 단계 <u>앞서는 시제</u>일 경우

- He is proud of having loved her.
  
  그는 그녀를 사랑했던 것을 자랑스러워한다.
  
  = He is proud that he loved her. (현재- is proud/ 과거- loved)

## 03 동명사를 목적어로 취하는 동사

동명사는 이미 실현되었거나 실현되고 있는 것을 표현하며, 일반적이고 객관적인 사실을 표현한다.

a : acknowledge, admit, adopt, adore, advise, allow, anticipate, appreciate, associate, avoid

b : ban

c : carry on, celebrate, complete, conduct, contemplate, consider

d : declare, defer, delay, deny, describe, detest, discuss, dislike

e : endure, enjoy, escape, entail, evade, envision, experience

f : fancy, favor, finish

g : give up, go

i : imagine, include, involve

j : justify

k : keep (on)

m : mention, mind, miss

o : omit

p : permit, picture, postpone, practice, prohibit, promote, put off

q : quit

r : recall, recommend, regret, report, resent, resist, resume, risk

s : stand, suggest

t : tolerate

u : understand, used to

+ Ving

동명사를 목적어로 취하는 동사모음
본인이 외운 것을 떠올리면서 적어보세요!

a :

b :

c :

d :

e :

f :

g :

i :

j :

k :

m :

o :

p :

q :

r :

s :

t :

u :

사랑의 ♥ TIP

(Unit.4 조동사 이론편) 당위성 동사 중에 나올 3형제인
SAR형제 – Suggest Advise Recommend
다음에 that이 보이지 않고 보기 중에 to부정사와 동명사가 보인다면 동명사가 정답이다!

## 03 to부정사란?

to부정사는 [to + 동사원형]의 형태로 문장에서 명사, 형용사, 부사 역할을 한다.
to부정사는 문장 내 쓰이는 역할에 따라 명사, 형용사, 부사적 용법으로 나뉜다.

### 01 명사적 용법

to부정사가 문장에서 명사처럼 쓰여 주어, 목적어, 보어 역할을 한다.

#### ① 주어 역할

주어처럼 '은, 는, 이, 가'로 해석한다.

- To explain the reason is impossible.
  그 이유를 설명하는 것은 불가능하다.
  = It is impossible to explain the reason.

#### ② 목적어 역할

목적어처럼 '~을, 를, 에게'로 해석한다.

- I like to watch movies.
  나는 영화 보는 것을 좋아해.

#### ③ 보어 역할

'~은/는~것이다'라고 해석한다.

- His dream is to become a movie director.
  그의 꿈은 영화감독이 되는 것이다. (주격 보어)

to부정사가 주어로 쓰여 주어가 길어지는 경우 가주어 it을 사용하여 문장의 균형을 맞춰주기도 한다.

> It(가주어) + be동사 + 형용사 + to부정사(진주어)

- It is impossible to deliver the product ahead of schedule.
  불가능합니다. / 그 제품을 배송하는 것은 / 일정보다 앞서서

to부정사가 목적어로 쓰여 목적어가 길어지는 경우 가목적어 it을 사용하여 문장의 균형을 맞추기도 한다.

> make, find, keep, consider 등 + it(가목적어) + 목적격 보어 + to부정사(진목적어)

- I consider it polite to listen to others well when they speak.
  나는 생각한다. / 예의 바르다고 / 다른 사람들을 잘 경청하는 것이 / 그들이 말할 때

## 02 형용사적 용법

### ① 명사를 수식하는 to부정사

to부정사가 형용사처럼 쓰여, 명사나 대명사를 꾸며주며 '~할, ~하는'으로 해석한다.

- I have a lot of homework to do.
  나는 할 숙제가 많다.

- You'd better bring something warm to wear.
  너는 입을 따뜻한 옷을 가져오는 게 좋겠다.

> **사랑의 ♥ TIP**
>
> to부정사가 명사를 수식할 때 to부정사는 명사 뒤에서 수식한다.
>
> - It is time (the best time) + to부정사
>
> '~할 시간이다'의 의미로 명사 time 뒤에 빈칸이 있다면 to부정사가 정답이다.

## 03 부사적 용법

① 목적: ~하기 위해서, in order to/so as to를 쓰기도 한다.

- She practiced hard to win a gold medal.

  그녀는 금메달을 따기 위해 열심히 연습했다.

② 감정의 원인: ~해서

- I was pleased to meet my grandmother.

  나는 할머니를 만나서 기뻤어.

③ 판단의 근거: ~하다니

- He must be stupid to ask such a question.

  그가 그런 질문을 하다니 멍청한 게 틀림없다.

④ 결과: ~해서 ~하다

- She grew up to be a doctor.

  그녀는 자라서 의사가 되었다.

---

**사랑의 ♥ TIP**

to부정사의 부사적 용법 중에서 **목적**과 **감정의 원인**이 출제된다.

(주어와 동사를 포함한) 완전한 문장 다음에 빈칸이 있거나 감정을 나타내는 형용사 뒤에 빈칸이 있다면 정답은 **to부정사**이다!

## 04 to 부정사를 이용한 관용적 표현

- too 형/부 to V: 너무 형/부해서 to V 할 수 없다
- ~enough to V: to V 하기에 충분히 ~하다

- That dress is <u>too expensive to buy</u>.
  저 드레스는 너무 비싸서 살 수가 없다.

- You should wake up <u>early enough to go</u> to the airport.
  너는 공항에 가기 위해서 충분히 일찍 일어나야 한다.

to부정사와 자주 쓰이는 5형식 문장의 수동태는 아래와 같다.

| be forced to V | ~하도록 강요되다 | be encouraged to V | ~하도록 장려되다 |
| --- | --- | --- | --- |
| be allowed to V | ~하도록 허락 받다 | be supposed to V | ~하기로 되어 있다 |
| be expected to V | ~할 것으로 기대되다 | be asked to V | ~하도록 요청 받다 |
| be advised to V | ~하도록 조언을 받다 | be scheduled to V | ~하도록 계획되다 |
| be required to V | ~하도록 요구되다 | be pleased to V | ~하게 되어 기쁘다 |

- 기타: to부정사가 들어간 필수 암기 구문 - be eager to V ~하기를 열망/갈망하다.

**TIP** to부정사를 목적격 보어로 취하는 동사종류 (신규추가)

(동사 다음 목적어가 있고 목적어 다음에 빈칸이 있는 경우에 해당한다.)

| allow | ask |
|---|---|
| cause | compel |
| convince | dare |
| enable | encourage |
| expect | force |
| invite | lead |
| motivate | need |
| order | permit |
| persuade | remind |
| tell | urge |
| want | warn |

+ 목적어 + <u>to부정사</u>

*최근 시험 기출 추가 – promote, prompt, provoke + 목적어 + to부정사

- 최근 시험에서 기출 된 to부정사가 목적격 보어로 쓰이는 경우 (중요!)
  <u>motivate</u>d him <u>to</u> write: 그에게 글을 쓰도록 동기를 부여했다.
  motivate는 목적격 보어로 to부정사를 갖는다.

  <u>order</u>ed her <u>to</u> produce: 그녀에게 제작하도록 명령을 내렸다.
  order은 목적격 보어로 to부정사를 갖는다.

# 04  to부정사의 시제란?

동사가 시제를 나타내듯이 to부정사도 동사가 변한 것이므로 시제를 나타낼 수 있다.

### 01 단순부정사 = to + 동사원형

to부정사의 시제가 본동사의 시제와 같은 경우

- The Koreans <u>like</u> <u>to live</u> in peace.
  한국인들은 평화롭게 사는 것을 좋아한다.

- Our parents <u>expect</u> us <u>to pass</u> the entrance exam.
  우리 부모님들은 우리들이 입학시험에 합격하기를 바라신다.

### 02 완료부정사 = to + have p.p.

to부정사의 시제가 본동사의 시제보다 <u>더 이전인</u> 경우

- He <u>seems</u> <u>to have been</u> rich.
  그는 부자였던 것 같다. (과거의 부유한 상태)

- I <u>know</u> the gentleman <u>to have been</u> an English teacher.
  나는 저 신사분이 영어 선생님이었던 것으로 알고 있다. (과거의 영어 선생님)

## 03 to부정사를 목적어로 취하는 동사

to부정사는 아직 실현되지 않는 내용을 표현하며, 구체적인 사실과 주관적인 내용을 표현한다.

> a : afford, agree, appear, arrange, attempt
> b : be determined
> c : care, choose, claim, condescend, consent
> d : dare, decide, decline, demand, deserve, desire
> e : elect, endeavor, expect
> f : fail
> g : guarantee
> h : happen, hesitate, hope, hurry
> i : incline, intend
> l : learn, long
> m: make sure, manage, mean
> n : need, no choice but
> o : offer
> p : plan, prepare, pretend
> r : refuse, resolve
> s : seek, strive, swear
> t : take time, tend, threaten
> u : undertake
> v : volunteer, vow
> w: wait, want, wish, would like, would love

\+ to V

to부정사를 목적어로 취하는 동사모음
본인이 외운 것을 떠올리면서 적어보세요!
a :
b :
c :
d :
e :
f :
g :
h :
i :
l :
m:
n :
o :
p :
r :
s :
t :
u :
v :
w :

### 사랑의 ♥ TIP

동명사 또는 to부정사만을 목적어로 갖는 동사 종류를 암기하기 위해서
나만의 짧은 문장들로 익히는 것도 좋은 방법이다.

*ex)* Do you mind opening the window?
I enjoy fishing.
I refused to smoke.
I decided to do that.
I gave up studying English.

# LEVEL-UP 연습문제

**01** My parents want their grand children to go to one of the best private schools in their chosen cities. But usually it is too expensive _____ a private school.

(a) to attend
(b) attended
(c) attending
(d) to have attended

**02** Next Friday will be my father's 60th birthday. So, I prepared luxurious dinner and a present _____ him.

(a) to have surprised
(b) surprising
(c) to surprise
(d) having surprised

**03** We have been on more than 10 flights with our 2-year-old baby, and we would recommend _____ a single direct flight if you can afford it.

(a) take
(b) to take
(c) having taken
(d) taking

**04** Last week, the company decided to postpone _____ the question on raising prices for their products, which would imply inevitable increase of the cost for the better after services.

(a) reviewing
(b) having reviewed
(c) to review
(d) would review

**05** Jack Johnson - a local doctor in my neighborhood - still finds time _____ in a baseball team called Red Devil, made up of Jack and his middle school friends.

(a) playing
(b) to play
(c) plays
(d) would have played




**06** Unfortunately, sometimes a counselor is not able to respond to your phone calls. Consultants advise _____ their website again to see if your answer is in the Q&A section.

(a) to check
(b) checking
(c) check
(d) checks

**07** The security guard said there was no evidence of a threat to visitors at the museum and all of them were advised _____ calm to facilitate a sedate departure.

(a) to have remained
(b) to remain
(c) having remained
(d) remaining






**08** The best time _____ a new coat is when you absolutely need one. If your coat is too old to keep you warm, you need a thicker coat for the cold winter, or if this is a child's first winter, there's no good reason to delay your purchase.

(a) to buy
(b) buy
(c) to have bought
(d) buying

**09** Since the last day of sales period is this Thursday, the sales department workers can't avoid _____ till 10 p.m.

(a) to work
(b) working
(c) having worked
(d) to be working

**10** Anna Morrison really struck it lucky when she bought an old book at a garage sale for $5. She didn't anticipate _____ the very first edition of Shakespeare which later sold for about $360,000 at an auction.

(a) to find
(b) having found
(c) finding
(d) to have found

**11** Danny has already been to the big cities more than five times, so he didn't imagine _____ something special.

(a) experience
(b) experienced
(c) experiencing
(d) to have experienced

**12** For my first meeting at work, my colleague gave me some useful tips to study about proper comportment when dealing with partner companies. He suggested _____ them before I meet with potential partners next week.

(a) having gone over
(b) going over
(c) go over
(d) to go over

**13** In order to provide an energetic life, Tom Pitt is sponsoring free singing lessons for his employees. He believes that _____ will make his employees restored because it is an amusing activity.

(a) to have sung
(b) sang
(c) singing
(d) having sung

**14** Yesterday, the head office of my company decided to delay _____ the overseas expansion report due to a labor strike.

(a) making
(b) having made
(c) to make
(d) would make

**15** A lot of consumers are duped into buying bogus phone batteries because they have the same logo as the genuine products. This is exactly why it is best _____ only from approved shops to make sure you are getting an authentic phone battery.

(a) to buy
(b) buy
(c) to have bought
(d) buying

**16** On the label of the cupcake box are the ingredients and descriptions of each cupcake. When I opened it, however, I was so upset _____ that the cupcakes had been melted and were stuck with each another.

(a) to discover
(b) having discovered
(c) to be discovering
(d) discovering

17. A lot of dog owners really love their dogs and even treat them as family. If a dog is suffering from a fatal and agonizing illness, they may consider _____ it out of its struggle rather than watch it suffer.

(a) putting
(b) to put
(c) having put
(d) will put

18. Ghost hunting is when people explore haunted places like houses or closed hospitals. There are many locations in England that people report _____ ghosts. One of the most haunted cities is Pluckley, Kent.

(a) seeing
(b) to be seeing
(c) had seen
(d) to see

**19** My state now has laws that treat racial discrimination as a grave crime. Despite this progress, a lot of people still suggest _____ these laws as there are still some sorts of racism not covered by them.

(a) to review
(b) reviewing
(c) review
(d) reviews

**20** Alice got a low grade on her last math exam. She said that she gave up _____ for the exam because she had to go to the Justin Bieber concert. But she never got around to studying at all.

(a) preparing
(b) having prepared
(c) to prepare
(d) would prepare

## LEVEL-UP 정답/해설

| 01 | 02 | 03 | 04 | 05 | 06 | 07 | 08 | 09 | 10 |
|----|----|----|----|----|----|----|----|----|----|
| a  | c  | d  | a  | b  | b  | b  | a  | b  | b  |
| 11 | 12 | 13 | 14 | 15 | 16 | 17 | 18 | 19 | 20 |
| c  | b  | c  | a  | a  | a  | a  | a  | b  | a  |

### 01

**영어문제**

My parents want their grand children to go to one of the best private schools in their chosen cities. But usually it is too expensive _____ a private school.

(a) to attend
(b) attended
(c) are attending
(d) have attended

**문제해석**

나의 부모님은 그들의 손자들이 선택한 도시에서 최고의 사립학교들 중 하나에 가기를 원한다. 그러나 보통 너무 비싸서 사립학교에 다닐 수 없다.

**정답** (a)

**문제 해설**

'too + 형용사 + to부정사' to부정사의 관용적 용법을 아는지에 대한 문제이다. '너무 …해서 ~할 수 없다' 또는 '~하기엔 너무 …하다' 라는 뜻이므로 빈칸에는 to부정사를 사용해야 한다.

| 02 | 영어문제 | 문제해석 |
|---|---|---|
| | Next Friday will be my father's 60th birthday. So, I prepared luxurious dinner and a present _____ him.<br>(a) to have surprised<br>(b) surprising<br>(c) to surprise<br>(d) having surprised | 다음 주 금요일은 내 아버지의 60번째 생신이다. 그래서 나는 그를 놀라게 하려고 호화스러운 저녁과 선물을 준비했다.<br><br>정답 (c) |

**문제 해설**

빈칸 앞이 주어와 동사 목적어까지 포함한 완전한 절이 왔으므로 '~ 하기 위하여 / 위해서'라는 목적 의미로 쓰인 표현을 찾아야 하므로 to부정사의 부사적 용법인 to surprise가 정답이다.

| 03 | 영어문제 | 문제해석 |
|---|---|---|
| | We have been on more than 10 flights with our 2-year-old baby, and we would recommend _____ a single direct flight if you can afford it.<br>(a) take<br>(b) to take<br>(c) having taken<br>(d) taking | 우리는 2살짜리 아기와 함께 10번 이상 비행기에 탑승해봤고, 만약 당신이 형편이 된다면 직항 비행기를 탈 것을 추천합니다.<br><br>정답 (d) |

**문제 해설**

recommend '~을/를 추천하다' 라는 의미를 갖는 동사는 목적어로 항상 동명사 (Ving)를 갖는다.
recommend 동사는 suggest, advise와 함께 시험에서 자주 출제되기 때문에 SAR형제를 꼭 기억해두자!

| 04 | 영어문제 | 문제해석 |
|---|---|---|

Last week, the company decided to postpone _____ the question on raising prices for their products, which would imply inevitable increase of the cost for the better after services.

(a) reviewing
(b) having reviewed
(c) to review
(d) would review

저번 주에 그 회사는 그들의 제품 가격을 인상하는 문제를 검토하는 것을 연기하기로 결정했는데, 이것은 더 나은 A/S를 위한 불가피한 비용 증가를 의미할 수도 있다.

**정답** (a)

**문제 해설**

postpone은 '~연기/지연하다'라는 의미를 가진 동사로 동명사를 목적어로 갖는다.
postpone 다음에 to부정사로 암기한 사람들이 많으므로 주의하자.

| 05 | 영어문제 | 문제해석 |
|---|---|---|

Jack Johnson - a local doctor in my neighborhood - still finds time _____ in a baseball team called Red Devil, made up of Jack and his middle school friends.

(a) playing
(b) to play
(c) plays
(d) would have played

나의 동네 지역 의사인 Jack Johnson은 여전히 Jack과 그의 중학교 친구들로 구성된 Red Devil이라고 불리는 야구팀에서 경기하는 시간을 갖는다.

**정답** (b)

**문제 해설**

[find time + to 부정사 = 'to 부정사'할 시간을 찾는다 / 갖는다]라는 의미의 숙어로 time 다음에는 to부정사가 자리한다.

## 06

**영어문제**

Unfortunately, sometimes a counselor is not able to respond to your phone calls. Consultants advise _____ their website again to see if your answer is in the Q&A section.

(a) to check
(b) checking
(c) check
(d) checks

**문제해석**

안타깝게도 상담원은 때때로 당신의 전화에 응답해 줄 수 없습니다. 상담가들은 당신의 질문에 대한 대답이 Q&A 섹션에 기재되어 있는지 알아보기 위해 홈페이지에 다시 한 번 재확인할 것을 조언합니다.

**정답** (b)

**문제 해설**

advise는 '~을/를 조언/제안하다' 라는 의미의 동사로 Ving 동명사를 목적어로 갖는다.
advise 동사는 시험에서 자주 출제되므로 꼭 암기하도록 하자.

## 07

**영어문제**

The security guard said there was no evidence of a threat to visitors at the museum and all of them were advised _____ calm to facilitate a sedate departure.

(a) to have remained
(b) to remain
(c) having remained
(d) remaining

**문제해석**

경비원은 박물관 방문객들에게 위협이 될 만한 증거물은 없다고 말했고 관람객들은 차분한 퇴장을 돕기 위해 침착하게 있어 달라고 권고 받았다.

**정답** (b)

**문제 해설**

5형식 동사 advise의 수동형인 be advised 뒤에는 to부정사가 나오므로, 정답은 b이다.
'be advised to RV'는 '~하도록 권고 받다, 충고 받다'라는 숙어이다.

| 08 | 영어문제 | 문제해석 |
|---|---|---|
| | The best time _____ a new coat is when you absolutely need one. If your coat is too old to keep you warm, you need a thicker coat for the cold winter, or this is a child's first winter, there's no good reason to delay your purchase.<br>(a) to buy<br>(b) buy<br>(c) to have bought<br>(d) buying | 새 코트를 사기 최적의 때는 당신이 정말로 새 것이 필요할 때이다. 만약 당신의 코트가 당신을 따뜻하게 하기에 너무 낡았거나, 추운 겨울을 위해 더 두꺼운 코트가 필요하거나, 당신의 아이의 첫 겨울이라면, 구입을 늦춰야 할 이유는 없다.<br><br>**정답** (a) |

**문제 해설**

to부정사의 형용사 용법으로 앞의 명사를 수식해주고 있다. 참고로 'to부정사' 하기에 최적의 시간은 [the best time + to부정사]로 표현한다. 'The best to V: to부정사 하기 최적 / 최고의 시간(때)은~' 이라는 표현을 기억해두자.

| 09 | 영어문제 | 문제해석 |
|---|---|---|
| | Since the last day of sales period is this Thursday, the sales department workers can't avoid _____ till 10 p.m.<br>(a) to work<br>(b) working<br>(c) having worked<br>(d) to be working | 할인 기간의 마지막 날이 이번 주 목요일이므로, 영업부서 직원들은 밤 10시까지 일하는 것을 피할 수가 없다.<br><br>**정답** (b) |

**문제 해설**

avoid는 '~을 피하다'라는 의미의 동사로 뒤의 목적어 자리에는 항상 동명사가 자리한다.
avoid + Ving: Ving를 피하다.

| 10 | 영어문제 | 문제해석 |
|---|---|---|

**영어문제**

Anna Morrison really struck it lucky when she bought an old book at a garage sale for $5. She didn't anticipate _____ the very first edition of Shakespeare which later sold for about $360,000 at an auction.

(a) to find
(b) having found
(c) finding
(d) to have found

**문제해석**

Anna Morrison은 그녀가 차고 세일에서 5달러에 책을 샀을 때, 뜻밖의 횡재를 했다. 그녀는 후에 경매에서 약 360,000달러에 팔릴 Shakespeare의 초판을 찾았을 것이라고는 예상하지 못했다.

정답 (b)

**문제 해설**

anticipate는 '~을/를 기대/ 고대/ 예상하다'라는 뜻을 가진 동사로 동명사를 목적어로 취하는 동사이며 이 책을 통해 많은 돈을 벌 것이라는 것을 예상하기 전에 그 책을 샀으므로 동명사의 과거형태인 having found가 옳다.

| 11 | 영어문제 | 문제해석 |
|---|---|---|

**영어문제**

Danny has already been to the big cities more than five times so he didn't imagine _____ something special.

(a) experience
(b) experienced
(c) experiencing
(d) to have experienced

**문제해석**

Danny는 그 대도시에 5번 넘게 가보았기 때문에 특별한 무언가를 경험 할 것이라고는 상상하지 않았다.

정답 (c)

**문제 해설**

imagine은 '~을/를 상상/기대하다' 라는 의미의 동사로, 항상 동명사를 목적어로 가지므로 experiencing이 옳다. imagine+V ing를 기억해두자. 또한, 특별한 무언가를 찾는 것이 예상한 시점보다 과거에 일어난 일이 아니므로 having experienced는 옳지 않다.

| 12 | 영어문제 | 문제해석 |
|---|---|---|
| | For my first meeting at work, my colleague gave me some useful tips to study about proper comportment when dealing with partner companies. He suggested _____ them before I meet with potential partners next week.<br><br>(a) having gone over<br>(b) going over<br>(c) go over<br>(d) to go over | 나의 직장에서의 첫 회의를 위해 나의 동료는 나에게 협력사들을 다룰 때 적절한 처신에 대해 공부할 만한 몇 가지 유용한 팁을 주었다. 그는 내가 다음 주에 잠재적인 협력자들을 만나기 전에 그것들을 검토할 것을 제안하였다.<br><br>**정답** (b) |

**문제 해설**

suggest는 '~을/를 제안하다'라는 의미의 동사로 동명사를 목적어로 취하는 동사이므로 going over가 옳다.

cf) 동명사를 목적어로 취하는 동사: MEGAPASS ID 동사 + 동명사
- Mind 꺼리다
- Give up 포기하다
- Postpone(=put off) 미루다, 지연시키다
- Stop 멈추다
- Include 포함시키다
- Enjoy 즐기다
- Admit 시인하다, 인정하다
- Avoid 피하다
- Suggest(=recommend) 제안하다
- Discontinue 중단하다

| 13 | 영어문제 | 문제해석 |
|---|---|---|
| | In order to provide an energetic life, Tom Pitt is sponsoring free singing lessons for his employees. He believes that _____ will make his employees restored because it is an amusing activity.<br><br>(a) to have sung<br>(b) sang<br>(c) singing<br>(d) having sung | 활력적인 삶을 제공하기 위해, Tom Pitt는 그의 직원들에게 무료 노래 강습을 지원하고 있다. 그는 노래하는 것이 재미있는 활동이기 때문에 그의 직원들을 재충전시킬 것이라고 믿는다.<br><br>**정답** (c) |

**문제 해설**

타동사 believe는 '~을.를 믿다'라는 의미의 동사로 목적어로 that절이 왔으므로 빈칸에는 주어 역할을 할 수 있는 동명사 singing이 옳다.

| 14 | 영어문제 | 문제해석 |
|---|---|---|

Yesterday, the head office of my company decided to delay _____ the overseas expansion report due to a labor strike.

(a) making
(b) having made
(c) to make
(d) would make

어제 우리 회사의 본사는 노조 파업 때문에 해외 진출 보고서 작성을 미루기로 결정했다.

**정답** (a)

**문제 해설**

delay는 '~을/를 지연시키다' 라는 뜻을 가진 동사로 동명사를 목적어로 취하는 동사이므로 making이 옳다.

| 15 | 영어문제 | 문제해석 |
|---|---|---|

A lot of consumers are duped into buying bogus phone batteries because they have the same logo as the genuine products. This is exactly why it is best _____ only from approved shops to make sure you are getting an authentic phone battery.

(a) to buy
(b) buy
(c) to have bought
(d) buying

가짜 휴대폰 배터리가 진짜 제품과 똑같은 로고를 가지고 있기 때문에 많은 고객들은 가짜를 사도록 속임을 당한다. 이것이 바로 당신이 진짜 배터리를 받는 건지 확실히 하기 위해 승인된 가게에서만 구입하는 것이 최상의 방법인 이유이다.

**정답** (a)

**문제 해설**

it(가주어) is ~ to부정사(진주어)가 사용된 구문이므로 진주어 역할을 할 수 있는 to부정사의 형태인 to buy가 옳다.

| 16 | 영어문제 | 문제해석 |
|---|---|---|
| | On the label of the cupcake box are the ingredients and descriptions of each cupcake. When I opened it, however, I was so upset _____ that the cupcakes had been melted and were stuck with each another.<br>(a) to discover<br>(b) having discovered<br>(c) to be discovering<br>(d) discovering | 컵케이크 상자의 라벨에는 각각의 컵케이크의 재료와 설명이 있다. 그러나 내가 그것을 열었을 때, 나는 컵케이크가 전부 녹아 있고 서로 들러붙어 있는 것을 발견해서 속상했다.<br><br>**정답** (a) |

**문제 해설**

감정을 나타내는 형용사(upset: 속상한, 화가 난) 다음에는 그에 대한 원인, 이유를 나타내기 위해 to부정사를 사용하므로 to discover이 옳다.

| 17 | 영어문제 | 문제해석 |
|---|---|---|
| | A lot of dog owners really love their dogs and even treat them as family. If a dog is suffering from a fatal and agonizing illness, they may consider _____ it out of its struggle rather than watch it suffer.<br>(a) putting<br>(b) to put<br>(c) having put<br>(d) will put | 많은 개 주인들은 그들의 개를 정말 사랑하며 심지어 가족으로 대한다. 만약 개가 고통스러운 불치병에 의해 고통받고 있다면, 그들은 개가 고통스러워하는 것을 지켜보는 대신 투병부터 해방시켜주는 것을 고려할지도 모른다.<br><br>**정답** (a) |

**문제 해설**

consider은 '~을/를 고려하다, 심사숙고하다'라는 뜻을 가진 동사로 동명사를 목적어로 취하는 동사이므로 putting이 옳다. having put은 동명사의 과거시제이므로 옳지 않다.

| 18 | 영어문제 | 문제해석 |
|---|---|---|
| | Ghost hunting is when people explore haunted places like houses or closed hospitals. There are many locations in England that people report _____ ghosts. One of the most haunted cities is Pluckley, Kent.<br>(a) seeing<br>(b) to be seeing<br>(c) had seen<br>(d) to see | 유령 사냥은 사람들이 집이나 폐병원 같은 귀신이 나오는 장소를 탐험하는 것을 말한다. 영국에는 사람들이 유령을 본다고 신고하는 많은 장소들이 있다. 가장 귀신이 자주 출몰하는 도시들 중 하나는 Kent의 Pluckley이다.<br>**정답** (a) |

**문제 해설**

report는 '~을/를 보고하다, 신고하다' 라는 뜻을 가진 동사로 동명사를 목적어로 취하는 동사이므로 seeing이 오는 것이 옳다.

| 19 | 영어문제 | 문제해석 |
|---|---|---|
| | My state now has laws that treat racial discrimination as a grave crime. Despite this progress, a lot of people still suggest _____ these laws as there are still some sorts of racism not covered by them.<br>(a) to review<br>(b) reviewing<br>(c) review<br>(d) reviews | 우리 주는 이제 인종차별을 심각한 범죄로 간주하는 법을 제정했다. 이러한 발전에도 불구하고 일부 인종차별의 유형은 이 법안으로도 보호받지 못 하기 때문에 여전히 많은 사람들이 이 법을 검토할 것을 제안한다.<br>**정답** (b) |

**문제 해설**

to부정사가 아닌 동명사를 목적어로 취하는 동사를 아는 지에 관한 문제이다.

*cf)* 동명사를 목적어로 취하는 동사들
  1) 숙고: consider, contemplate, study, discuss, eye, etc.
  2) 제안, 권유, 주장: suggest, propose, favor, advise, recommend, support, advocate, etc.
  3) 예상: anticipate * expect(기대하다)는 to부정사를 목적어로 취한다.
  4) 상상: imagine, fancy, picture, etc.

| 20 | 영어문제 | 문제해석 |
|---|---|---|
| | Alice got a low grade on her last math exam. She said that she gave up _____ for the exam because she had to go to the Justin Bieber concert. But she never got around to studying at all.<br>(a) preparing<br>(b) having prepared<br>(c) to prepare<br>(d) would prepare | Alice는 그녀의 마지막 수학 시험에서 낮은 점수를 받았다. 그녀는 그녀가 Justin Bieber 콘서트에 가야 했기 때문에 시험을 대비하는 것을 포기했다고 말했다. 그러나 그녀는 공부를 할 시간을 전혀 내지 않았다.<br><br>**정답** (a) |

**문제 해설**

give up은 '~을/를 포기하다' 라는 뜻을 가진 표현으로 동명사를 목적어로 취하는 동사이므로 preparing이 옳다.

*cf)* get round/around to something: ~할 시간[짬]을 내다

제작날짜:

| 틀린문제 번호, 내용 | 틀린이유와 유의할 사항 |
| --- | --- |
|  |  |

# UNIT 04 조동사

## 출제율

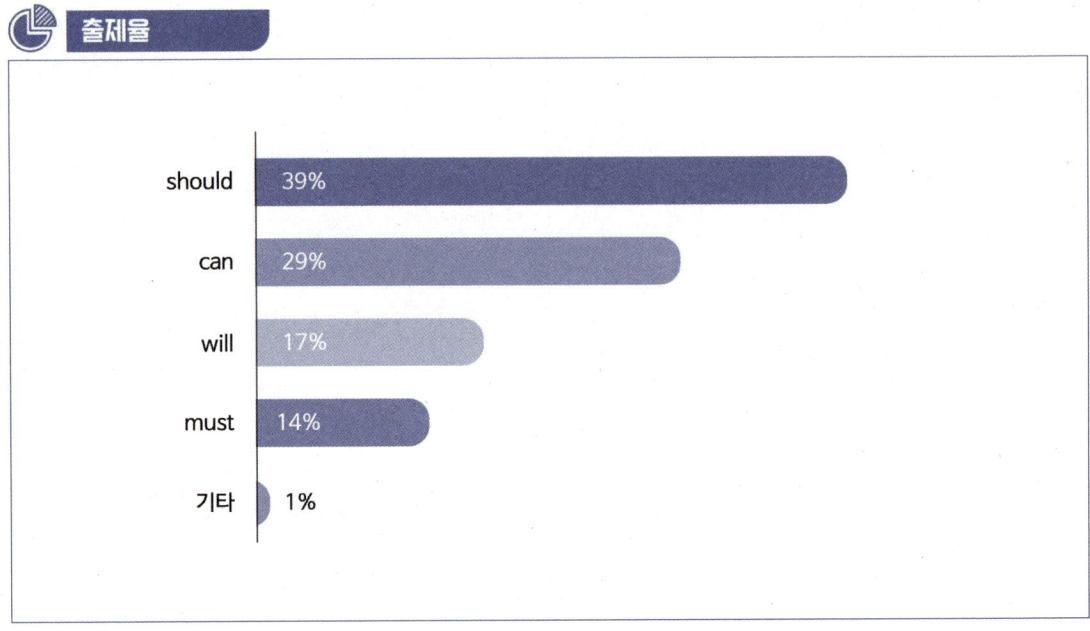

- should 39%
- can 29%
- will 17%
- must 14%
- 기타 1%

# 01 조동사란?

동사는 크게 be동사, 일반동사, 조동사로 나뉜다. 조동사는 일반동사나 be동사만으로 의미를 나타내지 못 할 때 이들 동사들을 도와주는 **조력자**이다.
조동사는 미래, 가능성, 강조와 의무를 나타내는 표현 등으로 나뉜다.

## 01 조동사의 원칙

① 모든 조동사들은 **동사 앞**에 위치하여 동사를 돕는다.
② 조동사 뒤에 위치하는 모든 동사들은 주어의 인칭이나 수에 영향을 받지 않고 **동사원형**을 쓴다.
③ 문장에서 조동사를 **2개 겹쳐서 쓸 수 없다**.

## 02 조동사의 종류 및 의미

### ① should (must보다 완곡한 표현)

조동사 should는 의무나 필요, 충고를 나타낼 때 사용되며 must보다는 약한 의무를 나타낸다. should의 과거형은 had to이다.

ⓐ 의무·필요: ~해야 한다

- You **should** brush your teeth three times a day.
  너는 하루에 세 번 양치질을 해야 한다.

ⓑ 충고

- You **should** stop worrying about it.
  그것에 대해서 더 이상 걱정하지 마세요.

② can, could

조동사 can은 능력 가능 허가 요청등 다양한 의미로 사용된다. can의 과거형은 could이며, could가 현재의 의미로 쓰일 경우 can보다 좀 더 공손한 요청·부탁의 표현이다.

ⓐ 능력·가능: ~할 수 있다

- He can teach me English.
  그는 나에게 영어를 가르칠 수 있다.

- I could play the piano.
  나는 피아노를 칠 수 있었다.

ⓑ 허가·허락: ~해도 좋다(=may)

- You can try this if you want to.
  당신이 원한다면 이것을 해봐도 좋다.

- Can(Could) I open the box?
  이 상자를 열어봐도 되나요?

ⓒ 요청·부탁: ~해 주시겠어요?

- Can(Could) you do me a favor?
  부탁 하나 들어줄 수 있니?

③ will

조동사 will은 미래의 계획이나 사실을 나타낼 때 사용한다. will의 과거형은 would이며, would가 현재의 의미로 쓰일 경우 정중한 부탁이나 권유를 나타낸다.

ⓐ 미래의 일: ~할 것이다

- He will leave Seoul tomorrow.
  그는 내일 서울을 떠날 것이다.

ⓑ 부탁·권유: ~해 주겠어요?, ~할래요?

- Will(Would) you get me some water?
  물 좀 가져다주시겠어요?

④ must

조동사 must는 (법이나 규칙 같은) 강한 의무나 필요, 확신을 나타낸다. 또한 have to로 바꿔 쓸 수 있으며, 과거형은 had to이다.

ⓐ 의무·필요: ~해야 한다

- You must(=have to) wear a life jacket.
  너는 구명조끼를 입어야 해.

- You must not touch this machine.
  너는 이 기계를 만지면 안 된다.

ⓑ 확신: ~임이 틀림없다 =(must be)

- Carol knows a lot about films. She must be a movie maniac.
  Carol은 영화에 대해 많이 안다. 그녀는 영화 마니아임에 틀림없다.
  * 확신을 의미하는 must be의 부정은 can't be(~일 리가 없다)이다.

- That can't be Mary. She's in New York.
  그 사람이 Mary일 리가 없어. 그녀는 뉴욕에 있는 걸.

UNIT 04 조동사 111

## 03 기타 조동사

① would

조동사 would는 곧잘 ~하곤 했다(과거의 불규칙한 습관), ~한다면 ~할 것이다 (가정하는 상황에서의 본인의 의지)을 나타낸다.

ⓐ 과거의 불규칙한 습관: 곧잘 ~하곤 했다

- He would often come to see me.
  그는 자주 나를 만나러 오곤 했다.

ⓑ 본인의 의지: ~한다면 ~할 것이다

- I would get married to her if she agreed.
  나는 그녀가 동의한다면 그녀와 결혼할 것이다.

② may, might

조동사 may, might는 가능성을 나타내며 ~일지도 모른다란 의미를 가진다.
may의 과거형은 might이며, might가 may보다 좀 더 약한 가능성을 나타낸다.

ⓐ 가능성: ~일지도 모른다

- I may go to the party this Friday.
  나는 이번 주 금요일에 그 파티에 갈지도 몰라.

- He might visit me in San-Francisco. (may 보다 가능성이 더 낮다.)
  그는 어쩌면 샌프란시스코에서 나를 찾아올지 몰라.

ⓑ 추측: ~인지는 모른다

- It may sound strange, but it's true.
  이상한 소리일지도 모르지만, 그것은 사실이야.

- He might not be in the library.
  그는 도서관에 없을 지도 몰라.

ⓒ 허가·허락: ~해도 좋다

- The doctor said I <u>may</u> leave the hospital.

  그 의사는 내가 퇴원해도 좋다고 말했다.

③ shall

조동사 shall은 미래의 사실이나 본인의 의지 또는 제안할 때 사용된다.

ⓐ 미래의 일: ~ 할 것이다/ ~일 것이다 (현대영어에서는 보편적으로 조동사 will을 사용함)

- I <u>shall</u>(=will) be seventeen years old next month.

  나는 다음 달에 열일곱 살이 될 것이다.

ⓑ 말하는 사람의 의지

- You <u>shall</u> have a piece of cake. (=I will give you a piece of cake.)

  당신에게 케이크를 한 조각 드리겠습니다.

ⓒ 제안: 우리~ 할까?

- <u>Shall</u> we throw a surprise party for Aron?

  Aron에게 깜짝 파티를 열어 줄까?

## 02  당위성 절 내 Should 조동사 생략

당위성(마땅히 해야 하거나 마땅히 있어야 할 성질)의 의미를 나타내는 동사나 형용사,
명사 다음에 that절이 나올 때 그 that절 안에 있는 조동사 should를 생략한다.
이런 경우에는 주어가 3인칭 단수로 동사가 현재 시제라 할지라도 should인 조동사가
생략되었기 때문에 <u>무조건 동사원형</u>을 써줘야 한다.

### 01 당위성 동사

'의무'의 뜻을 깔고 있는 동사들이 있다. '명령하다, 제안하다, 권고하다' 라는 행동들은 모두
'~해야 마땅하다'라는 의미를 기본 개념으로 깔고 있고 '의무'라는 공통점이 있어서 should를
생략하고 동사원형만으로 문장을 간결하게 쓰는 것이다.

> **TIP 의무의 타동사**
> advise, agree, ask, beg, command, decree, demand, direct, insist, intend, move, order, plead, pray, prefer, propose, recommend, urge, request, require, rule, suggest, mandate

**사랑의 ♥ TIP**

당위성 동사 중 가장 높은 출제율을 자랑하는 3형제를 <u>SAR형제</u>라 칭한다.
Suggest Advise Recommend
다음에 that이 보인다면 보기에서 동사원형이 정답이다!
Unit.3 준동사편에 나왔던 SAR형제와 차이점은 SAR형제와 빈칸 사이에 that절의
존재여부이다. that이 있는지를 꼭 확인하자!

- He insisted that I (should) conduct a survey on customer satisfaction as soon as possible.

  그는 내가 가능한 한 빨리 소비자 만족에 대한 조사를 해야 한다고 주장했다.

① insist라는 동사의 의미는 that 다음에 제시되는 정보가 그리 해야 마땅한 내용이라는 점을 나타낸다.
② conduct 앞에는 should가 생략되었으며, 과거시제가 아닌 동사원형으로 나타내야 한다.

## 02 당위성 형용사

that절 앞에 특정한 형용사가 오면 should가 생략된다. 특정 형용사들의 공통점은 '의무, 당위성'이다. 이런 형용사들도 의무동사와 마찬가지로 should 조동사가 생략되고 동사원형을 제시해야 한다.

> **TIP 의무의 형용사**
>
> advisable, good, better, best, compulsory, essential, imperative, important, mandatory, vital, natural, necessary, obligatory, recommended, required, urgent

**사랑의♥TIP**

최빈출 당위성 형용사 암기방법: "이쿠 내 배만 봐"

이: essential
쿠: crucial
내: natural
배: better, best
만: mandate
봐: vital

- It is very important that the toner cartridge (should) be shaken well before use.
  (that절 내에 주어 확인-주어가 사물일 경우 수동태 주의)
  사용하시기 전에 토너 카트리지를 잘 흔들어주는 것이 매우 중요합니다.

## 03 당위성 명사

의무 동사와 형용사와 마찬가지로 당위성과 의무를 의미하는 명사 또한 should 조동사를 생략하고 동사원형을 사용한다.

> **TIP 의무의 명사**
> order, pressure, suggestion, requirement, proposal, desire, recommendation, wish, decision

- According to the today's paper, the governor assented to the suggestion that the relief (should) be sent to the victims of the disaster immediately. (수동태 주의)
  오늘 신문에 의하면 재난 피해자들에게 즉시 구호물자들이 보내져야 한다는 제안에 주지사가 동의했다고 한다.

**사랑의♥TIP**
당위성 문제를 좀 더 손쉽게 풀 수 있는 방법은 빈칸이 있는 절의 앞에 that이 보인다면 보기에서 동사원형이 정답이다.

## LEVEL-UP 연습문제

**01** The way that teachers treat students is observed by the other students. This _____ have an effect on how the people act in society.

(a) should
(b) will
(c) must
(d) could

**02** Wolves are a ferocious wild animal. They are hunted in Mongolia. The mature wolves _____ grow to 1m or 1.3m.

(a) might
(b) will
(c) should
(d) can

03  Jason always liked to take pictures and paint. After graduating from high school, he _____ go to university and get a degree in Art.

(a) ought to
(b) must
(c) may
(d) should

04  To succeed in life, you _____ have career and educate yourself in the area you want.

(a) would
(b) will
(c) might
(d) must

**05** Smartphones are an ever changing electronic equipment. When you buy a smartphone, it is already out of date. You never know what _____ become the wave of tomorrow.

(a) could
(b) must
(c) should
(d) would

**06** If you get an social media account like Instagram, you _____ enjoy artistic works from all around the world for free.

(a) can
(b) might
(c) would
(d) must

**07** Kate has been waiting for the next concert of Lady Gaga. The tickets won't be released until October, but she is already saying that she _____ do anything just to get the ticket to its premiere.

(a) must
(b) should
(c) will
(d) might

**08** Other than passing the SAT and earning high grades, having extracurricular activities can help high school students get accepted into a university. It is recommended that a high school student _____ different clubs at school, like social service programs and art clubs.

(a) joins
(b) will join
(c) joined
(d) join

**09** Even if I tutor other students after school, I hope I _____ still manage to find the time to do my homework and enjoy other activities.

(a) ought to
(b) can
(c) should
(d) must

**10** If you want to successfully cure a body illness of a person, every treatment _____ be tried on system.

(a) should
(b) might
(c) can
(d) will

11  The problem with the engine was more serious than the manufacturing company thought. So now the company insists that the engine _____ replaced.

(a) are
(b) be
(c) have
(d) has

12  Living a static lifestyle can lead to mental disorders such as depression. Clerical workers who sit at their desks all day long are especially at risk. Doctors recommend that office workers _____ at least four times a week.

(a) are exercising
(b) exercise
(c) have exercised
(d) exercises

**13** Sarah must be in London by 10 a.m. on that day. For that reason, it is vital that she _____ a very early morning train.

(a) take
(b) takes
(c) has taken
(d) will take




**14** When the graduate student arrived at some very inaccurate conclusions, the professor suggested that she _____ her research again.

(a) performed
(b) was performing
(c) perform
(d) be performed

**15** I am very proud of my child and wish him to go to one of the best universities. It is my desire that he _____ Oxford or Stanford.

(a) attend
(b) attended
(c) are attending
(d) attends

**16** The furniture designer requests that purchasers _____ sure that their tables are protected with a tablecloth.

(a) made
(b) making
(c) make
(d) to make

**17** The patissier says it is essential that customers _____ an order for a special occasion cake at least one week ahead of time.

(a) places
(b) placing
(c) placed
(d) place

**18** In the early 1990s, watching movies at the cinema was very different from now. The moviegoers could speak loud and even smoke. Today, going to the cinema is a pleasant affair and the moviegoers _____ observe good manners.

(a) may
(b) will
(c) can
(d) must

**19** Tony and Jack are identical twins. But now we _____ tell them apart by their hair style. They both have dark brown hair, but Tony has bleached his hair blond.

(a) will
(b) shall
(c) can
(d) should

**20** Knowing how to play a musical instrument benefits a person's linguistic ability. That is the reason why specialists suggest that parents _____ their children to learn how to play a musical instrument at an early age.

(a) are encouraging
(b) encourage
(c) have encouraged
(d) encourages

## LEVEL-UP 정답/해설

| 01 | 02 | 03 | 04 | 05 | 06 | 07 | 08 | 09 | 10 |
|---|---|---|---|---|---|---|---|---|---|
| d | d | c | d | a | a | c | d | b | a |
| 11 | 12 | 13 | 14 | 15 | 16 | 17 | 18 | 19 | 20 |
| b | b | a | c | a | c | d | d | c | b |

### 01

| 영어문제 | 문제해석 |
|---|---|
| The way that teachers treat students is observed by the other students. This _____ have an effect on how the people act in society.<br>(a) should<br>(b) will<br>(c) must<br>(d) could | 선생님들이 학생들을 대하는 방식은 다른 학생들에 의해 관찰된다. 이것은 사람들이 사회생활에서 어떻게 행동하는지에 영향을 줄 수 있다.<br><br>**정답** (d) |

**문제 해설**

앞문장 전체를 가리키는 this가 주어이고 빈칸 다음에 동사원형이 나오고 있으므로 조동사가 들어가면 된다. will은 확실한 미래를 나타내기 때문에 배제한다. 선생님들의 방식이 사람들의 사회생활에 영향을 미칠 수 있다는 뜻으로 단순 미래를 말하는 것보단 가능성을 이야기하는 문장이므로 could가 더 적절하다.

| 02 | 영어문제 | 문제해석 |
|---|---|---|
| | Wolves are a ferocious wild animal. They are hunted in Mongolia. The mature wolves _____ grow to 1 m or 1.3 m.<br>(a) might<br>(b) will<br>(c) should<br>(d) can | 늑대는 흉폭한 야생 동물이다. 그들은 몽골에서 사냥된다. 다자란 늑대는 1m 또는 1.3m까지 자랄 수 있다.<br>**정답** (d) |

**문제 해설**

일반적으로 다 성장한 늑대들이 1.3m까지 자랄 수 있다는 가능성을 의미하므로 can 조동사 (~할 수 있다) 가 들어간 d가 적절하다.

| 03 | 영어문제 | 문제해석 |
|---|---|---|
| | Jason always liked to take pictures and paint. After graduating from high school, he _____ go to university and get a degree in Art.<br>(a) ought to<br>(b) must<br>(c) may<br>(d) should | Jason은 항상 사진을 찍고 그림 그리는 것을 좋아했다. 고등학교를 졸업한 후, 그는 대학에 가서 예술학 학위를 취득할 수도 있다.<br>**정답** (c) |

**문제 해설**

사진을 찍고 그림을 그리는 것을 항상 좋아했으니 예술 관련 대학을 가서 예술학학위를 취득 할 수도 있겠다는 가능성을 나타내므로 가능성을 나타내는 조동사 may가 적절하다.

*cf)* may (조동사) 가능성을 나타낼 때:
I may go to that Chinese restaurant later.
나는 이따 그 중식당에 갈수도 있다.

| 04 | 영어문제 | 문제해석 |
|---|---|---|
| | To succeed in life, you _____ have career and educate yourself in the area you want.<br>(a) would<br>(b) will<br>(c) might<br>(d) must | 인생에서 성공하려면, 네가 원하는 분야의 경력이 있어야 하고 스스로를 교육해야만 한다.<br>**정답** (d) |

**문제 해설**

성공을 위해 경력과 교육이 반드시 필요하다는 문장이므로 의무, 강조, 필요의 의미를 가진 must 조동사가 적절하다.

| 05 | 영어문제 | 문제해석 |
|---|---|---|
| | Smartphones are an ever changing electronic equipment. When you buy a smartphone, it is already out of date. You never know what _____ become the wave of tomorrow.<br>(a) could<br>(b) must<br>(c) should<br>(d) would | 스마트폰은 끊임없이 변화하는 전자기기이다. 당신이 스마트폰을 구입할 때, 그것은 이미 구형이다. 무엇이 향후 추세(대세)일지 절대 알지 못한다.<br>**정답** (a) |

**문제 해설**

what절이 동사 know의 목적어로 쓰이고 있다. 명사절 접속사 what 자체가 주어 역할을 하므로 빈칸에는 the wave of tomorrow를 목적어로 갖는 동사가 나와야 한다. 우선 c는 제외할 수 있고 미래의 추세가 무엇이 될지 모른다는 문장이므로 가능성의 의미를 가진 could become이 가장 적절하다.
must become은 '~이 되어야 한다'라는 의무의 뜻을 지닌다.

| 06 | 영어문제 | 문제해석 |
|---|---|---|

If you get an social media account like Instagram, you _____ enjoy artistic works from all around the world for free.

(a) can
(b) might
(c) would
(d) must

Instagram과 같은 쇼셜 미디어계정을 얻으면, 전 세계의 예술 작품을 무료로 즐길 수 있다.

**정답** (a)

**문제 해설**

계정을 얻으면 나타날 이점, 좋은 영향에 대한 문장이므로 d는 적절하지 않다.
또한 '계정을 얻는(get)다면'이므로 다음 절에서 현재형 조동사가 적절하다.
would와 might는 각각 will과 may의 과거형 조동사이다.

| 07 | 영어문제 | 문제해석 |
|---|---|---|

Kate has been waiting for the next concert of Lady Gaga. The tickets won't be released until October, but she is already saying that she _____ do anything just to get the ticket to its premiere.

(a) must
(b) should
(c) will
(d) might

Kate는 Lady Gaga의 다음 콘서트를 기다려 왔다. 티켓은 10월까지 풀리지 않을 것 이지만, 그녀는 벌써부터 이것의 초연 티켓을 얻기 위해서라면 무엇이든지 할 것이라고 말하고 있다.

**정답** (c)

**문제 해설**

10월이라는 미래에 할 행동 (본인의 의지)에 대해서 이야기하고 있으므로 미래시제를 나타내는 조동사인 will이 옳다.

| 08 | 영어문제 | 문제해석 |
|---|---|---|

Other than passing the SAT and earning high grades, having extracurricular activities can help high school students get accepted into a university. It is recommended that a high school student _____ different clubs at school, like social service programs and art clubs.

(a) joins
(b) will join
(c) joined
(d) join

입학시험을 통과하고 높은 성적을 얻는 것과 더불어, 교과 외의 활동들을 하는 것은 고등학교 학생들이 대학에 합격하는데 도움을 줄 수 있다. 고등학생이 사회봉사 프로그램이나 미술 클럽과 같은 학교 내에 다양한 동아리에 가입하는 것이 권고된다.

**정답** (d)

### 문제 해설

주장, 요구, 명령, 제안 동사인 recommend의 수동형 is recommended 뒤에 that절이 나왔으므로 should가 생략된 동사원형이 와야 옳다. 따라서 정답은 join이다.

| 09 | 영어문제 | 문제해석 |
|---|---|---|

Even if I tutor other students after school, I hope I _____ still manage to find the time to do my homework and enjoy other activities.

(a) ought to
(b) can
(c) should
(d) must

만약 내가 방과 후에 다른 학생들의 개인 과외 지도를 하게 되더라도, 여전히 숙제할 시간을 내고 다른 활동을 즐길 수 있기를 바란다.

**정답** (b)

### 문제 해설

'I hope (that절)'은 '~하기를 바란다, ~할 수 있길 바란다'라는 문장으로 가능성이나 추측을 나타내는
b, d를 우선 고를 수 있다. 이때 hope가 현재형이므로 that절은 현재형 또는 미래형이 들어가면 되고, 미래완료형인 d는 적절하지 않다.

*cf)* manage to RV (동사원형): 간신히 ~하다, 그럭저럭 ~하다
*cf)* ought to = should (조동사): ~ 해야 하다

## 10

| 영어문제 | 문제해석 |
|---|---|
| If you want to successfully cure a body illness of a person, every treatment _____ be tried on system.<br>(a) should<br>(b) might<br>(c) can<br>(d) will | 만약 당신이 사람의 질병을 성공적으로 치료하고 싶다면, 모든 치료가 체계적으로 시도되어야 한다.<br><br>**정답** (a) |

**문제 해설**

사람의 질병을 성공적으로 치료하려면 모든 절차가 체계적으로 '시도되어야 한다'라는 의무 사항을 이야기 하고 있으므로 의무의 조동사 a가 적절하다.

## 11

| 영어문제 | 문제해석 |
|---|---|
| The problem with the engine was more serious than the manufacturing company thought. So now the company insists that the engine _____ replaced.<br>(a) are<br>(b) be<br>(c) have<br>(d) has | 엔진의 문제는 제조회사가 생각한 것보다 더 심각했다. 그러므로 이제 그 회사는 엔진이 교체되어야 한다고 주장한다.<br><br>**정답** (b) |

**문제 해설**

that절의 주어가 the engine (엔진)이라는 사물이므로 '엔진이 교체되다'라는 의미의 수동태가 사용 되어야 하므로 우선 a, b를 고를 수 있다. 이때 엔진이 단수 이므로 a는 배제할 수 있다.
당위성 동사인 insist의 that절에서 should가 생략되어 be동사원형이 정답이다.

| 12 | 영어문제 | 문제해석 |
|---|---|---|
| | Living a static lifestyle can lead to mental disorders such as depression. Clerical workers who sit at their desks all day long are especially at risk. Doctors recommend that office workers _____ at least four times a week.<br>(a) are exercising<br>(b) exercise<br>(c) have exercised<br>(d) exercises | 정적인 생활방식으로 사는 것은 우울증과 같은 정신 질병으로 이어질 수 있다. 하루 종일 책상에 앉아 있는 사무직 근로자들은 특히나 위험하다. 의사들은 사무실 근로자들은 일주일에 적어도 4번은 운동해야 한다고 권고한다.<br>**정답** (b) |

**문제 해설**
당위성을 내포하고 있는 동사 recommend의 목적어로 that절이 연결되어 있다면 조동사 should는 생략 가능하다. 조동사 다음에는 동사원형 자리이므로 동사원형인 exercise가 정답이다.

| 13 | 영어문제 | 문제해석 |
|---|---|---|
| | Sarah must be in London by 10 a.m. on that day. For that reason, it is vital that she _____ a very early morning train.<br>(a) take<br>(b) takes<br>(c) has taken<br>(d) will take | Sarah는 그날 오전 10시까지는 런던에 있어야만 한다. 그러므로 그녀가 이른 아침 기차를 타는 것은 중요하다.<br>**정답** (a) |

**문제 해설**
당위성을 내포하고 있는 형용사 vital에 that절이 연결되어 있으므로 조동사 should가 생략되고 동사원형만 남아 take가 정답이다.

## 14

**영어문제**

When the graduate student arrived at some very inaccurate conclusions, the professor suggested that she _____ her research again.

(a) performed
(b) was performing
(c) perform
(d) be performed

**문제해석**

그 대학원생이 매우 부정확한 결론에 다다랐을 때, 교수는 그녀에게 다시 연구하는 것을 제안했다.

**정답** (c)

**문제 해설**

당위성 동사인 suggest 이후 that절이 연결되어 있으므로 조동사 should가 생략되고 동사원형인 perform만 남는다.

## 15

**영어문제**

I am very proud of my child and wish him to go to one of the best universities. It is my desire that he _____ Oxford or Stanford.

(a) attend
(b) attended
(c) are attending
(d) attends

**문제해석**

나는 나의 아이가 굉장히 자랑스럽고 그가 최고 대학들 중 하나에 진학하기를 바란다. 그가 옥스포드나 스탠포드와 같은 대학들에 진학하는 것은 나의 희망사항이다.

**정답** (a)

**문제 해설**

당위성을 내포하고 있는 명사 desire 뒤에 that이 연결되어 있으므로 조동사 should가 생략되고 동사원형인 attend만 남는다.

LEVEL-UP 연습문제 **135**

## 16

**영어문제**

The furniture designer requests that purchasers _____ sure that their tables are protected with a tablecloth.

(a) made
(b) making
(c) make
(d) to make

**문제해석**

가구 디자이너는 구매자들에게 그들의 테이블이 테이블보로 보호되는 것을 확실히 할 것을 요청한다.

**정답** (c)

**문제 해설**

당위성 동사인 request 다음에 that절이 연결되어 있으므로 조동사 should가 생략되고 동사원형인 make가 정답이다.

## 17

**영어문제**

The patissier says it is essential that customers _____ an order for a special occasion cake at least one week ahead of time.

(a) places
(b) placing
(c) placed
(d) place

**문제해석**

당위성을 내포하고 있는 형용사 essential 다음에 that절이 연결되어 있으므로 조동사 should가 생략되고 동사원형인 place가 정답이다.

**정답** (d)

**문제 해설**

파티셰는 고객들에게 특별한 날을 위한 케이크는 적어도 1주일 정도 미리 주문을 하는 것이 필수적이라고 말한다.

*cf)* place an order: 주문하다, 발주하다

*cf)* 최빈출 당위성 형용사 암기방법: "이쿠 내 배만 봐"

　　이: essential　　　쿠: crucial
　　내: natural　　　　배: better, best
　　만: mandate　　　봐: vital

## 18

**영어문제**

In the early 1990s, watching movies at the cinema was very different from now. The moviegoers could speak loud and even smoke. Today, going to the cinema is a pleasant affair and the moviegoers _____ observe good manners.

(a) may
(b) will
(c) can
(d) must

**문제해석**

1990년대 초반에 영화관에서 영화를 보는 것은 지금과 매우 달랐다. 영화 관람객들은 크게 말하고 심지어 흡연도 할 수 있었다. 오늘날에는 영화관에 가는 것은 유쾌한 일이며 영화 관람객들은 적절한 매너를 지켜야 한다.

**정답** (d)

**문제 해설**

영화관에 간 영화 관람객들이 오늘날 지켜야 하는 것에 대해 이야기하고 있으므로 맥락상 '~해야 한다'라는 의무, 필요의 뜻을 가진 must가 빈칸에 가장 옳은 조동사이다.

## 19

**영어문제**

Tony and Jack are identical twins. But now we _____ tell them apart by their hair style. They both have dark brown hair, but Tony has bleached his hair blond.

(a) will
(b) shall
(c) can
(d) should

**문제해석**

Tony와 Jack은 일란성 쌍둥이이다. 그러나 이제 우리는 그들의 머리 스타일로 그들을 구별할 수 있다. 그들은 둘 다 짙은 갈색머리를 가지고 있지만, Tony가 머리를 금발로 탈색했다.

**정답** (c)

**문제 해설**

일란성 쌍둥이를 머리 스타일로 구별할 수 있다는 내용이 자연스러우므로 '~할 수 있다'라는 가능, 능력을 나타내는 조동사인 can이 옳다.

| 20 | 영어문제 | 문제해석 |
|---|---|---|
| | Knowing how to play a musical instrument benefits a person's linguistic ability. That is the reason why specialists suggest that parents _____ their children to learn how to play a musical instrument at an early age.<br>(a) are encouraging<br>(b) encourage<br>(c) have encouraged<br>(d) encourages | 악기를 연주하는 방법을 아는 것은 사람의 언어 능력에 유용하다. 그것이 왜 전문가들이 부모님들에게 그들의 아이들이 악기 연주하는 방법을 이른 나이에 배우도록 격려해야 한다고 제안하는 이유이다.<br>**정답** (b) |

### 문제 해설

동사 suggest의 다음의 that절이 명사절로 사용되었으므로 that 이하에 완벽한 문장이 위치해야 한다. 따라서 주어인 parents의 다음 빈칸으로 동사가 위치해야 하며 전문가들이 부모님들에게 격려하도록 제안하는 내용의 당위성 동사 suggest가 쓰였으므로 동사원형인 encourage가 옳다.

 1트 합격! 지텔프 오답노트

제작날짜:

| 틀린문제 번호, 내용 | 틀린이유와 유의할 사항 |
| --- | --- |
|  |  |

1트 합격 지텔프 경찰&소방 전용

한사랑 4S

# UNIT 05

## 접속사 & 접속부사

# UNIT 05 접속사&접속부사

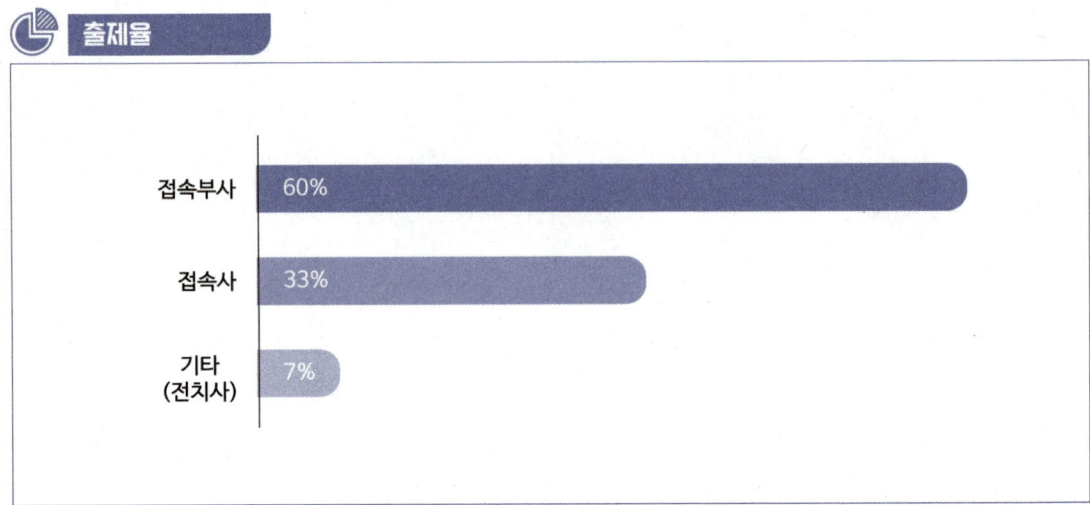

### 사랑의 ♥ TIP
접속사&접속부사편에서는 문맥이 빈칸을 기준으로 어떻게 이어지고 있는가를 해석하는 훈련을 하는 것이 중요하다.

## 01 접속부사란?

접속부사는 접속사와 달리 앞 문장과 그 다음 문장의 논리적인 관계를 알려주는 부사이다.
의미상 앞 문장의 내용을 <u>부가 설명하는 역할</u>이므로 절을 연결할 수 없다.
접속부사는 접속사의 기능이 없고 등위접속사 뒤에 쓰일 수 있다.
접속부사의 품사는 부사이다.

### 01 문맥에 맞는 접속부사

- E-mail is very convenient. <u>Moreover</u>, it is free.
  이메일은 아주 편하다. 더욱이, 공짜다.

- He got a serious flu. <u>As a result</u>, he was absent from work.
  그는 심한 독감에 걸렸다. 그 결과, 그는 결근했다.

- The result was definitely disappointing; <u>nevertheless</u>, we must accept that.
  그 결과는 분명 실망스러웠다. 그럼에도 불구하고, 우리는 그것을 받아들여야만 한다.

- She got a part time job; <u>Otherwise</u>, she couldn't have continued her study.
  그녀는 아르바이트를 구했다. 그렇지 않다면, 그녀는 공부를 계속할 수 없었을 것이다.

- You may not know, and <u>yet</u> I'm always behind you.
  너는 아마 모르겠지만, 나는 항상 너의 뒤에 있어.

- I thought she had retired, but <u>apparently</u> she hasn't.
  나는 그녀가 은퇴를 했다고 생각했는데, 보아하니 그것이 아니다.

- I like her, but <u>unfortunately</u>, she got married.
  나는 그녀가 맘에 들지만, 불행하게도 그녀는 결혼했어.

- Our team lost. It was a good game <u>though</u>.
  우리 팀이 졌다. 그렇지만 훌륭한 경기였다.

> 사랑의 ♥ TIP
> 
> - 접속부사의 위치가 중요한 게 아니다.
>   위치는 참고로 알아두도록 하고 문장 내에서 접속부사가 어떠한 의미로 쓰였는지 유추해 내는 훈련을 해야만 한다.
> - 접속부사의 종류는 셀 수 없을 만큼 다양하다. 평상시에 리스트를 작성하여 다양한 접속부사를 미리 익혀두는 것이 중요하다.

## 02 접속부사의 종류

| | |
|---|---|
| 인과 | therefore, hence, thus 그러므로<br>in conclusion 결론적으로<br>as a result, consequently 결과적으로<br>afterward, subsequently 그 후에 |
| 부연설명 | moreover, besides, in addition, additionally 게다가<br>further, furthermore 더욱이, 뿐만 아니라<br>for example, for instance 예를 들면 |
| 목적 | for the purpose of ~할 목적으로<br>so as to, in order to ~하기 위하여 |
| 강조 | indeed 참으로<br>in fact, actually, a matter of fact 사실<br>certainly 분명히 |
| 대조, 양보, 조건 | however 그러나<br>otherwise 그렇지 않으면<br>nevertheless, nonetheless 그럼에도 불구하고<br>contrarily 그 반대로, 대조적으로<br>conversely 반대로, 역으로<br>on the contrary, in contrast 반대로<br>even so 설사 그렇다 할지라도<br>on the other hand 다른 한편으로는 |
| 요약 | In brief, In short, In a word 간단히 말해서<br>In other words 다시 말해<br>In summary, To sum up 요약하면 |
| 순서, 열거 | first(ly), first of all, second(ly), third(ly) 처음으로, 두 번째로, 세 번째로 |

- There is still much to discuss. We shall, therefore, return to this item at our next meeting.
  아직도 논의할 것이 많습니다. 그러니 다음 회의 때 이 사항을 다시 다루도록 하겠습니다.

- This poses a threat to agriculture, the food chain, and consequently to human health.
  이것은 농업과 먹이 사슬, 결국에는 인류 건강에 위협을 주고 있다.

- Shut the window; otherwise it'll get too cold in here.
  창문 닫아. 안 그러면 이 안이 너무 추워질 거야.

- I would say, in summary, his bark is worse than his bite.
  말하자면, 그는 말은 거칠지만 본성은 그렇게 나쁘지 않다.

- It is a complex system. However, it makes a change certainly.
  그것은 복잡한 체계야. 하지만, 확실히 신선한 면이 있다.

## 02 접속사란?

접속사는 단어와 단어, 구와 구, 절과 절을 연결해 주는 말이다. 접속사에는 부사절을 이끄는 시간, 이유, 조건, 양보를 나타내는 접속사와 두 개 이상의 단어가 짝을 이루어 쓰이는 접속사가 있다.

### 01 등위접속사

and: ~과/와, 그리고 but: ~이지만, 하지만
or: 또는, 혹은 for: 왜냐하면 so: 그래서

- He won first prize, **and** he was really happy.
  그는 1등으로 입상했고 매우 행복했다. (절과 절)

- I got up early, **but** I was late for school.
  나는 일찍 일어났지만 학교에 늦었다.

- He is very rich, **so** he can buy whatever he wants.
  그는 매우 풍족해서 그가 원하는 무엇이든지 살 수 있다.

### 02 시간을 나타내는 접속사

when: ~할 때                while: ~하는 동안
as: ~할 때, ~함에 따라       until/till: ~할 때까지
since: ~한 이래로            as soon as: ~하자마자
every time: ~할 때마다       by the time: ~할 때까지, ~할 때쯤에

- My mom usually listens to the radio **while** she drives to work.
  우리 엄마는 보통 운전해서 출근하는 동안 라디오를 듣는다.

- **As** time went by, the disease seemed to go away.
  시간이 지남에 따라, 질병은 사라진 것처럼 보였다.

- Every time(=Whenever) I hear his song, I think of my grandmother.
  내가 그의 노래를 들을 때마다, 나는 우리 할머니가 생각난다.

## 03 이유를 나타내는 접속사

because / since / as: ~하기 때문에

- The boy fell off his bicycle because the road was icy.
  그 도로는 얼음으로 뒤덮여 있었기 때문에 그 소년은 자전거에서 떨어졌다.

- Since we're students, we can get a discount on the entrance fee.
  우리가 학생이기 때문에, 입장료를 할인받을 수 있다.

## 04 조건을 나타내는 접속사

If: 만약 ~라면
unless / if ... not: 만약 ~하지 않는다면

- If you see Roy, tell him to call me as soon as possible.
  만약 Roy를 본다면, 그가 되도록 빨리 나에게 전화하라고 말해줘.

- I'll bring my cat unless you're allergic to it.
  네가 고양이 알레르기가 없다면, 내 고양이를 가져올 거야.

## 05 양보를 나타내는 접속사

> although / though / even though: 비록 ~하지만, ~함에도 불구하고
> even if: 만약 ~할지라도
> whereas: ~인데도, ~인 반면에 (두 가지 사실을 비교할 때 사용)

- <u>Although</u> the room was small, it was very clean and comfortable.
  비록 그 방은 작았지만, 아주 깨끗하고 편안했다.

- Jeremy will continue the race <u>even if</u> he has a broken leg.
  만약 Jeremy의 다리가 부러질지라도 그는 경주를 계속할 것이다.

### TIP 최신 기출 접속부사

최근 G-TELP시험 문제에서 자주 출제되고 있는 접속사&접속부사들이다.
꼭 암기해두도록 하자!

**that 패밀리**
- **given that**: ~감안하면
- **supposing that**: ~라면 (=what if)
- **assuming that**: ~라고 가정하면
- **provided that**: 만일 ~이라면
- **rather that**: ~이기에 더더욱

*최근 시험 정답으로 출제

- even so: 그렇기는 하지만
- whereas: ~하는 반면 (두 가지 사실을 비교할 때 사용)

no matter how + 형용사: 아무리 형용사 할지라도

접속사 유형의 문제 중 빈칸 바로 다음이 **형용사**로 이어져 있다면
no matter how를 보기에서 찾는다.

ex) <u>No matter how</u> challenging(형용사) the situation is,
    James is always the one we can count on.
    아무리 힘든 상황일지라도, 제임스는 우리가 항상 기댈 수 있는 존재이다.

## 03 기타(전치사)

### 전치사란?

명사(대명사)나 동명사 앞에 놓여 다른 명사나 대명사와의 관계를 나타내는 품사이다.
전치사 뒤에는 명사 또는 동명사밖에 위치하지 못한다.

> 전치사 + 명사(대명사) or 동명사

### despite: …임에도 불구하고 (전치사)

despite는 전치사임에도 불구하고 예외적으로 접속사&접속부사 문제에 출제가 되고 있으므로 필수적으로 익혀야 하는 단어이다.
문제를 풀 때 빈칸 뒤에 명사나 동명사가 위치하면 전치사를, 주어나 동사가 위치하면 접속사를 선택하도록 한다.

- **Despite his old age**(명사), he is still very healthy and energetic. =전치사
  그의 많은 나이에도 불구하고, 그는 여전히 매우 건강하고 힘이 넘친답니다.

- **Despite his physical disability**, Nicholas believes he can do anything he wants. =전치사
  신체장애에도 불구하고, 니콜라스는 자신이 원하는 모든 일을 할 수 있다고 믿고 있습니다.

ex) Although I(주어) prepared(동사) for the exam so hard, I couldn't pass it.
    =접속사
    나는 그 시험 준비를 정말 열심히 했음에도 불구하고 시험에 합격하지 못했다.

## LEVEL-UP 연습문제

**01** When somebody is diagnosed with a disease, many examinations are performed. Only _____ all the results are in, does the remedy start.

(a) for
(b) after
(c) until
(d) before

**02** Pat suffered a heart attack a few years ago. As a result of the heart attack, he was required a surgery to repair his heart. _____ this almost fatal attack, he still smokes as much as he did prior to the attack.

(a) Besides
(b) Ever since
(c) Despite
(d) Rather than

**03** Laura was eating chocolate while waiting for her coffee to get ready at Starbucks. She was ready to get her coffee _____ her name was called.

(a) before
(b) until
(c) when
(d) soon

**04** Albinism is a genetic disorder that cause the skin, hair, or eyes to have little or no colour. Many people find this unique _____ it only occurs in about 0.005% of the world population.

(a) since
(b) although
(c) therefore
(d) but

05  Mike couldn't figure out why he couldn't catch a single mouse _____ he had the best mousetrap for his house.

   (a) only if
   (b) since
   (c) in the event
   (d) although


06  When you are trying to learn a piece of music, you should remember that you will have ups and downs. It is best to go two months with no mistakes _____ you try to stop practicing that song any longer.

   (a) after
   (b) while
   (c) when
   (d) before

**07** Keeping a car for a long time has the advantage of the car being paid off. _____ some of the disadvantages are that more maintenance is required as the car gets older and parts are not as available.

(a) However
(b) Therefore
(c) Besides
(d) Instead

**08** When we have visitors, we try to make plans to keep them busy and to see as much as they can while they are here. Two places we always visit is Disney World and Universal Studios _____ we go to Florida.

(a) wherever
(b) yet
(c) although
(d) whenever

**09** Taylor started working on her new project last week, but she hasn't done anything with the project this week _____ she has spent most of her time on household chores.

(a) since
(b) unless
(c) whether
(d) as if

**10** Jane was waiting for the bus when a familiar looking guy smiled and waved at her. She was quite annoyed to see her first love who dumped her; _____ she still felt pleased to see him.

(a) nonetheless
(b) hence
(c) moreover
(d) conversely

**11** There are numerous mice in Anna's house. _____ she finds where they are coming from, she cannot remove them.

(a) Once
(b) Unless
(c) If
(d) Before

**12** Sally and Ben O'brian will have brunch guests tomorrow morning. Their guests, the Jones, are on a diet. _____ the O'brians love big brunch with French fries, they will not serve them in order not to make their guests frustrated.

(a) Because
(b) As
(c) Since
(d) Although

**13** The company music band isn't really great. They should have practiced more _____ they entered the music competition.

　　(a) since
　　(b) whether
　　(c) before
　　(d) soon

**14** When you go on a trip, you try to pack everything you need. _____ you can never plan for every case.

　　(a) However
　　(b) Or
　　(c) Thus
　　(d) So

**15** Because of a heavy fall of snow, the crop of apples is threatened this year. _____ the gross weight of the apples should be almost the same with last year.

(a) Finally
(b) Furthermore
(c) Likewise
(d) Nevertheless

**16** The veterans of the Korean War are dying at a slight rate and the ones still alive are quite old to visit war sites. _____ there are more people visiting there because of patriotism.

(a) Since
(b) Nonetheless
(c) Consequently
(d) Because

**17** Online live shows have grown and showed no sign of falling off. This tendency is threatening big charged concerts. Audiences have reported that they prefer online live shows _____ there is no crowd, no charge and the ability to watch anywhere they want.

(a) because
(b) though
(c) however
(d) conversely

**18** Visiting a zoo in the summer is really sweltering and packed with other visitors. Many people want to avoid the crowds _____ they visit there in the fall.

(a) so
(b) but
(c) if
(d) since

**19** _____ I understand that there are some differences between normal letters and love letters, the fact that the message always has to show the reader how much I love that person with the beautiful words stresses me out.

(a) Unless
(b) Whenever
(c) Although
(d) Since

**20** Ronald was told yesterday that he was not qualified for the administrative position that was open. _____ he felt upset, but made up his mind to use his failure as a motivation to take some administrator courses and apply again when another position opens.

(a) Naturally
(b) Regardless
(c) Similarly
(d) Finally

## LEVEL-UP 정답/해설

| 01 | 02 | 03 | 04 | 05 | 06 | 07 | 08 | 09 | 10 |
|---|---|---|---|---|---|---|---|---|---|
| b | c | c | a | d | d | a | d | a | a |
| 11 | 12 | 13 | 14 | 15 | 16 | 17 | 18 | 19 | 20 |
| b | d | c | a | d | b | a | a | c | a |

---

**01**

| 영어문제 | 문제해석 |
|---|---|
| When somebody is diagnosed with a disease, many examinations are performed. Only _____ all the results are in does the remedy start.<br>(a) for<br>(b) after<br>(c) until<br>(d) before | 누군가 어떤 질병을 진단 받으면 많은 검사가 진행된다. 오직 모든 결과가 나온 후에야 치료가 시작된다.<br><br>**정답** (b) |

**문제 해설**

검사를 진행하고 그 결과가 나온 후에야 치료를 시작하는 것이 순서이므로 '~한 후에'라는 뜻인 접속사 after가 적절하다.

## 02

**영어문제**

Pat suffered a heart attack a few years ago. As a result of the heart attack, he was required a surgery to repair his heart. _____ this almost fatal attack, he still smokes as much as he did prior to the attack.

(a) Besides
(b) Ever since
(c) Despite
(d) Rather than

**문제해석**

Pat은 몇 년 전에 심장 발작을 겼었다. 이 심장 발작의 결과로, 그는 그의 심장을 치료하기 위해 수술을 요구받았다. 거의 죽을 뻔했던 발작에도 불구하고, 그는 여전히 발작을 겪기 전처럼 담배를 많이 피운다.

**정답** (c)

### 문제 해설

빈칸 뒤에 명사가 왔으므로 알맞은 전치사(구)를 고르는 문제이다. 생명에 위협을 주는 발작을 겪었지만 여전히 흡연을 한다는 내용으로, 전후 문맥이 상반되는 내용이기 때문에 양보의 의미를 가진 Despite이 가장 옳다.

*cf)* besides: ~외에도
 ever since: ~이후로 줄곧 (접속사)
 despite: ~에도 불구하고 (전치사)
 rather than: ~보다는

## 03

**영어문제**

Laura was eating chocolate while waiting for her coffee to get ready at Starbucks. She was ready to get her coffee _____ her name was called.

(a) before
(b) until
(c) when
(d) soon

**문제해석**

Laura는 Starbucks에서 커피가 준비되기를 기다리는 동안 초콜릿을 먹고 있었다. 그녀의 이름이 불렸을 때 그녀는 커피를 받으러 갈 준비가 되어 있었다.

**정답** (c)

### 문제 해설

커피를 기다리고 있다가 이름이 '불리면, 불릴 때' 커피를 받으러 간다는 문장이고 빈칸 다음 'her name was called'가 완벽한 문장이므로 '~할 때, ~하면, ~한 후에' 뜻인 접속사 when이 적절하다.

## 04

| 영어문제 | 문제해석 |
|---|---|
| Albinism is a genetic disorder that cause the skin, hair, or eyes to have little or no colour. Many people find this unique _____ it only occurs in about 0.005% of the world population.<br>(a) since<br>(b) although<br>(c) therefore<br>(d) but | 백색증은 피부나, 머리카락, 눈에 색깔이 거의 없거나 전혀 없게 되는 유전 질환이다. 이것은 인류 인구의 약 0.005%에게만 발생하기 때문에 많은 사람들이 이것을 흔하지 않다고 생각한다.<br>**정답** (a) |

**문제 해설**

빈칸 뒤의 내용이 빈칸 앞 내용의 이유를 설명하고 있으므로 '~하니까, ~하므로'라는 의미의 since가 옳다.
since는 시간 부사절을 이끄는 '~이래로'뿐만 아니라 원인 부사절도 이끈다는 것을 알아두자.
since 다음 특정 시점이 나온다면 "~이래로"로 해석한다.
ex) I have lived in this apartment <u>since 2022</u>. (나는 이 아파트에서 2022이래로 계속 살고 있는 중이다.)

## 05

| 영어문제 | 문제해석 |
|---|---|
| Mike couldn't figure out why he couldn't catch a single mouse _____ he had the best mousetrap for his house.<br>(a) only if<br>(b) since<br>(c) in the event<br>(d) although | Mike는 그의 집을 위한 최고의 쥐덫을 가지고 있음에도 불구하고 왜 쥐를 한 마리도 잡을 수 없는지를 이해할 수 없었다.<br>**정답** (d) |

**문제 해설**

좋은 쥐덫을 준비했지만 쥐를 한 마리도 못 잡았다는 문장이므로 '비록 ~일지라도, ~에도 불구하고, 그러나, 하지만' 뜻인 접속사 although가 적절하다.
*cf)* only if (접속사) ~할 경우에 한해, ~하지 않는 한
*cf)* since (접속사) ~한 이후로, ~ 때문에, ~ 이므로
*cf)* in the event (that) (접속사, 접속부사) 결국, 만약 ~하면, ~할 경우에는

## 06

**영어문제**

When you are trying to learn a piece of music, you should remember that you will have ups and downs. It is best to go two months with no mistakes _____ you try to stop practicing that song any longer.

(a) after
(b) while
(c) when
(d) before

**문제해석**

네가 노래 한곡을 연습하려고 할 때, 너는 연주에 오르내림이 있을 것이라는 것을 기억해야 한다. 더 이상 연습을 하지 않으려고 하기 전에 실수 없이 두 달을 지내보는 게 가장 좋다.

**정답** (d)

**문제 해설**

노래를 더 이상 연습하지 않기 위해 그 전까지는 실수 없이 연주하는 것이 중요하다는 문장이므로 '~하기 전에'라는 뜻인 부사절 접속사 before가 적절하다.

*cf)* while (접속사) ~하는 동안[사이], ~인데 반하여, ~에도 불구하고

## 07

**영어문제**

Keeping a car for a long time has the advantage of the car being paid off. _____ some of the disadvantages are that more maintenance is required as the car gets older and parts are not as available.

(a) However
(b) Therefore
(c) Besides
(d) Instead

**문제해석**

오랫동안 차를 가지고 있는 것은 그 차값을 다 갚았다는 장점이 있다. 하지만, 몇몇 단점은 차가 오래될수록 부품이 이용할 수 없기 때문에 더 많은 유지보수가 필요하다는 것이다.

**정답** (a)

**문제 해설**

알맞은 부사를 고르는 문제이다. 앞 문장에서 차를 오래 가지고 있는 장점에 관해서 이야기하고, 빈칸 있는 문장에서는 단점에 관해서 이야기하고 있으므로 역접의 부사 However이 정답이다.

*cf)* However: 하지만
Therefore: 그러므로
Besides: 게다가
Instead: 대신에

| 08 | 영어문제 | 문제해석 |
|---|---|---|

When we have visitors, we try to make plans to keep them busy and to see as much as they can while they are here. Two places we always visit is Disney World and Universal Studios _____ we go to Florida.

(a) wherever
(b) yet
(c) although
(d) whenever

우리가 손님을 받을 때, 우리는 그들을 정신없게 하고 그들이 여기 있는 동안 가능한 많이 볼 수 있도록 계획을 짜려고 한다. 우리 Florida에 갈 때마다, 우리가 항상 방문하는 두 곳은 Disney World와 Universal Studios이다.

**정답** (d)

### 문제 해설

빈칸이 있는 문장이 빈칸 이하가 없어도 완벽한 문장을 성립하므로 빈칸에는 부사절이나 접속사절이 올 수 있다. 주절에 always로 보아 항상 일어나는 일임을 알 수 있기 때문에 문맥 상 빈칸에는 '~할 때마다' 라는 복합관계부사가 올 수 있다.

*cf)* wherever: 어디든지, 어디에나
yet: 그렇지만, 그런데도
although: 비록 ~일지라도
whenever: 언제든지, ~할 때마다

| 09 | 영어문제 | 문제해석 |
|---|---|---|

Taylor started working on her new project last week, but she hasn't done anything with the project this week _____ she has spent most of her time on household chores.

(a) since
(b) unless
(c) whether
(d) as if

Taylor는 지난주에 새로운 프로젝트를 하기 시작했으나 이번 주에 대부분의 시간을 집안일에 보냈으므로 프로젝트에 아무것도 손도 못 댔다.

**정답** (a)

### 문제 해설

집안일을 하느라 시간이 없어서 새로운 프로젝트를 못 했다는 내용이므로 '~ 때문에' 뜻인 접속사 since가 빈칸에 적절하다.

*cf)* since (접속사) ~한 이후로, ~ 때문에, ~ 이므로
*cf)* whether (접속사) ~인지[아닌지], ~이든[아니든]
*cf)* as if (접속사) 마치 ~인 것처럼

| 10 | 영어문제 | 문제해석 |
|---|---|---|
| | Jane was waiting for the bus when a familiar looking guy smiled and waved at her. She was quite annoyed to see her first love who dumped her; _____ she still felt pleased to see him.<br>(a) nonetheless<br>(b) hence<br>(c) moreover<br>(d) conversely | Jane은 익숙해 보이는 남자가 그녀에게 미소 짓고 손을 흔들 때, 버스를 기다리고 있는 중이었다.<br>그녀는 그녀를 찼던 그녀의 첫사랑 상대를 봐서 꽤 짜증이 났지만, 그럼에도 불구하고 그를 보게 되어 여전히 기뻤다.<br><br>**정답** (a) |

### 문제 해설

빈칸을 기준으로 annoyed와 pleased의 반대의 감정을 나타내고 있다.
따라서 해석상 '그렇기는 하지만, 그렇더라도'의 의미를 가지는 nonetheless가 옳다.

*cf)* hence: 이런 이유로, ~인하여
moreover: 게다가, 더욱이, 또한
conversely: 정반대로, 역으로

| 11 | 영어문제 | 문제해석 |
|---|---|---|
| | There are numerous mice in Anna's house. _____ she finds where they are coming from, she cannot remove them.<br>(a) Once<br>(b) Unless<br>(c) If<br>(d) Before | Anna의 집에는 쥐가 많다. 쥐들이 어디서 나오는지를 발견하지 않으면 그녀는 쥐들을 제거하지 못 할 것이다. (이중부정: 쥐들이 어디서 나오는지 발견한다면 쥐를 제거할 수 있을 것이다.)<br><br>**정답** (b) |

### 문제 해설

뒤의 절이 '쥐를 제거하지 못할 것이다'이므로 앞의 접속사절에서 '쥐가 나오는 곳을 발견하지 않으면'이라는 조건의 뜻이 되어야 한다. 그러므로 빈칸에는 '~ 않으면, 못하면'이라는 부정의 의미가 들어가야 하므로 '~하지 않는 한, ~이 아닌 경우, ~한 경우 외에는' 뜻인 접속사 unless가 적절하다.

| 12 | 영어문제 | 문제해석 |
|---|---|---|

Sally and Ben O'brian will have brunch guests tomorrow morning. Their guests, the Jones, are on a diet. _____ the O'brians love big brunch with French fries, they will not serve them in order not to make their guests frustrated.

(a) Because
(b) As
(c) Since
(d) Although

Sally와 Ben O'brian은 내일 아침 손님에게 브런치를 대접할 것이다. 그들의 손님인 Jones 가족은 다이어트 중이다. O'brian 가족은 감자튀김을 곁들인 많은 양의 브런치를 좋아하지만, 손님을 불만스럽게 하지 않기 위해 감자튀김은 대접하지 않을 것이다.

**정답** (d)

### 문제 해설

감자튀김을 좋아하지만 감자튀김을 대접하지 않을 것이라는 의미이므로 '~에도 불구하고, 하지만, 그러나' 뜻인 although 접속사가 적절하다.

cf) although (접속사) 비록 ~일지라도, ~에도 불구하고, 그러나, 하지만
cf) as (접속사) ~하는 동안에, ~대로, ~ 때문에, ~다시피[듯이]


| 13 | 영어문제 | 문제해석 |
|---|---|---|

The company music band isn't really great. They should have practiced more _____ they entered the music competition.

(a) since
(b) whether
(c) before
(d) soon

회사 음악 밴드는 별로 못한다. 그들은 대회에 참가하기 전에 더 연습했어야 했다.

**정답** (c)

### 문제 해설

대회에 나가기 '전'에 (과거에) 더 열심히 연습했어야 했다는 의미이므로 before라는 접속사가 들어가야 한다.

| 14 | 영어문제 | 문제해석 |
|---|---|---|

When you go on a trip, you try to pack everything you need. _____ you can never plan for every case.

(a) However
(b) Or
(c) Thus
(d) So

여행을 갈 때 필요한 모든 것을 가져가려고 한다. 하지만 모든 경우를 미리 계획할 수는 없다.

**정답** (a)

### 문제 해설
여행을 할 때 필요한 모든 짐을 가지고 가고 '싶지만' 그럴 수 없다는 의미 이므로 빈칸에는 '그러나, 하지만'의 의미인 접속부사 however이 적절하다.

| 15 | 영어문제 | 문제해석 |
|---|---|---|

Because of a heavy fall of snow, the crop of apples is threatened this year. _____ the gross weight of the apples should be almost the same with last year.

(a) Finally
(b) Furthermore
(c) Likewise
(d) Nevertheless

폭설로 인해 올해 사과 수확이 어렵다. 그럼에도 불구하고 사과의 총 무게(중량)는 작년과 거의 같게 해야 한다.

**정답** (d)

### 문제 해설
사과 작물 수확이 어렵다는 문장 다음으로 수확한 사과의 총 무게가 작년과 비슷해야 된다는 문구가 나오므로 '그럼에도 불구하고, 그렇기는 하지만' 뜻인 접속부사 nevertheless가 적절하다.
또한 nevertheless가 없음에도 뒤의 문장은 완성되므로 빈칸에는 부사가 들어가야 한다.

cf) furthermore (부사) 뿐만 아니라, 더욱이
cf) likewise (부사) 똑같이, 비슷하게, (전치사) ~와 비슷한

| 16 | 영어문제 | 문제해석 |
|---|---|---|

The veterans of the Korean War are dying at a slight rate and the ones still alive are quite old to visit war sites. _____ there are more people visiting there because of patriotism.

(a) Since
(b) Nonetheless
(c) Consequently
(d) Because

한국 전쟁 참전 용사들은 서서히 죽어 가고 있고, 아직 살아있는 병사들도 전쟁 현장을 방문하기에는 꽤 나이가 들었다. 그럼에도 불구하고 애국심 때문에 더 많은 사람들이 방문하고 있다.

**정답** (b)

### 문제 해설

앞의 문장이 참전 용사들은 나이가 꽤 많아 방문하기 어렵다는 문장이지만 이어지는 문장에서 많은 사람들이 방문하고 있다고 하는 완전한 문장이 나왔으므로 역접의 의미인 '그럼에도 불구하고, 하지만'의 뜻을 가진 접속부사 nonetheless가 적절하다.

*cf)* nonetheless (부사) 비록 ~일지라도, ~에도 불구하고, 그렇지만, 하지만
*cf)* despite (전치사) ~에도 불구하고

| 17 | 영어문제 | 문제해석 |
|---|---|---|

Online live shows have grown and showed no sign of falling off. This tendency is threatening big charged concerts. Audiences have reported that they prefer online live shows _____ there is no crowd, no charge and the ability to watch anywhere they want.

(a) because
(b) though
(c) however
(d) conversely

온라인 라이브 쇼가 늘어나고 약해질 기미가 보이지 않는다. 이러한 경향은 대형 유료 공연을 위협하고 있다. 관람객들은 사람도 없고 관람료도 없으며 그들이 원하는 어디에서나 볼 수 있다는 점 때문에 온라인 라이브 쇼를 선호한다고 말한다.

**정답** (a)

### 문제 해설

'붐비지도 않고 무료~'라는 이유로 온라인 라이브 쇼를 선호한다는 문장이므로 '~ 때문에'라는 의미가 들어가야 하므로 정답은 because이다.

| 18 | 영어문제 | 문제해석 |
|---|---|---|

Visiting a zoo in the summer is really sweltering and packed with other visitors. Many people want to avoid the crowds _____ they visit there in the fall.

(a) so
(b) but
(c) if
(d) since

여름에 동물원을 방문하는 것은 매우 덥고 다른 관광객들로 붐빈다. 많은 사람들이 붐비는 인파를 피하고 싶어서 가을철에 그곳을 방문한다.

**정답** (a)

**문제 해설**

붐비는 것을 피하고 싶다. '그러므로 / 그래서' 가을철에 방문한다는 내용이므로, 결과를 나타내는 등위접속사 so (그래서, 그러므로)가 적절하다.

| 19 | 영어문제 | 문제해석 |
|---|---|---|

_____ I understand that there are some differences between normal letters and love letters, the fact that the message always has to show the reader how much I love that person with the beautiful words stresses me out.

(a) Unless
(b) Whenever
(c) Although
(d) Since

나는 비록 일반 편지와 연애편지 사이에 일부 차이점들이 있다는 것을 이해할지라도 메시지는 항상 읽는 사람에게 내가 그 사람을 얼마나 사랑하는지 아름다운 말들로 보여줘야 한다는 사실은 나에게 스트레스를 준다.

**정답** (c)

**문제 해설**

빈칸 뒤의 문장의 배열이 S + V + O의 완벽한 문장배열이므로 문장과 문장을 이어주는 접속사의 자리이다. 해석상으로 '비록 ~일지라도'가 자연스러우므로 although가 옳다.

*cf)* unless = if not
whenever ~할 때는 언제든지
since (현재완료와 함께) ~ 이래로, ~ 때문에

## 20

### 영어문제

Ronald was told yesterday that he was not qualified for the administrative position that was open. _____ he felt upset, but made up his mind to use his failure as a motivation to take some administrator courses and apply again when another position opens.

(a) Naturally
(b) Regardless
(c) Similarly
(d) Finally

### 문제해석

Ronald는 어제 그가 공석이었던 관리직에 적합하지 않다는 것을 들었다. 당연히 그는 속상했지만 그의 실패를 관리자 수업을 듣는 동기부여로써 사용하기로 결정했고 다른 자리가 공석일 때 다시 지원하기로 결정했다.

**정답** (a)

### 문제 해설

[S+V+O]의 완벽한 문장에 빈칸이 있으므로 부사 자리이고 해석상 '당연히, 자연스럽게'라는 의미이므로 Naturally가 옳다.

*cf)* regardless: 개의치 않고
similarly: 비슷하게, 유사하게
finally: 마침내

 1트 합격! 지텔프 오답노트

제작날짜:

| 틀린문제 번호, 내용 | 틀린이유와 유의할 사항 |
| --- | --- |
| | |

# UNIT 06 관계사

### 출제율

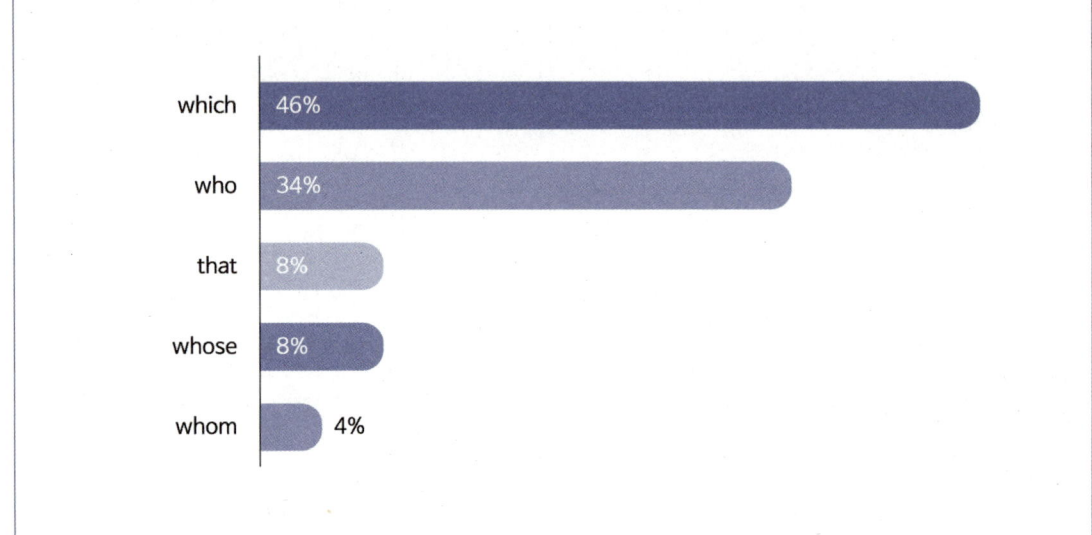

- which 46%
- who 34%
- that 8%
- whose 8%
- whom 4%

### 사랑의♥TIP

관계사유형의 문제를 풀때는 선행사 파악과 함께 빈칸 다음에 무엇이 오는가를 유심히 봐야 한다.

- 주격: _____ + 동사
- 목적격: _____ + 주어 + 타동사 (자동사, be동사는 제외)
- 소유격: _____ + 명사 + 동사

## 01 관계사란?

관계사는 문장과 문장을 이어주는 접속사 역할과 문장의 일부를 대신하는 역할을 동시에 하는 것으로, 관계대명사, 관계부사, 복합관계사가 있다.
여기서 관계대명사는 [접속사+대명사] 역할을 동시에 하고, 선행사가 관계사절 내에서 주어로 쓰이면 주격, 목적어로 쓰이면 목적격, 소유격으로 쓰이면 소유격 관계대명사를 쓴다.

### 01 관계대명사

| 선행사 | 사람 | 사물/동물 | 사람/동물/사물 |
|---|---|---|---|
| 주격 | who | which | that |
| 목적격 | whom | which | that |
| 소유격 | whose | whose/of which | — |

① 주격 관계대명사

- I have **a friend who** has a good sense of humor. 〈선행사: a friend (사람)〉
  나는 유머감각이 뛰어난 친구가 있다.

② 목적격 관계대명사

- **The piano which** she is playing is quite old. 〈선행사: The piano (사물)〉
  그녀가 연주하고 있는 피아노는 매우 오래되었다.

③ 소유격 관계대명사

- I have **a friend whose** brother is a golfer. 〈선행사: a friend (사람)〉
  나에게는 형이 골프 선수인 친구가 있다.

> **TIP**
>
> ① 관계대명사 that을 사용해야 하는 경우
>
> 선행사로 사람+동물이 오는 경우, 의문사, all, ~thing이 오는 경우,
> 선행사 앞에 the very, the only, 서수, 최상급이 오는 경우
>
> ② 관계대명사 that을 사용할 수 없는 경우
>
> 관계대명사의 계속적 용법(관계대명사 바로 앞에 콤마( , )가 찍혀 있는 경우)에는 that을 사용할 수가 없다.
>
> - There is a house, that I live in. (×)
>   내가 거주하는 집이 있다. (which로 바꾸어 줘야 한다)

## 02 관계대명사 what

관계대명사 what은 선행사를 포함하고 있으며, '~하는 것(the thing which/ that)'의 의미이고, 형용사절이 아닌 명사절로써 문장에서 주어, 목적어, 보어로 쓰인다.

- What(=The thing which/that) he told me has turned out to be true.
  그가 나에게 말한 것은 진실로 판결이 났다.

> **사랑의 ♥ TIP**
>
> 빈칸 앞에 선행사 즉 명사가 있는 경우 what은 정답이 될 수 없다.

## 02 관계부사란?

관계부사는 [접속사+부사]의 역할을 하며, 관계부사가 이끄는 절은 앞의 명사(선행사)를 수식하는 형용사절이다. 관계부사의 선행사가 관계사절 내에서 대명사가 아닌 부사 역할을 한다는 점에서 관계대명사와 구별된다. 관계부사는 [전치사+관계대명사]로 바꿔 쓸 수 있다.

### 01 관계부사

|  | 선행사 | 관계부사 | 전치사+관계대명사 |
|---|---|---|---|
| 장소 | the place 등 | where | in(at, to, on) which |
| 시간 | the time 등 | when | at(in, on, during) which |
| 이유 | the reason | why | for which |
| 방법 | the way | how | in which |

### 02 관계부사의 종류

① when

시간을 나타내는 관계부사로 the time, the day, the year 등이 선행사로 쓰인다.

- **Where were you in 2002 when the world cup was held?**
  너는 대한민국에서 월드컵이 열렸던 2002년에 어디에 있었니?

② where

장소를 나타내는 관계부사로 the place, the country, the city 등이 선행사로 쓰인다.

- **I came back to the town where I was born.**
  나는 내가 태어났던 마을로 돌아왔다.

③ why

이유를 나타내는 관계부사로 the reason이 선행사로 쓰인다.

- He didn't know the reason why she was nervous.
  그는 그녀가 긴장한 이유를 몰랐다.


④ how

방법을 나타내는 관계부사로 the way가 선행사로 쓰인다.

- This is the way I make tea. 〈관계부사 how 생략〉

- This is how I make tea. 〈선행사 the way 생략〉

- This is the way how I make tea. (×)
  이것이 내가 차를 타는 방법이야.
  〈관계부사 how와 선행사 the way는 함께 쓰이지 않는다.〉

MEMO

# LEVEL-UP 연습문제

**01** Quentin Tarantino is one of the famous American directors. He was a born artist when it came to the complexity of the plots and the original reinterpretations of 60s and 70s movies. His movie Pulp Fiction, _____, is the perfect example of his work.

(a) that is a story of different criminals
(b) who is a story of different criminals
(c) which is a story of different criminals
(d) what is a story of different criminals

**02** A man on the inside filed a report against G&A Law Firm for bribing a juror to act in their favor at a trial. The law office, _____, transferred $15,000 to the juror's bank account.

(a) which has over 150 lawyers
(b) when has over 150 lawyers
(c) whom has over 150 lawyers
(d) that has over 150 lawyers

**03** Our school asked some of former graduates to make speeches during the graduation ceremony for our graduating class. The school chose former students who are now respected in their fields. Among those invited to give a speech, there was Doctor Ned James, _____.

(a) whom is a well-known scientist
(b) which is a well-known scientist
(c) when a scientist is well known
(d) who is a well-known scientist

**04** Julie, with her 4.8 grade point average, can have her choice among all the Ivy League universities that had accepted her. But she has decided to turn down Brown, Columbia and even Harvard. The school _____ is a local college in her neighborhood, known for its good scholarship.

(a) where has she chosen to attend
(b) what she has chosen to attend
(c) whose attendance has she chosen
(d) that she has chosen to attend

**05** Chelsea wasn't the clear team to win the Football Association Cup this season. But they didn't let the fans down and won the cup gloriously. Their victory was led by Eden Hazard _____ :

(a) which is their center forward
(b) when he is their center forward
(c) who is their center forward
(d) what is their center forward

**06** eBookLovers was looking for a new photographer for one of their online magazines. There were several talented applicants, and choosing the right person was very tough. After all, the editor of the magazine chose the one _____ .

(a) which had the most experience
(b) who had the most experience
(c) whom had the most experience
(d) that the most experience had

**07** Hannah wanted to go back home early so she could get ready for her guests on time. She drove on Harrison Lane and turned left on Charles Road, _____, instead of going into the tunnel.

(a) what her house is a shortcut
(b) which is a shortcut to her house
(c) where is a shortcut to her house
(d) that shortcut is to her house

**08** The Linguistics Department has just hosted its annual best academic awards night for the faculty members. Dr. Nollan, _____, was honored with the highest praise for his excellent study on a new angle of ancient languages.

(a) why is European ancient language his specialization
(b) which specialization is in European ancient language
(c) whose specialization is in European ancient language
(d) that specialization is in European ancient language

**09** The Chinese Buddhist temple in San Francisco was the first Buddhist temple in America. Since 1853, _____, Buddhism in America has been emerging in earnest with Asian immigrants.

(a) where it was established
(b) that it was established
(c) how established it was
(d) when it was established

**10** English actress, Carey Mulligan, arrived at the 72nd Tony Awards in a pink and yellow floral dress. This lovely dress, _____, unfortunately, is considered one of the worst red carpet outfits because of the floral background clash.

(a) that was designed by Giambattista Valli
(b) which was designed by Giambattista Valli
(c) who was designed by Giambattista Valli
(d) how Giambattista Valli designed it

**11** Ancient tomb mural paintings show a story of the lives of ancestors in prehistoric times. The mural paintings normally portray huge animals and dangerous hunting scenes. The tomb paintings in Italy, _____, are good examples of such ancient artworks.

(a) when they are believed to be 2,800 years old
(b) that are believed to be 2,800 years old
(c) which are believed to be 2,800 years old
(d) why 2,800 years old are to be believed

**12** Mark Hampshire's St. Charles Marathon win in 2017 was questionable. Hampshire, _____, made people wonder if he actually ran the marathon. Investigators, at the end, revealed that he never ran through any check points along the route.

(a) that was hardly sweating after race
(b) when he was hardly sweating after race
(c) who was hardly sweating after race
(d) how he was hardly sweating after race

**13** Finally Elizabeth walked away from the bed, standing straight in front of me. Then she gave me a striped skirt and a pink shirt, _____.

(a) who took she from the closet
(b) how took from the closet she
(c) which she took from the closet
(d) whose she from the closet took

**14** Schools all around the U.S.A. have issues with students getting in serious troubles. A lot of schools have provided counseling services for these troubled students and are looking for counselors _____ in child counseling.

(a) which had training
(b) when training had
(c) who had training
(d) whom had training

**15** The flight, _____ over 500 people, had been preparing to land at the international airport in Narita, Japan. As the pilot began his descent, he realized there was a man crossing the runway.

(a) where was carrying
(b) that was carrying
(c) which was carrying
(d) what was carrying

**16** If Mr. Sherlock can't remember the person _____ about three months ago, he's not fit to be an assistant attorney general.

(a) which he talked
(b) who he talked to
(c) whom did he talk to
(d) whom he talked to

**17** The suspect is described as a Caucasian male, _____ a blue shirt with yellow stripes and black jeans. He is about 5 feet 9 inches tall and has brown straight hair and green eyes.

(a) which was wearing
(b) that was wearing
(c) who was wearing
(d) whom was wearing

**18** Tchaikovsky is one of the most famous Russian composers. His piece Swan Lake, _____, is one good example.

(a) that is a story of a princess
(b) who is a story of a princess
(c) which is a story of a princess
(d) what is a story of a princess

**19** This morning, Kirk was searching all over the office and desk for his missing copy of the contract but couldn't find it. He told his colleagues that he thinks it might be in the boss's room _____.

(a) whose they are meeting
(b) when they were having a meeting
(c) whom they had been meeting
(d) where they had a meeting

**20** Yve gave Rob a final warning: If he forgets to do his laundry again, she will not let him live in her house anymore. Rob, _____, now feels that he must start keeping his words seriously.

(a) that Yve treated as her own family
(b) which Yve treated as her own family
(c) what Yve is treating as her own family
(d) whom Yve treats as her own family

# LEVEL-UP 정답/해설

| 01 | 02 | 03 | 04 | 05 | 06 | 07 | 08 | 09 | 10 |
|---|---|---|---|---|---|---|---|---|---|
| c | a | d | d | c | b | b | c | d | b |

| 11 | 12 | 13 | 14 | 15 | 16 | 17 | 18 | 19 | 20 |
|---|---|---|---|---|---|---|---|---|---|
| c | c | c | c | c | d | c | c | d | d |

## 01

**영어문제**

Quentin Tarantino is one of the famous American director. He was a born artist when it came to the complexity of the plots and the original reinterpretations of 60s and 70s movies. His movie Pulp Fiction, _____, is the perfect example of his work.

(a) that is a story of different criminals
(b) who is a story of different criminals
(c) which is a story of different criminals
(d) what is a story of different criminals

**문제해석**

쿠엔틴 타란티노는 유명한 미국 영화감독 중에 한 명이다. 그는 줄거리의 복잡성과 60, 70년대 영화의 독창적인 재해석에 있어서는 타고난 예술가였다. 다양한 범죄자들의 이야기인 그의 영화 펄프 픽션은 그의 작품의 완벽한 본보기이다.

**정답** (c)

**문제 해설**

His movie Pulp Fiction 라는 명사를 수식하는 수식어구가 나와야 하므로 관계대명사가 적절하다. 또한 수식받는 명사가 사물이므로 that, which를 사용할 수 있는데 관계대명사 that의 경우에는 앞에 나온 명사를 규정, 구별, 제한하므로 콤마가 사용된 문장에서는 사용할 수 없다.

| 02 | 영어문제 | 문제해석 |
|---|---|---|

A man on the inside filed a report against G&A Law Firm for bribing a juror to act in their favor at a trial. The law office, _____, transferred $15,000 to the juror's bank account.

(a) which has over 150 lawyers
(b) when has over 150 lawyers
(c) whom has over 150 lawyers
(d) that has over 150 lawyers

한 내부자가 G&A Law Firm이 재판에서 그들에게 호의적으로 행동하도록 배심원에게 뇌물을 준 것에 대하여 신고했다. 150명 이상의 변호사들을 둔 그 로펌은 배심원의 은행 계좌로 15,000달러를 송금 하였다.

**정답** (a)

**문제 해설**

the law office라는 선행사를 수식하는 수식어구가 필요하므로 관계대명사가 사용되어야 하며 선행사가 사물이므로 which가 사용되어야 한다. 관계대명사 that은 콤마( , ) 뒤에 사용될 수 없다.

| 03 | 영어문제 | 문제해석 |
|---|---|---|

Our school asked some of former graduates to make speeches during the graduation ceremony for our graduating class. The school chose former students who are now respected in their fields. Among those invited to give a speech, there was Doctor Ned James _____.

(a) whom is a well-known scientist
(b) which is a well-known scientist
(c) when a scientist is well known
(d) who is a well-known scientist

우리 학교는 몇몇 전 졸업생들에게 우리 졸업반의 졸업식 연설을 부탁했다. 학교는 지금 그들 각자의 분야에서 존경받고 있는 졸업생들을 선택했다. 연설에 초청된 사람들 중에는 잘 알려진 과학자인 Ned James 박사도 있었다.

**정답** (d)

**문제 해설**

사람인 Doctor Ned James를 수식하는 수식어구가 필요하며 선행사가 수식어구의 주어 역할을 하므로 사람을 수식하는 주격 관계대명사를 사용한 who is a well-known scientist가 옳다.

| 04 | 영어문제 | 문제해석 |
|---|---|---|

Julie, with her 4.8 grade point average, can have her choice among all the Ivy League universities that had accepted her. But she has decided to turn down Brown, Columbia and even Harvard. The school _____ is a local college in her neighborhood for its good scholarship.

(a) where has she chosen to attend
(b) what she has chosen to attend
(c) whose attendance has she chosen
(d) that she has chosen to attend

Julie의 평균 성적이 4.8점으로 그녀는 합격한 아이비리그의 대학들 중에서 그녀가 선택할 수 있다. 그러나 그녀는 Brown과 Columbia, 그리고 Harvard대학 마저 포기하기로 결심했다. 그녀가 입학하기로 한 학교는 좋은 장학금(제도)로 알려진 그녀 동네의 지역 대학이다.

**정답** (d)

### 문제 해설
The school이라는 선행사를 꾸며주는 관계대명사절 자리이고 선행사가 관계대명사절에서 목적어 역할을 하므로 목적격관계대명사를 사용한 that she has chosen to attend가 옳다.

| 05 | 영어문제 | 문제해석 |
|---|---|---|

Chelsea wasn't the clear team to win the Football Association Cup this season. But they didn't let the fans down and won the cup gloriously. Their victory was led by Eden Hazard _____.

(a) which is their center forward
(b) when he is their center forward
(c) who is their center forward
(d) what is their center forward

Chelsea는 이번 시즌의 FA Cup에서 우승할 명백한 우승후보는 아니었다. 그러나 그들은 팬들을 실망 시키지 않았고 영광스럽게 우승을 했다. 그들의 우승은 그 팀의 중앙 공격수인 Eden Hazard가 이끌었다.

**정답** (c)

### 문제 해설
Eden Hazard라는 사람 선행사를 수식하는 수식어구이고, 선행사가 관계대명사절에서 주어 역할을 하므로 주격관계대명사가 사용된 who is their center forward가 옳다.

| 06 | 영어문제 | 문제해석 |
|---|---|---|
| | eBookLovers was looking for a new photographer for one of their online magazines. There were several talented applicants, and choosing the right person was very tough. After all, the editor of the magazine chose the one _____.<br><br>(a) which had the most experience<br>(b) who had the most experience<br>(c) whom had the most experience<br>(d) that the most experience had | eBookLovers는 그들의 온라인 잡지들 중 하나를 위한 새로운 사진작가를 찾고 있는 중이었다. 유능한 지원자들이 여럿 있었고 적당한 사람을 선택하는 것은 매우 힘들었다. 결국 잡지의 편집장은 가장 경력이 풍부한 사람을 선택했다.<br><br>**정답** (b) |

### 문제 해설

the one이라는 사람 선행사를 꾸며주는 관계대명사가 필요하며, 관계대명사절에서 주어 역할을 하므로 주격 사람 관계대명사가 사용된 who had the most experience가 옳다.


| 07 | 영어문제 | 문제해석 |
|---|---|---|
| | Hannah wanted to go back home early so she could get ready for her guests on time. She drove on Harrison Lane and turned left on Charles Road, _____, instead of going into the tunnel.<br><br>(a) what her house is a shortcut<br>(b) which is a shortcut to her house<br>(c) where is a shortcut to her house<br>(d) that shortcut is to her house | Hannah는 손님들을 위한 준비를 제 시간에 할 수 있도록 집에 빨리 돌아가길 원했다. 그녀는 Harrison Lane에서 운전하다가 터널을 들어가는 대신에 그녀의 집으로 가는 지름길인 Charles Road에서 좌회전 했다.<br><br>**정답** (b) |

### 문제 해설

Charles Road라는 선행사를 수식하는 수식어구가 필요하므로 관계대명사가 사용되어야 하며 선행사가 사물이므로 which가 사용되어야 한다.

| 08 | 영어문제 | 문제해석 |
|---|---|---|
| | The Linguistics Department has just hosted its annual best academic awards night for the faculty members. Dr. Nollan, _____, was honored with the highest praise for his excellent study on a new angle of ancient languages.<br><br>(a) why is European ancient language his specialization<br>(b) which specialization is in European ancient language<br>(c) whose specialization is in European ancient language<br>(d) that specialization is in European ancient language | 언어학과는 교직원들을 위해 방금 연례 최고 학술상 시상식의 밤을 개최했다. 유럽 고대 언어를 전공하는 Dr. Nollan이 그의 고대 언어에 대한 새로운 시각으로 훌륭한 연구의 공로를 인정받아 가장 영예로운 상을 수상했다.<br><br>**정답** (c) |

**문제 해설**

사람 선행사 Dr. Nollan을 수식하는 관계사가 와야 하므로 whose나 that이 올 수 있는데 관계사 뒤에 명사가 나왔으므로 소유격을 나타내는 관계사 whose가 옳다.

| 09 | 영어문제 | 문제해석 |
|---|---|---|
| | The Chinese Buddhist temple in San Francisco was the first Buddhist temple in America. Since 1853, _____, Buddhism in America has been emerging in earnest with Asian immigrants.<br><br>(a) where it was established<br>(b) that it was established<br>(c) how established it was<br>(d) when it was established | San Francisco의 중국 불교 사원은 미국의 첫 번째 불교 사원이었다. 그것이 설립된 1853년 이래로, 미국의 불교는 아시아 이민자들과 함께 본격적으로 드러났다.<br><br>**정답** (d) |

**문제 해설**

빈칸 앞에 연도를 나타내는 1853이 나왔으므로 때를 나타내는 선행사를 수식하는 관계부사인 when이 이어지는 것이 알맞다. 따라서 when it was established가 옳다.

## 10

**영어문제**

English actress, Carey Mulligan, arrived at the 72nd Tony Awards in a pink and yellow floral dress. This lovely dress, _____, unfortunately, is considered one of the worst red carpet outfits because of the floral background clash.

(a) that was designed by Giambattista Valli
(b) which was designed by Giambattista Valli
(c) who was designed by Giambattista Valli
(d) how Giambattista Valli designed it

**문제해석**

잉글랜드 여배우 Carey Mulligan은 분홍색과 노란색의 꽃무늬 드레스를 입고 제72회 토니 시상식에 도착했다. Giambattista Valli가 디자인한 이 사랑스런 드레스는 불행하게도 꽃무늬 배경과 겹쳐져 최악의 레드카펫 의상 중 하나로 여겨진다.

**정답** (b)

**문제 해설**

선행사가 사물인 dress이므로 관계사 that과 which로 꾸밀 수 있지만 빈칸 앞에 콤마( , )가 있기 때문에 that은 불가능하다. 따라서 which was designed by Giambattista Valli가 옳다.

## 11

**영어문제**

Ancient tomb mural paintings show a story of the lives of ancestors in prehistoric times. The mural paintings normally portray huge animals and dangerous hunting scenes. The tomb paintings in Italy, _____, are good examples of such ancient art works.

(a) when they are believed to be 2,800 years old
(b) that are believed to be 2,800 years old
(c) which are believed to be 2,800 years old
(d) why 2,800 years old are to be believed

**문제해석**

고분 벽화는 선사시대 선조들의 삶의 일부를 보여준다. 벽화는 보통 거대한 동물들과 위험한 사냥 장면을 그리고 있다. 2,800년이나 되었다고 믿어지는 이탈리아의 고분 벽화는 이러한 고대 예술 작품의 좋은 예이다.

**정답** (c)

**문제 해설**

사물을 나타내는 선행사 the tomb paintings를 수식해줄 수 있는 관계사 that이나 which가 와야 하는데 빈칸 앞에 콤마( , )가 있으므로 which가 옳다.

## 12

### 영어문제

Mark Hampshire's St. Charles Marathon win in 2017 was questionable. Hampshire, _____, made people wonder if he actually ran the marathon. Investigators, at the end, revealed that he never ran through any check points along the route.

(a) that was hardly sweating after race
(b) when he was hardly sweating after race
(c) who was hardly sweating after race
(d) how he was hardly sweating after race

### 문제해석

Mark Hampshire의 2017년 세인트찰스 마라톤 우승은 논란이 많았다. 경주를 마친 후 거의 땀을 흘리지 않던 Hampshire는 사람들이 그가 실제로 마라톤을 뛰었는지 궁금하게 만들었다. 결국에 조사관이 그가 경주로에 있던 체크포인트를 전혀 지나가지 않았다는 것이 밝혀졌다.

**정답** (c)

### 문제 해설

선행사가 사람을 나타내는 Hampshire이므로 사람을 수식하는 관계사 that과 who가 올 수 있으나 빈칸 앞에 콤마( , )가 있으므로 that은 불가능하다. 따라서 who was hardly sweating after race가 옳다.

## 13

### 영어문제

Finally Elizabeth walked away from the bed, standing straight in front of me. Then she gave me a striped skirt and a pink shirt _____.

(a) who took she from the closet
(b) how took from the closet she
(c) which she took from the closet
(d) whose she from the closet took

### 문제해석

마침내 Elizabeth는 침대로부터 멀어져서 내 앞에서 똑바로 섰다. 그런 다음 그녀는 그녀가 옷장에서 꺼낸 줄무늬 치마와 핑크색 셔츠를 내게 줬다.

**정답** (c)

### 문제 해설

선행사가 skirt와 shirt 즉, 사물이므로 시간이나 방법을 나타내는 접속부사는 정답이 아니고 whose 소유격관계대명사 다음에는 명사가 와야 하므로 역시나 정답에서 제외이다.
그러므로 정답이 될 수 있는 건 which 목적격관계대명사가 와야 한다.

| 14 | 영어문제 | 문제해석 |
|---|---|---|

Schools all around the U.S.A. have issues with students getting in serious troubles. A lot of schools have provided counseling services for these troubled students and are looking for counselors _____ in child counseling.

(a) which had training
(b) when training had
(c) who had training
(d) whom had training

미국 전역의 학교들은 심각한 문제에 휘말리는 학생들 때문에 골머리를 앓고 있다. 많은 학교들은 이러한 문제가 있는 학생들을 위해 상담 서비스를 제공했고, 아동 상담을 훈련을 받은 상담가들을 찾고 있다.

**정답** (c)

### 문제 해설

빈칸에 알맞은 관계대명사 또는 관계부사를 찾는 문제이다. 선행사가 사람이고 관계대명사/ 부사 뒤에 불완전한 절이 오니 관계대명사가 옳고, 뒤에 동사가 자리 잡으므로 주격관계대명사인 who가 정답이다.

*cf)* look for: 찾다

| 15 | 영어문제 | 문제해석 |
|---|---|---|

The flight, _____ over 500 people, had been preparing to land at the international airport in Narita, Japan. As the pilot began his descent, he realized there was a man crossing the runway.

(a) where was carrying
(b) that was carrying
(c) which was carrying
(d) what was carrying

약 500명을 태운 항공기가 일본 나리타에 있는 국제공항에 착륙할 준비를 하고 있었다. 조종사가 하강을 시작했을 때, 그는 활주로를 가로질러 가는 사람이 있는 것을 발견했다.

**정답** (c)

### 문제 해설

알맞은 관계대명사를 고르는 문제이다. 선행사는 the flight, 사물이므로 관계대명사 that이나 which가 가능하다. 그러나 관계사 앞에 콤마( , )가 있는 계속적용법(선행사, 관계대명사절, 주절)일 때는 that은 사용할 수 없다. 그러므로 정답은 c이다.

*cf)* 간략하게 정리하면, which나 that이 관계대명사로 쓰이면 그 뒤에 오는 문장은 불완전문장!!
   둘의 차이는
   첫째, which는 전치사 다음에 쓸 수 있지만, that은 불가능
   둘째, which는 계속적 용법으로도 쓰이지만, that은 계속적 용법으로 불가능
   셋째, 선행사 앞에 the only, the very, the first 등이 오면 that만 사용
   넷째, 선행사가 '사물＋사람'일 때는 that을 사용

| 16 | 영어문제 | 문제해석 |
|---|---|---|
| | If Mr. Sherlock can't remember the person _____ about three months ago, he's not fit to be an assistant attorney general.<br>(a) which he talked<br>(b) who he talked to<br>(c) whom did he talk to<br>(d) whom he talked to | 만약 Mr. Sherlock이 약 3개월 전에 이야기한 사람을 기억할 수 없다면, 그는 법부 차관보직에 적합하지 않다.<br><br>**정답** (d) |

**문제 해설**

빈칸 앞에 the person이라는 사람 선행사가 보이기 때문에 보기 (a)는 정답에서 제외, (b)는 주격관계대명사 다음에 다시 he 주어가 있어 제외, (c)와 (d) 중에서 '그가 이야기를 했던'이란 의미를 나타내는 목적격관계대명사 whom (d)가 정답이다.

| 17 | 영어문제 | 문제해석 |
|---|---|---|
| | The suspect is described as a Caucasian male, _____ a blue shirt with yellow stripes and black jeans. He is about 5 feet 9 inches tall and has brown straight hair and green eyes.<br>(a) which was wearing<br>(b) that was wearing<br>(c) who was wearing<br>(d) whom was wearing | 용의자는 노란 줄무늬가 있는 파란색 셔츠와 블랙진을 입고 있는 백인 남자로 묘사된다. 그의 키는 약 5피트 9인치이고 갈색 곧은 머리와 초록색 눈을 가졌다.<br><br>**정답** (c) |

**문제 해설**

알맞은 관계대명사를 고르는 문제이다. 우선 빈칸 앞에 콤마( , )가 있는 것으로 보아 관계대명사의 계속적용법이기 때문에 that은 불가능하다. 또한 선행사는 a Caucasian male(백인 남자), 즉 사람이므로 c, d가 될 수 있고, 빈칸 뒤에 바로 [동사 + 목적어]가 나오므로 주격관계대명사인 who가 적절하다.

| 18 | 영어문제 | 문제해석 |
|---|---|---|
| | Tchaikovsky is one of the most famous Russian composers. His piece Swan Lake, _____, is one good example.<br><br>(a) that is a story of a princess<br>(b) who is a story of a princess<br>(c) which is a story of a princess<br>(d) what is a story of a princess | 차이콥스키는 러시아의 가장 유명한 작곡가중의 하나이다. 한 공주에 관한 이야기를 다룬 그의 음악작품인 백조의 호수가 좋은 예이다.<br><br>정답 (c) |

**문제 해설**

문맥에 알맞은 관계대명사 / 관계부사를 찾는 문제이다. 선행사가 그의 음악작품이므로 사물을 선행사로 갖고 빈칸 뒤가 동사로 연결되어 있으므로 주격관계대명사인 which가 정답이다.

| 19 | 영어문제 | 문제해석 |
|---|---|---|
| | This morning, Kirk was searching all over the office and desk for his missing copy of the contract, but couldn't find it. He told his colleagues that he thinks it might be in the boss's room _____.<br><br>(a) whose they are meeting<br>(b) when they were having a meeting<br>(c) whom they had been meeting<br>(d) where they had a meeting | 오늘 아침 Kirk는 자신의 잃어버린 계약서 사본을 찾기 위해 사무실과 책상 전체를 찾고 있던 중이었지만 그것을 찾을 수 없었다. 그는 그의 동료들에게 그들이 회의를 했던 상사의 사무실에 사본이 있을지도 모르다고 생각한다고 말했다.<br><br>정답 (d) |

**문제 해설**

선행사 the boss's room 상사의 사무실을 꾸며줄 수 있는 관계사절을 묻는 문제이다.
상사의 사무실은 장소이므로 관계부사 where은 가능하고 시간을 나타내는 when은 불가능하다.
문맥상 어색한 과거완료진행형을 사용한 which는 정답에서 제외되며 그들이 회의를 가졌던 이라는 의미를 내포하고 있는 보기 d가 가장 적절하다.

| 20 | 영어문제 | 문제해석 |
|---|---|---|
| | Yve gave Rob a final warning: If he forgets to do his laundry again, she will not let him live in her house anymore. Rob, _____, now feels that he must start keeping his words seriously.<br><br>(a) that Yve treated as her own family<br>(b) which Yve treated as her own family<br>(c) what Yve is treating as her own family<br>(d) whom Yve treats as her own family | Yve는 Rob에게 최후의 경고를 주었다. 만약 그가 그의 빨래하는 것을 또 잊어버린다면, 그녀는 그를 그녀의 집에 더 이상 살지 못하도록 할 것이다. Yve가 본인의 가족처럼 대했던 Rob은 이제 그의 약속을 진지하게 지키는 것을 시작해야 한다라는 것을 느낀다.<br><br>**정답** (d) |

**문제 해설**

Rob 이라는 사람 선행사를 꾸며줄 수 있는 관계사절을 찾는 문제이다. which 관계대명사는 제외시키며 who 주격관계대명사 다음에는 동사가 와야 하므로 정답이 될 수 있는 것은 목적격관계대명사인 whom 보기 d가 정답이다.

**1트 합격! 지텔프 오답노트**

제작날짜:

| 틀린문제 번호, 내용 | 틀린이유와 유의할 사항 |
|---|---|
|  |  |

한사랑 4S 경찰&소방 전용
# 1트합격 지텔프

한사랑 4S

# GRAMMAR PART

## 문법파트

모의고사

## 문법 실전 모의고사 01

**01** By paying off his bills, Jamie has lifted his credit score quite a few points. Right now, he _____ whether he should buy a new car or a couple year old model. With his higher credit score he can better negotiate how much interest he will pay on the loan.

(a) was considering
(b) considers
(c) is considering
(d) has considered

**02** Darrel recently received a large sum of money from a class action suit against his retirement fund. He chose to put the money in an account that has slow steady growth with very little risk. If I were to receive money like Darrel, I _____ it in a more volatile fund to get a higher riskier return.

(a) would invest
(b) would have invested
(c) will invest
(d) had invested

03  The Aviator is one of 60 movies _____. The movie is the story of the famous aviator and filmmaker Howard Hughes. He was a bigger than life person in the 1920's to the mid 1940's. The movie stars Leonardo DiCaprio as Howard Hughes.

(a) that won a total of five Oscars
(b) which it won a total of five Oscars
(c) what won a total of five Oscars
(d) who won a total of five Oscars

04  On the way home from work, Brie stopped by Zaxby's to pick up the order she places online before leaving work. She was preparing _____ for the order when she found out that she forgot her debit card at home. Luckily, she had her rarely used credit card with her to pay.

(a) paying
(b) to have paid
(c) having paid
(d) to pay

**05** The first computer game was called Cathode Ray Tube Amusement Device and it came out in 1947. The first at home computer game came out in 1972 and was called Pong. Pong has always been thought of as the first computer game and it tailed the first game for 25 years. _____ Pong has the distinction as being the first video game to reach mainstream popularity.

(a) Therefore
(b) Moreover
(c) Despite that
(d) In contrast

**06** Federico Faggin was the lead designer of the first CPU. The CPU was an Intel 4004 and was released in 1971. If he had used his own time to create the CPU, he _____ for the copyright for himself, but because he was working for Intel at the time and the copyright belongs to Intel.

(a) filed
(b) could be filing
(c) could have filed
(d) was filing

07  A few people at work _____ the same cooking webpage, about BBQ sauces, when the idea struck them to have a spring BBQ at work on the first day of spring. Because of the long winter this seemed like a great idea.

(a) were watching
(b) watched
(c) had watched
(d) have been watching

08  South Carolina doesn't have a minimum age to carry a rifle or shotgun. State law prohibits _____ a handgun to anyone below the age of 18. These are one of the most lenient laws in the country.

(a) to have sold
(b) to sell
(c) having sold
(d) selling

**09** Taylor has always wanted to have a pet dog. Where she lives now has a large deposit to have a pet. If she were to move to a house with a yard, she _____ a dog from the shelter the next day and call it Lucky.

(a) will adopt
(b) would adopt
(c) would have adopted
(d) adopted

**10** The temperature in my home is controlled by device called "Nest". It is a Wi-Fi controlled device that learns your heating and cooling needs. It _____ suggest changes to lower your power bill both in the summer and winter. You can accept the changes or refuse them.

(a) must
(b) may
(c) will
(d) can

**11** Have you ever forgotten your cell phone at home when going to work? When it was asked at work some people said they would just continue to work. Most said they would turn around _____ they could and retrieve the phone.

(a) as soon as
(b) although
(c) unless
(d) provided that

**12** Dave stayed up and watched the whole Super Bowl and the award presentation. On Monday morning he slept thru his alarm and was late for work. On his way to work he knew the morning meeting _____ when he arrives. He will also have to work late to make up for the lost time in the morning.

(a) will already wrap up
(b) had already wrapped up
(c) will already be wrapping up
(d) already wraps up

13. We are having a busy week at work and people are being asked if they want to work late for a few more hours. Six people said that they _____ agree to work extra hours this week.

(a) ought to
(b) will
(c) should
(d) must

14. Often people do not get a balanced diet each day. Lists can be found on the internet of what vitamins you need daily. Doctors recommend that you _____ for the lack of vitamins by taking a daily multivitamin every morning with your breakfast.

(a) compensates
(b) is compensating
(c) will compensate
(d) compensate

**15** In the past, videos on film could not be edited easy so a lot of "home movies" were very dull. Now with movies on a digital format you can change all of that. It involves _____ the videos that you take and removing the "boring" parts. There are programs online to make this task easy.

(a) to edit
(b) to have edited
(c) editing
(d) having edited

**16** The final test was a test of how you listened to the lectures, took notes and read the textbooks. Pat is a very good note taker during all his classes. Had he not taken good notes and reviewed them, he _____ quite a few of the answers.

(a) would have missed
(b) was missing
(c) would miss
(d) had missed

**17** Jim and his family were planning a trip to the mountains and he wanted the family to decide when and what they would do on the trip. To set up the trip they would need a deadline. Jim proposed that his family members _____ their own opinions toward the trip by this weekend.

(a) finalized
(b) have finalized
(c) will finalize
(d) finalize

**18** A trip to Mars would take about 7 months. If someone visited Mars for Christmas, they _____ Earth in May. Of course, there would be preparations for years before the launch.

(a) would have departed
(b) would depart
(c) will depart
(d) is departing

**19** Juliet _____ at pharmacy for four years before she started studying to be a pharmacist. It had taken her that long to save the money to start school and acquire a grant from her company. She will return to the same pharmacy when she graduates.

(a) works
(b) has been working
(c) had been working
(d) would work

**20** Taylor has decided to write a book about plants native to this region. She has been taking courses in forestry at the university. By the end of her last year in school, she _____ native trees for two semesters.

(a) would have researched
(b) will have been researching
(c) has been researching
(d) will research

**21** Superball was invented by Norman Stingley in 1964. The material used was very elastic and he brought his invention to a rubber company. They found it to be not very durable. He then took it to a toy company to test. If the company hadn't discovered that it would bounce very well, they _____ on it.

(a) hadn't been also given up
(b) wouldn't be also given up
(c) would have also given up
(d) wasn't also given up

**22** During our annual family picnic we always have games to play. The games are set up by the age of the players. Smaller children enjoy games with balls. The adult game for this year is the Charades guessing game. This year we are adding a twist to the game. The team _____ will take home a money prize of $50 each.

(a) that wins the Charades guessing game
(b) whom it wins the Charades guessing game
(c) what wins Charades guessing game
(d) which it wins the Charades guessing game

23. YouTube is the place to go if you have a problem with your car. Just type in the car information and the problem and the solution will appear. You can see by the video if your skill level can fix the problem. You are advised _____ a local repair shop if it is more than you can handle.

(a) visiting
(b) having visited
(c) to have visited
(d) to visit

24. James worked a double shift at work and arrived home very tired. He had recently purchased a new computer that was still not setup. His intention was to go to bed, but when he passed the computer he hesitated _____ the new device.

(a) to try out
(b) trying out
(c) to have tried out
(d) having tried out

**25** Tom's Sub Station has been in business for over 10 years at the same location. You can always count on a great sub because each sub _____ by either Tom or his family since the diner opened.

(a) will prepare
(b) has been preparing
(c) had prepared
(d) is preparing

**26** If you go fishing off a pier in North Virginia you can anticipate _____ a variety of fish. The fish caught could include eels, sharks, flounders, spotted seatrouts and rays. You must abide by the law on length of the fish you keep.

(a) catching
(b) to catch
(c) having caught
(d) to have caught

## 실전모의고사 정답/해설

| 01 | 02 | 03 | 04 | 05 | 06 | 07 | 08 | 09 | 10 |
|----|----|----|----|----|----|----|----|----|----|
| c  | a  | a  | d  | b  | c  | a  | d  | b  | d  |
| 11 | 12 | 13 | 14 | 15 | 16 | 17 | 18 | 19 | 20 |
| a  | c  | b  | d  | c  | a  | d  | b  | c  | b  |
| 21 | 22 | 23 | 24 | 25 | 26 |    |    |    |    |
| c  | a  | d  | a  | b  | a  |    |    |    |    |

### 01

**영어문제**

By paying off his bills, Jamie has lifted his credit score quite a few points. Right now, he _____ whether he should buy a new car or a couple year old model. With his higher credit score he can better negotiate how much interest he will pay on the loan.

(a) was considering
(b) considers
(c) is considering
(d) has considered

**문제해석**

할부금을 다 갚음으로써 Jamie는 자신의 신용 점수를 몇 점 올렸다. 지금 그는 신차를 구입할지 아니면 몇 년 전 모델을 구입할지 고민 중이다. 높아진 신용 점수로 그는 대출 이자에 대해 더 나은 협상을 할 수 있다.

**정답** (c)

**문제 해설**

빈칸에 알맞은 시제를 고르는 문제이다. 문장의 시제를 파악할 때는 문장 내에 시간을 나타내는 정답의 단서가 있는지를 잘 살피면 도움이 된다. 빈칸을 포함한 문장에 시간부사 right now가 있으므로 문장의 시제가 현재진행형임을 즉각 알 수 있다. 따라서 정답은 현재진행형 시제인 (c) is considering이다.

*cf* 문제 내에 현재를 나타내는 시간 부사 now, right now, today, recently, these days, nowadays, at the moment, as of the moment, currently 등이 보인다면 동사가 현재 시제임을 알 수 있다. 이 중에서도 right now, at the moment, currently 등은 현재진행형 시제와 쓰일 가능성이 현저히 높은 표현들이다.

## 02

### 영어문제

Darrel recently received a large sum of money from a class action suit against his retirement fund. He chose to put the money in an account that has slow steady growth with very little risk. If I were to receive money like Darrel, I _____ it in a more volatile fund to get a higher riskier return.

(a) would invest
(b) would have invested
(c) will invest
(d) had invested

### 문제해석

Darrel은 최근 그의 퇴직 연금에 대한 집단소송을 통해 큰돈을 받았다. 그는 그 돈을 위험 부담이 적지만 수익률이 느리고 꾸준한 계좌에 넣기로 하였다. 만약 내가 Darrel처럼 큰돈을 받는다면, 나는 그 돈을 변동성이 큰 펀드에 넣어 위험 부담만큼 수익도 많이 받을 것이다.

**정답** (a)

### 문제 해설

가정법의 유형을 파악하고 알맞은 시제를 선택하는 문제이다. 'If I were to ~' 구문으로 보아, 실현 불가능한 미래 사실을 가정할 때 쓰는 가정법 미래 문장임을 알 수 있다. be동사를 사용한 가정법 미래 시제의 형식은 [if + S + were to V, S + would/could/might + V]이며, 이를 따르고 있는 (a) would invest가 정답이다.

*cf)* 가정법 미래: 현재나 미래에 대해 가능성이 희박한 일을 가정할 때 사용. If절에 should나 were to를 사용하는 것이 대표적인 활용법이다.

(1) [if + S + should + V, S + would/could/might + V] → 현재/미래에 대한 강한 의심/희박한 가능성
If you should continue studying in grad school, you might get a loan.
네가 정녕 대학원에서 공부를 계속해야겠다면, 너는 대출을 받아야 할 거야.

(2) [if + S + were to V, S + would/could/might + V] → 실현 불가능한 미래 사실/순수 가정
If I were to be a wizard, I would ride a broom.
내가 마법사라면 (그럴 일은 없겠지만) 빗자루를 탈거야.

## 03

### 영어문제

The Aviator is one of 60 movies _____. The movie is the story of the famous aviator and filmmaker Howard Hughes. He was a bigger than life person in the 1920's to the mid 1940's. The movie stars Leonardo DiCaprio as Howard Hughes.

(a) that won a total of five Oscars
(b) which it won a total of five Oscars
(c) what won a total of five Oscars
(d) who won a total of five Oscars

### 문제해석

The Aviator는 오스카상 5개 부문을 수상한 60편의 영화 중 하나이다. 그 영화는 유명한 비행기 조종사이자 영화감독인 Howard Hughes에 관한 이야기이다. 그는 1920년대부터 1940년대 중반까지 활약한, 현실보다 야망이 더 컸던 인물이었다. 영화에서 Leonardo DiCaprio가 Howard Hughes 역으로 분한다.

**정답** (a)

### 문제 해설

빈칸에 알맞은 관계사를 고르는 문제이다. 선행사 60 movies는 사물이므로 사람이 선행사일 때 사용하는 who는 정답에서 제외된다. what은 선행사를 자체적으로 내포하고 있는 관계대명사이므로, 선행사가 따로 존재하는 이 경우에는 쓸 수 없다. (b)는 관계사절 내에 주어가 있어서 목적격 관계대명사절의 형식을 취하고 있다는 걸 알 수 있으며, 주격 관계대명사가 필요한 이 경우에는 적절하지 않다. 따라서 남은 (a)가 정답이다.

*cf* 관계사절의 어순으로 관계대명사의 유형을 파악할 수 있다.

- 주격: _____ +동사 → He is the one who made fun of me.
- 목적격: _____ +주어+타동사 (be동사, 자동사 제외) → He is the one whom I like.
- 소유격: _____ +명사+동사 → He is the one whose house has burned down.

---

| 04 | 영어문제 | 문제해석 |
|---|---|---|
| | On the way home from work, Brie stopped by Zaxby's to pick up the order she places online before leaving work. She was preparing _____ for the order when she found out that she forgot her debit card at home. Luckily, she had her rarely used credit card with her to pay.<br><br>(a) paying<br>(b) to have paid<br>(c) having paid<br>(d) to pay | 퇴근하고 집으로 오는 길에 Brie는 Zaxby's에 들러 퇴근하기 전에 온라인으로 주문했던 것을 가지러 들렀다. 자신의 체크카드를 집에 두고 왔다는 것을 알았을 때 그녀는 주문에 대한 결제를 하려고 준비하던 중이었다. 다행히도 그녀에게는 평소 거의 쓰지 않는 신용카드가 있어서 결제를 할 수 있었다.<br><br>**정답** (d) |

### 문제 해설

to부정사나 동명사를 활용한 준동사 유형의 문제이다. prepare는 to부정사를 목적어로 받으며 '~하는 것을 준비하다'라는 의미로 쓰인다. 따라서 to부정사 형태인 (d) to pay를 정답으로 선택하도록 하자.

*cf* to부정사만을 목적어로 취하는 동사(실제 시험에서 출제된 동사)

agree, afford, choose, consent, care, condescend, desire, decide, deserve, dare, decline, expect, endeavor, fail, forget, guarantee, hope, happen, intend, learn, long, mean, manage, need, offer, plan, promise, prepare, pretend, refuse, resolve, seek, strive, swear, threaten, tend, undertake, vow, volunteer, want, wish

| 05 | 영어문제 | 문제해석 |
|---|---|---|
| | The first computer game was called Cathode Ray Tube Amusement Device and it came out in 1947. The first at home computer game came out in 1972 and was called Pong. Pong has always been thought of as the first computer game and it tailed the first game for 25 years. _____ Pong has the distinction as being the first video game to reach mainstream popularity.<br><br>(a) Therefore<br>(b) Moreover<br>(c) Despite that<br>(d) In contrast | 최초의 컴퓨터 게임은 '음극관 놀이장치'라고 불리며 1947년에 출시되었다. 최초의 가정용 컴퓨터 게임은 1972년에 나온 '퐁'이라는 게임이다. '퐁'은 항상 최초의 컴퓨터 게임으로 인식되어 왔으며 25년간 최초의 게임이라는 꼬리표를 달았다. 또한 '퐁'은 대중적 인기를 구가한 최초의 비디오 게임이라는 차별점을 지닌다.<br><br>**정답** (b) |

**문제 해설**

문맥상 알맞은 접속사/접속부사를 파악하는 문제이다. 최초의 가정용 컴퓨터 게임인 Pong에 대한 설명이 계속해서 이어지고 있으므로, 추가적인 정보를 전달하는 의미의 접속부사가 필요하다. 이에 해당하는 보기는 (b) Moreover이다.

*cf)* therefore: 그러므로(결과)
moreover: 또한, 게다가, 나아가(추가)
despite that: ~임에도 불구하고(역접)
in contrast: 대조적으로(대조)

| 06 | 영어문제 | 문제해석 |
|---|---|---|
| | Federico Faggin was the lead designer of the first CPU. The CPU was an Intel 4004 and was released in 1971. If he had used his own time to create the CPU, he _____ for the copyright for himself, but because he was working for Intel at the time and the copyright belongs to Intel.<br><br>(a) filed<br>(b) could be filing<br>(c) could have filed<br>(d) was filing | Federico Faggin은 최초의 CPU의 수석 디자이너였다. 최초의 CPU는 1971년에 출시된 인텔4004이다. 만약 그가 자신의 시간을 할애하여 CPU를 개발했다면 그는 자신의 이름으로 저작권을 등록할 수 있었겠지만, 그가 인텔에서 일하고 있었기 때문에 저작권은 인텔에 속하게 되었다.<br><br>**정답** (c) |

**문제 해설**

가정법의 유형을 파악하고 알맞은 시제를 선택하는 문제이다. 과거에 혼자서 CPU를 개발했더라면 저작권 등록을 개별적으로 할 수 있었을 것이라는 추측을 하는 내용이 나온다. 이는 이미 지나간 사실에 대한 반대 가정이므로, 가정법 과거완료 시제에 해당한다. 따라서 가정법 과거완료 문장의 형식인 [if + S + had p.p., S + would/could/might + have p.p.]을 갖추고 있는 (c)가 정답이다.

## 07

| 영어문제 | 문제해석 |
|---|---|
| A few people at work _____ the same cooking webpage, about BBQ sauces, when the idea struck them to have a spring BBQ at work on the first day of spring. Because of the long winter this seemed like a great idea.<br><br>(a) were watching<br>(b) watched<br>(c) had watched<br>(d) have been watching | 직장에서 몇몇 사람들이 BBQ 소스에 대하여 똑같은 요리 웹페이지를 보고 있었는데, 그때 봄의 첫날에 직장에서 봄 기념 BBQ 파티를 열어야겠다는 아이디어가 그들에게 퍼뜩 떠올랐다. 겨울이 길었던 탓에 이것은 멋진 아이디어로 여겨졌다.<br><br>정답 (a) |

### 문제 해설

빈칸에 알맞은 시제를 고르는 문제이다. 빈칸 뒤에 따르는 when 부사절을 통해 문장 속 사건이 일어난 때를 유추할 수 있다. when절의 동사가 과거시제이므로 과거에 무언가가 발생했을 때 어떤 일이 진행 중이었음을 나타내며, 이는 과거진행형 시제에 해당한다. 과거 어느 시점에 사람들의 머릿속에 아이디어가 떠올랐을 때, 그들은 웹페이지를 '보고 있었다'는 내용을 나타낼 수 있는 (a) were watching이 정답이다.

## 08

| 영어문제 | 문제해석 |
|---|---|
| South Carolina doesn't have a minimum age to carry a rifle or shotgun. State law prohibits _____ a handgun to anyone below the age of 18. These are one of the most lenient laws in the country.<br><br>(a) to have sold<br>(b) to sell<br>(c) having sold<br>(d) selling | 사우스캐롤라이나 주에는 소총이나 엽총 소지에 대한 연령 제한이 없다. 주 법률상 18세 미만은 권총을 판매하는 것을 금지하고 있다. 이것은 국내에서 가장 법률이 느슨한 편에 속한다.<br><br>정답 (d) |

### 문제 해설

to부정사나 동명사를 활용한 준동사 유형의 문제이다. prohibit는 동명사를 목적어로 받는 동사다. 따라서 동명사 형태인 (d) selling이 정답이다. 과거완료 시제인 (c) having sold는 계속 지속되고 있는 일을 말하고 있는 이 문장에는 적절하지 않다.

*cf)* 동명사만을 목적어로 취하는 동사(주로 과거 지향적이며 소극적인 의미를 지님)

associate, anticipate, avoid, advise, appreciate, acknowledge, admit, ban, carry on, contemplate, consider, deny, delay, defer, enjoy, entail, escape, evade, finish, fancy, favor, give up, go, imagine, include, involve, imagine, justify, keep (on), mind, miss, mention, put off, practice, prohibit, postpone, quit, recommend, resent, resist, risk, suggest, tolerate

## 09

### 영어문제

Taylor has always wanted to have a pet dog. Where she lives now has a large deposit to have a pet. If she were to move to a house with a yard, she _____ a dog from the shelter the next day and call it Lucky.

(a) will adopt
(b) would adopt
(c) would have adopted
(d) adopted

### 문제해석

Taylor는 항상 반려견을 키우고 싶어 했다. 그녀가 지금 사는 곳은 반려동물을 키우기에는 보증금이 너무 비싸다. 만약 그녀가 마당이 있는 집으로 이사를 간다면, 그녀는 그 다음 날부터 당장 보호소에서 개를 입양해 와서 Lucky라는 이름을 지어줄 것이다.

**정답** (b)

### 문제 해설

가정법의 유형을 파악하고 알맞은 시제를 선택하는 문제이다. 'If she were to ~' 구문으로 보아, 실현 불가능한 미래 사실을 가정할 때 쓰는 가정법 미래 문장임을 알 수 있다. be동사를 사용한 가정법 미래 시제의 형식은 [if + S + were to V, S + would/could/might + V]이며, 이에 해당하는 (b) would adopt가 정답이다.

## 10

### 영어문제

The temperature in my home is controlled by device called "Nest". It is a Wi-Fi controlled device that learns your heating and cooling needs. It _____ suggest changes to lower your power bill both in the summer and winter. You can accept the changes or refuse them.

(a) must
(b) may
(c) will
(d) can

### 문제해석

우리 집의 실내 온도는 Nest라는 장치에 의해 제어된다. 그것은 Wi-Fi로 제어되는 장치로, 난방 또는 냉방의 필요를 파악한다. 그것은 여름과 겨울에 전기세를 절약할 수 있는 변화를 제안해줄 수 있다. 당신은 그 변화 제안을 받아들일 수도, 거절할 수도 있다.

**정답** (d)

### 문제 해설

빈칸에 들어갈 문맥상 적절한 조동사를 찾는 문제이다. 온도 제어 장치의 기능에 대한 설명을 하고 있으므로, 장치의 능력 또는 가능성을 나타낼 수 있는 조동사를 사용하면 된다. 따라서 '~할 수 있다'라는 의미를 지닌 (d) can이 정답이다.

*cf* 조동사의 종류
must: ~해야 한다(강력한 의무)
may: ~일 것이다(약한 추측), ~해도 된다(허락)
will: ~할 것이다(미래 계획, 의지)
can: ~할 수 있다(능력 또는 가능성), ~해도 된다(허락)

| 11 | 영어문제 | 문제해석 |
|---|---|---|
| | Have you ever forgotten your cell phone at home when going to work? When it was asked at work some people said they would just continue to work. Most said they would turn around _____ they could and retrieve the phone.<br>(a) as soon as<br>(b) although<br>(c) unless<br>(d) provided that | 집에 휴대폰을 놓고 출근한 경험이 있습니까? 이 질문을 직장에서 해봤더니 몇몇 사람들은 그냥 출근을 한다고 답했다. 대부분의 사람들은 최대한 빨리 발길을 돌려 휴대폰을 되찾아 온다고 말했다.<br>**정답** (a) |

### 문제 해설

빈칸에 들어갈 적절한 접속사/접속부사를 찾는 문제이다. 빈칸의 문장은 집에 폰을 두고 왔을 경우 많은 사람들이 직장으로 향하던 발길을 돌려 폰을 갖고 올 것이라는 내용을 나타내고 있다. '발길을 돌리자마자'라는 의미가 성립되려면 '~하자마자'라는 의미인 (a) as soon as가 빈칸에 들어가야 한다.

*cf)* 다양한 접속사/접속부사의 의미와 종류
as soon as: ~하자마자
although: ~임에도 불구하고
unless: ~하지 않으면
provided that: ~라는 전제하에

| 12 | 영어문제 | 문제해석 |
|---|---|---|

Dave stayed up and watched the whole Super Bowl and the award presentation. On Monday morning he slept thru his alarm and was late for work. On his way to work he knew the morning meeting _____ when he arrives. He will also have to work late to make up for the lost time in the morning.

(a) will already wrap up
(b) had already wrapped up
(c) will already be wrapping up
(d) already wraps up

Dave는 밤새 뜬눈으로 슈퍼볼 경기 전체와 시상식까지 다 보았다. 월요일 아침에 그는 알람 소리도 못 들은 채 계속 잠을 잤고 직장에 지각을 했다. 출근하면서 그는 자신이 도착할 때쯤에는 아침 회의가 마무리 중일 것을 알았다. 또한 그는 아침에 날려버린 시간을 보충하기 위해 늦게까지 일을 해야 할 것이다.

**정답** (c)

### 문제 해설

빈칸에 들어갈 알맞은 시제를 고르는 문제이다. 빈칸의 본동사가 과거형(knew)이기 때문에 빈칸의 시제도 과거형일 것이라 착각하기 쉽지만, 전체적인 문맥을 봐야 한다. Dave가 회사에 도착할 때 어떤 일이 벌어질 것인가를 알았다(knew)는 내용이므로, 실제로는 아직 일어나지 않은 일에 대해서 이야기하고 있음을 알 수 있다. 그가 도착하였을 미래의 시점에 어떤 일이 진행 중임을 나타내는 미래진행형 시제가 빈칸에 필요하다. 따라서 정답은 미래진행형으로 will be + Ving 형식인 (c) will already be wrapping up이다.

*cf)* 진행형 시제: 특정 시점에 어떤 동작이나 상황이 진행 또는 지속 중임을 나타내는 시제
현재진행(am/is/are + Ving) – 현재 어떤 일이 진행 중임
과거진행(was/were + Ving) – 과거에 어떤 일이 진행 중이었음
미래진행(will be + Ving) – 미래에 어떤 일이 진행되고 있을 것임

| 13 | 영어문제 | 문제해석 |
|---|---|---|

We are having a busy week at work and people are being asked if they want to work late for a few more hours. Six people said that they _____ agree to work extra hours this week.

(a) ought to
(b) will
(c) should
(d) must

우리는 직장에서 바쁜 한 주간을 보내고 있고, 직원들에게 몇 시간 더 남아서 일할 수 있는지 의향을 조사했다. 6명이 이번 주에 몇 시간 동안 추가 근무를 할 것이라는 데에 동의했다.

**정답** (b)

### 문제 해설

빈칸에 들어갈 문맥상 적절한 조동사를 찾는 문제이다. 추가 근무를 할 것인지를 물었을 때 직원들의 의향을 나타낼 수 있는 조동사를 선택해야 한다. 미래에 일어날 일과 의지를 동시에 나타낼 수 있는 (b) will이 빈칸에 적절한 표현이다.

| 14 | 영어문제 | 문제해석 |
|---|---|---|

| 영어문제 | 문제해석 |
|---|---|
| Often people do not get a balanced diet each day. Lists can be found on the internet of what vitamins you need daily. Doctors recommend that you _____ for the lack of vitamins by taking a daily multivitamin every morning with your breakfast.<br>(a) compensates<br>(b) is compensating<br>(c) will compensate<br>(d) compensate | 사람들은 매일 균형 잡힌 식단을 섭취하지 못할 때가 많다. 매일 필요한 비타민의 목록을 인터넷에서 쉽게 찾아볼 수 있다. 의사들은 아침 식사 때에 멀티 비타민을 복용함으로써 부족한 비타민을 보충할 것을 권장한다.<br>**정답** (d) |

**문제 해설**

조동사 should가 생략된 당위성 동사의 활용에 관한 문제이다. 제안의 의미를 담고 있는 당위성 동사 recommend 뒤에 that절이 쓰였으므로 빈칸에는 should가 생략된 동사원형인 (d) compensate가 오는 것이 옳다.

*cf)* 당위성 동사 중 가장 높은 출제율을 자랑하는 SAR 3형제:
Suggest Advise Recommend
이 다음에 that이 보인다면 보기에서 동사원형이 정답이다!

| 15 | 영어문제 | 문제해석 |
|---|---|---|

| 영어문제 | 문제해석 |
|---|---|
| In the past, videos on film could not be edited easy so a lot of "home movies" were very dull. Now with movies on a digital format you can change all of that. It involves _____ the videos that you take and removing the "boring" parts. There are programs online to make this task easy.<br>(a) to edit<br>(b) to have edited<br>(c) editing<br>(d) having edited | 과거에는 영화에 쓰이는 영상의 편집이 쉽지 않았기 때문에 많은 '홈비디오'들이 지루했다. 이제 영화가 디지털 형식이 되면서 그런 것들을 전부 바꿀 수 있다. 이는 영상을 편집하는 것과 지루한 부분을 덜어내는 것을 포함한다. 이것을 쉽게 할 수 있는 프로그램들이 온라인에 존재한다.<br>**정답** (c) |

**문제 해설**

to부정사나 동명사를 활용한 준동사 유형의 문제이다. involve는 동명사를 목적어로 받는 동사이므로, 동명사 형태인 (c) editing을 정답으로 고르도록 하자.

| 16 영어문제 | 문제해석 |
|---|---|
| The final test was a test of how you listened to the lectures, took notes and read the textbooks. Pat is a very good note taker during all his classes. Had he not taken good notes and reviewed them, he _____ quite a few of the answers.<br><br>(a) would have missed<br>(b) was missing<br>(c) would miss<br>(d) had missed | 기말고사는 당신이 수업을 어떻게 듣고 필기를 했으며 교재를 읽었는지를 확인하는 시험이다. Pat은 그가 듣는 모든 수업에서 필기를 꼼꼼히 한다. 그가 필기를 열심히 하고 복습하지 않았더라면, 그는 몇 문제를 틀렸을지도 모른다.<br><br>정답 (a) |

### 문제 해설

가정법의 유형을 파악하고 알맞은 시제를 선택하는 문제이다. had와 주어로 문장을 시작하는 형태는 if 생략 가정법의 형식으로, if가 생략되고 주어와 동사 had가 도치된다는 점만 유의하면 다른 가정법 과거완료 문장과 동일하다. if가 생략된 가정법 과거완료 문장의 형식은 [Had + S + p.p., S + would/could/might + have p.p.]이며, 보기 중 (a) would have missed가 이에 해당한다.

cf) 가정법에서 if 생략 후 주어와 동사가 도치되는 경우

were가 쓰인 가정법 과거: Were + S, S + would/could/might + V
If I were rich, I would travel around the world.
→ Were I rich, I would travel around the world.
(내가 만일 부자라면, 나는 전 세계를 여행할 거야.)

had가 쓰인 가정법 과거완료: Had + S + p.p., S + would/could/might + have p.p.
If it had not been for your help, I would have totally gone lost.
→ Had it not been for your help, I would have totally gone lost.
(네 도움이 없었더라면, 나는 완전히 길을 잃었을 거야.)

| 17 | 영어문제 | 문제해석 |
|---|---|---|
| | Jim and his family were planning a trip to the mountains and he wanted the family to decide when and what they would do on the trip. To set up the trip they would need a deadline. Jim proposed that his family members _____ their own opinions toward the trip by this weekend.<br><br>(a) finalized<br>(b) have finalized<br>(c) will finalize<br>(d) finalize | Jim과 그의 가족은 산으로의 여행을 계획하고 있었고, Jim은 여행에서 언제 무엇을 할지 가족들이 결정해주기를 원했다. 여행 계획을 짜려면 마감 기한이 필요할 것이다. Jim은 가족들이 이번 주말까지 여행에 대한 각자의 의견을 마무리 지을 것을 제안했다.<br><br>정답 (d) |

### 문제 해설

조동사 should가 생략된 당위성 동사의 활용에 관한 문제이다. 제안의 의미를 담고 있는 당위성 동사 propose 뒤에 that절이 쓰였으므로 빈칸에는 should가 생략된 동사원형인 (d) finalize가 오는 것이 옳다.

| 18 | 영어문제 | 문제해석 |
|---|---|---|
| | A trip to Mars would take about 7 months. If someone visited Mars for Christmas, they _____ Earth in May. Of course, there would be preparations for years before the launch.<br><br>(a) would have departed<br>(b) would depart<br>(c) will depart<br>(d) is departing | 화성으로 가려면 7달 정도가 걸린다. 크리스마스에 화성을 방문하려 한다면, 5월에 지구에서 출발해야 할 것이다. 물론 우주선을 발사하기 전에 준비 기간은 몇 년이 걸릴 것이다.<br><br>정답 (b) |

### 문제 해설

가정법의 유형을 파악하고 알맞은 시제를 선택하는 문제이다. 지구에서 화성으로 간다는 단순 가정이 들어간 문장이므로, 현재 사실과 반대되는 상황을 가정할 때 쓰이는 가정법 과거 시제가 빈칸에 적절하다. 가정법 과거 문장의 형식은 [if + S + 동사 과거형, S + would/could/might + V]이며, 이를 따르고 있는 (b) would depart가 정답이다.

| 19 | 영어문제 | 문제해석 |
|---|---|---|

Juliet _____ at pharmacy for four years before she started studying to be a pharmacist. It had taken her that long to save the money to start school and acquire a grant from her company. She will return to the same pharmacy when she graduates.

(a) works
(b) has been working
(c) had been working
(d) would work

Juliet은 약사가 되려고 공부를 시작하기 전에 4년간 약국에서 근무해 왔었다. 학교에 입학해서 회사로부터 보조금을 승인받기까지 그 정도의 시간이 걸렸다. 그녀는 졸업하고 나면 같은 약국에 돌아올 것이다.

**정답** (c)

**문제 해설**

빈칸에 알맞은 시제를 파악하는 문제이다. '~이전에'를 뜻하는 before 전치사절의 시제가 과거형이므로, 빈칸이 들어간 주절은 그보다 더 이전의 시점을 나타내고 있음을 알 수 있다. 또한 '4년간(for four years)'라는 표현을 통해 과거보다 더 이전 시점에 어떤 일이 진행 또는 지속 중이었음도 파악할 수 있다. 따라서 특정 과거 시점보다 더 이전에 진행 중이었음을 나타내는 과거완료진행형, (c) had been working이 정답이다.

*cf)* 완료진행형 시제: 특정 시점에 시작한 동작이 기준 시제까지 진행됨을 나타내는 시제
　　현재완료진행(have/has + been Ving) – 과거에 시작한 동작이 현재까지 진행됨
　　과거완료진행(had + been Ving) – 과거에 시작한 동작이 특정 과거 시점까지 계속됨
　　미래완료진행(will have + been Ving) – 미래의 특정 시점까지 동작이 계속됨

| 20 | 영어문제 | 문제해석 |
|---|---|---|

Taylor has decided to write a book about plants native to this region. She has been taking courses in forestry at the university. By the end of her last year in school, she _____ native trees for two semesters.

(a) would have researched
(b) will have been researching
(c) has been researching
(d) will research

Taylor는 이 지역에서 자생하는 식물들에 대한 책을 쓰기로 했다. 그녀는 대학에서 삼림학 과목들을 수강해왔다. 학교에서의 마지막 해가 끝날 때쯤에, 그녀는 2학기 동안 자생수종에 관해 연구하고 있는 중일 것이다.

**정답** (b)

> 문제 해설

빈칸에 들어갈 알맞은 시제를 선택하는 문제이다. 문장 내에 미래의 특정 시점(By the end of her last year~)을 나타내는 표현이 있고, for two semesters(두 학기 동안)이라는 기간을 나타내는 표현을 통해 미래의 기준 시점에 주어진 기간 동안 어떤 상황이 계속됨을 알 수 있다. 이에 미래완료진행 시제에 해당하며, will have been Ving 형태를 띠고 있는 (b)가 정답이다.

*cf)* 미래완료진행 : will have been Ving(~하는 중일 것이다)
  미래의 특정한 시점까지 동작이 계속됨을 나타내며, 주로 미래를 나타내는 표현(for + 기간)이 함께 쓰인다.
  ex) Next month, I will have been working in the company for 10 years.
  다음 달이면 나는 10년 동안 계속해서 이 회사에서 근무하고 있는 중일 것이다.

## 21

| 영어문제 | 문제해석 |
|---|---|
| Superball was invented by Norman Stingley in 1964. The material used was very elastic and he brought his invention to a rubber company. They found it to be not very durable. He then took it to a toy company to test. If the company hadn't discovered that it would bounce very well, they _____ on it.<br><br>(a) hadn't been also given up<br>(b) wouldn't be also given up<br>(c) would have also given up<br>(d) wasn't also given up | Superball(탱탱볼)은 1964년에 Norman Stingley에 의해 발명되었다. 사용된 재료는 탄성이 매우 뛰어났고 그는 자신의 발명품을 고무회사로 가지고 갔다. 회사에서는 그것이 내구성이 좋지 못하다고 하였다. 그러자 그는 장난감 회사로 그것을 가지고 가서 시험을 하였다. 만약 그 회사에서 그 공이 잘 튀어 오른다는 것을 발견하지 못했다면, 그 회사에서도 그것을 포기했을 것이다.<br><br>**정답** (c) |

> 문제 해설

가정법의 유형을 파악하고 알맞은 시제를 선택하는 문제이다. 과거에 Superball이 탄력이 뛰어나다는 것을 몰랐다면 묻혀버렸을 것이라며, 이미 지나간 사실에 대한 반대 가정을 하고 있으므로 가정법 과거완료 시제임을 알 수 있다. 가정법 과거완료 문장의 형식인 [if + S + had p.p., S + would/could/might + have p.p.]을 갖추고 있는 (c)가 정답이다.

| 22 | 영어문제 | 문제해석 |
|---|---|---|

During our annual family picnic we always have games to play. The games are set up by the age of the players. Smaller children enjoy games with balls. The adult game for this year is the Charades guessing game. This year we are adding a twist to the game. The team _____ will take home a money prize of $50 each.

(a) that wins the Charades guessing game
(b) whom it wins the Charades guessing game
(c) what wins Charades guessing game
(d) which it wins the Charades guessing game

매년 갖는 가족 소풍에서 우리는 항상 게임을 한다. 게임은 플레이하는 사람들의 나이에 따라 결정된다. 보다 어린 아이들은 공을 갖고 하는 놀이를 즐긴다. 올해 어른들이 할 게임으로는 Charades guessing game이다. 올해에는 게임에 반전을 추가할 것이다. Charades guessing game에서 승리하는 팀은 각자 50달러씩을 집으로 갖고 갈 것이다.

정답 (a)

### 문제 해설

빈칸에 알맞은 관계사를 고르는 문제이다. 빈칸 앞에 the team이라는 선행사가 있으므로, 선행사를 받지 않는 관계대명사인 what은 정답이 아니다. (b)와 (d)는 관계사절 안에 주어가 있는 형식으로 미루어 볼 때 목적격 관계대명사로 쓰이고 있어서, 주격 관계대명사가 필요한 이 경우에는 적절하지 않다. 따라서 정답은 (a)이다.


| 23 | 영어문제 | 문제해석 |
|---|---|---|

YouTube is the place to go if you have a problem with your car. Just type in the car information and the problem and the solution will appear. You can see by the video if your skill level can fix the problem. You are advised _____ a local repair shop if it is more than you can handle.

(a) visiting
(b) having visited
(c) to have visited
(d) to visit

당신의 차에 문제가 생기면 유튜브를 찾아가면 된다. 차의 정보를 입력만 하면 문제와 해결법이 나올 것이다. 당신의 기술 수준이 문제를 해결할 수 있는 정도인지 영상을 통해 확인할 수 있다. 만약 문제가 당신이 해결할 수 있는 수준을 벗어난다면, 가까운 수리점을 방문할 것이 권장된다.

정답 (d)

### 문제 해설

동사 advise (충고하다, 조언하다)가 수동태로 쓰였을 경우 (You are advised) 빈칸은 to부정사 자리이다. 그러므로 빈칸에는 (d) to visit가 오는 것이 옳다.

| 24 | 영어문제 | 문제해석 |
|---|---|---|

James worked a double shift at work and arrived home very tired. He had recently purchased a new computer that was still not setup. His intention was to go to bed, but when he passed the computer he hesitated _____ the new device.

(a) to try out
(b) trying out
(c) to have tried out
(d) having tried out

James는 2교대 근무를 하고 매우 피곤한 상태로 집에 도착했다. 그는 최근에 새 컴퓨터를 구입했는데 아직 설치를 못했다. 원래 그는 바로 침대로 갈 작정이었으나, 컴퓨터를 지나친 순간 그는 새 컴퓨터를 시험해 볼까 망설였다.

**정답** (a)

### 문제 해설

to부정사나 동명사를 활용한 준동사 유형의 문제이다. hesitate는 to부정사를 목적어로 취하는 동사이다. 따라서 to부정사 형태인 (a) to try out이 빈칸에 적절한 표현이다.

| 25 | 영어문제 | 문제해석 |
|---|---|---|

Tom's Sub Station has been in business for over 10 years at the same location. You can always count on a great sub because each sub _____ by either Tom or his family since the diner opened.

(a) will prepare
(b) has been preparing
(c) had prepared
(d) is preparing

Tom's Sub Station은 10년 넘게 같은 장소에서 영업 중이다. 식당이 처음 개업했을 때부터 Tom이나 그의 가족이 Sub 샌드위치를 직접 만들어왔기 때문에 거기 가면 언제나 맛있는 샌드위치를 기대할 수 있다.

**정답** (b)

### 문제 해설

빈칸에 알맞은 시제를 파악하는 문제이다. since는 특정 시점부터 어떤 일이 계속해서 지속되어 왔음을 의미하며 빈칸이 들어있는 문장내의 본동사의 시제로 보아 현재의 일을 나타낸다. 그러므로 식당이 개업한 이래로 현재까지 이어짐을 나타내는 현재완료진행형인 (b) has been preparing이 빈칸에 적합하다.

*cf)* 문장 내에 since 또는 for + 시간 표현이 들어갔다면 보기에서 been이 들어간 완료진행형을 정답으로 고르도록 하자.

ex) Brian <u>has been working</u> as a fashion designer <u>since May</u>.
　　Brian은 5월부터 패션 디자이너로 일해 오고 있는 중이다. (현재완료진행)
　　Next month, I <u>will have been working</u> in the company <u>for 10 years</u>.
　　다음 달이면 나는 10년 동안 계속해서 이 회사에서 근무하고 있는 중일 것이다. (미래완료진행)

| 26 | 영어문제 | 문제해석 |
|---|---|---|

If you go fishing off a pier in North Virginia you can anticipate _____ a variety of fish. The fish caught could include eels, sharks, flounders, spotted seatrouts and rays. You must abide by the law on length of the fish you keep.

(a) catching
(b) to catch
(c) having caught
(d) to have caught

북 버지니아주의 부두에서 낚시를 하면 다양한 어종의 어획을 기대할 수 있다. 잡을 수 있는 어종에는 장어, 상어, 도다리, 점박이 바다 송어, 가오리 등이 포함된다. 소유할 수 있는 물고기의 크기에 관해서는 관련 법률을 따라야 한다.

**정답** (a)

### 문제 해설

to부정사나 동명사를 활용한 준동사 유형의 문제이다. anticipate은 동명사를 목적어로 받는 동사이므로, 동명사 형태인 (a) catching이 정답이다. 과거완료 시제인 (c) having caught은 항상 유효한 일을 말하고 있는 이 문장에는 적절하지 않다.

## 1트 합격! 지텔프 오답노트

제작날짜:

| 틀린문제 번호, 내용 | 틀린이유와 유의할 사항 |
| --- | --- |
| | |

**01** Bird migration is the regular seasonal movement, often north and south along a flyway, between breeding and wintering grounds. Many species of bird migrate. By the time the birds find a place for them to spend the winter, they _____ for many days.

(a) have been flying
(b) will have been flying
(c) will be flying
(d) had flown

**02** A supernova is the biggest explosion that humans have ever seen. Each blast is the extremely bright, super powerful explosion of a star. If our sun were to become a supernova, it _____ all life on all the planets of our solar system.

(a) will wipe out
(b) would wipe out
(c) wiped out
(d) would have wiped out

03  The Chernobyl disaster was a nuclear accident. It is considered the worst nuclear disaster in history. The area around the former reactor number 4 is considered a safety hazard so a person _____ only visit for an official reason and the time on site is limited.

(a) would
(b) must
(c) might
(d) can

04  William had taken the exam to attend Officer Training and he had been waiting for the results. When the results were finally released this morning, he _____ the flight line and did not find out the results until he returned to the main post.

(a) is patrolling
(b) was patrolling
(c) has patrolled
(d) patrols

**05** David had to give the annual report to the board members on Friday. _____ it was his first time giving the report, he was very confident. The presentation earned him the respect of the board members.

(a) Unless
(b) Because
(c) After
(d) Although

**06** Often a retired NFL player states that he could have won a Super Bowl if he had played for a team that had done better with the draft. If he had been on a team that he had better support he _____ better and to his full potential.

(a) has been utilized
(b) could be utilized
(c) could have been utilized
(d) was being utilized

**07** There are always rumors about pirates buried treasure and never to be found again. Many people track the movement of certain pirates to try to locate the buried treasure. Many treasure hunters envisioned _____ the treasure after many years of research but only come up with an empty hole.

(a) having discovered
(b) discovering
(c) to discover
(d) to have discovered

**08** The saying that once posted online, it is there forever is very true and has finished a lot of careers. There are programs called facial recognition that can search the internet for a person's face with great accuracy. Some people, after getting their dream job, the company insisted that they _____ because of pictures that were posted of the person at an anti-government rally.

(a) was resign
(b) resigns
(c) had resigned
(d) resign

**09** One of the most dangerous remains of a war is unexploded bombs. They are found around the world in places that had wars over the years. Bombs are found in Japan and Germany often due to the number of bombs dropped during WW 2. They are found and disarmed by EOD personnel. If they had not been disarmed, the blast _____ people in the surrounding area now.

(a) would have killed
(b) had killed
(c) would kill
(d) was killing

**10** Fishing tournaments are held around the country. The winners are judged by the largest fish and also the total weight of fish caught. Bill entered a tournament held at a local lake and because he knew the lake layout. He hoped _____ in the top ten but because of bad weather he did not.

(a) to finish
(b) finishing
(c) having finished
(d) to be finishing

**11** Amy's family had been planning to get together for dinner at the local Pizza Deluxe restaurant. It will be this month's restaurant of choice. The traffic on the way has caused her to be quite late. She expects that her family _____ pizza when she arrives.

(a) have already eaten
(b) were already eating
(c) will already be eating
(d) will already eat

**12** The Dome of the Rock ,_____ was designed by the Umayyad caliph. The rock over which the shrine was built is sacred to both Muslims and Jews. Although it is not a mosque, it is the first major Muslim monument for public worship.

(a) that was built in the late 7$^{th}$century
(b) what built in the late 7$^{th}$century
(c) which built in the late 7$^{th}$century
(d) who built in the late 7$^{th}$century

**13** Dave has always wanted to have a walkway along the bank of the Broad River. He approached the town planners with his idea and awaited their approval. He enjoys _____ himself to his ideas and the ideas of others for a better community to live in.

(a) to have committed
(b) to be committing
(c) committing
(d) having committed


**14** The town of Centralia, PA has a strange history. In 1962, a fire was started to burn trash in the local dump. The burning trash started a fire in a coal seam underground and the fire _____ continuously since 1962.

(a) was burning
(b) is burning
(c) will be burning
(d) has been burning

**15** After undergoing an Xray after his car accident, Dave found out that he has extra sets of ribs. The extra ribs are called neck ribs because of their location. The fact that the extra ribs do not cause pain or discomfort, his doctor does not think he _____ have the ribs removed.

(a) can
(b) would
(c) may
(d) should

**16** Jim has been the lead salesman at Vaden Automotive for the last 6 months. He has the best customer rapport of all the salesman including the lead salesman. If I were him, I _____ a real and tangible raise during the next performance review.

(a) would demand
(b) would have demanded
(c) will demand
(d) have demanded

**17** The football team, Dallas Cowboys, have struggled to make the playoffs each year. In the off season the coach and his representatives have created what they think is a winning team. _____, the season will tell whether or not they succeeded.

(a) However
(b) In contrast
(c) After all
(d) Moreover

**18** The American military has education requirements for enlistment. All recruits must have at least a high school diploma. They require officer candidates _____ a recipient of a minimum of a bachelor's degree.

(a) having been
(b) to have been
(c) to be
(d) being

**19** There are treatments for HIV both known and experimental. The quest is to keep the immune system from failing. If HIV treatment were stopped, the virus _____ other organs and then the virus is called AIDS.

(a) will infect
(b) could have infected
(c) could infect
(d) can infect

**20** Planting the same crop year after year (monoculture) could reduce the yield of the crop because of soil depletion. Currently, scientists _____ crop rotation and what type of crops can revitalize the soil for greater yield.

(a) are exploring
(b) have explored
(c) were exploring
(d) will explore

**21** Mr. Williams is the founder and first president of Williams Enterprises. He had devoted his whole adult life to create and run the company and all this on a high school diploma. During his life he created a fund to support education. He promoted _____ and continuing education as a way to get ahead in the business world.

(a) to learn
(b) having learned
(c) to have learned
(d) learning

**22** Taking your car to a non-dealership shop is a way to save money on repairs. Before taking your car to one of these shops you need to check on the shops rating. If you chose a shop with a good rating, it is important that you _____ while they repair your car so that you know they completed the tasks as the way you had expected.

(a) will watch
(b) watch
(c) have watched
(d) watched

**23** The military uses magnetic IDs for building access and computer access. These cards are called CAC cards which is short for Common Access Card. Before they heightened security of these cards, security _____ incidents of building security and computer security for a few years. These cards have eliminated the problem for several years.

(a) had been dealing with
(b) are dealing with
(c) deal with
(d) have been dealing with

**24** The latest basketball game was on a school night. That created a problem for students that needed to be home studying. Jeff, for instance, had a major quiz scheduled for the next day. He _____ for the entire game if he hadn't needed to go home and study.

(a) would stay
(b) would have stayed
(c) had stayed
(d) will have stayed

**25** I will soon marry into the Brown family. I have met most of my future husband's family and already consider them my family. I have never met his Uncle Bill. He lives far away from the local area and I hope he makes it to the wedding. He is my only relative _____ and I look forward to meeting him soon.

(a) what I've never seen yet
(b) whom I've never seen yet
(c) where I've never seen yet
(d) which I've never seen yet


**26** Sally makes her own clothes from her own design. Her clothes are truly unique and one-of-a-kind. People have told her to model her clothes and see if it could be a profitable business for her. The local mall was having a fashion show and her friends told her to enter. She was hesitant _____ in a fashion show with her clothes. When she did finally her clothes were a big hit.

(a) appearing
(b) to have appeared
(c) having appeared
(d) to appear

## 실전 모의고사 정답/해설

| 01 | 02 | 03 | 04 | 05 | 06 | 07 | 08 | 09 | 10 |
|----|----|----|----|----|----|----|----|----|----|
| b | b | b | b | d | c | b | d | c | a |
| 11 | 12 | 13 | 14 | 15 | 16 | 17 | 18 | 19 | 20 |
| c | c | c | d | d | a | c | c | c | a |
| 21 | 22 | 23 | 24 | 25 | 26 | | | | |
| d | b | a | b | b | d | | | | |

### 01

**영어문제**

Bird migration is the regular seasonal movement, often north and south along a flyway, between breeding and wintering grounds. Many species of bird migrate. By the time the birds find a place for them to spend the winter, they _____ for many days.

(a) have been flying
(b) will have been flying
(c) will be flying
(d) had flown

**문제해석**

철새 이동은 번식지와 월동지 사이의 비행길을 따르는 대개 남북으로의 정기적인 계절적 이동이다. 많은 종류의 새들이 이동한다. 철새들이 겨울을 보낼 장소를 찾을 때쯤이면 그들은 며칠 날아가고 있는 중일 것이다.

**정답** (b)

**문제 해설**

By the time 부사절의 의미를 이해하고 주절의 시제를 선택하는 문제이다. By the time 부사절은 '~할 때쯤에'라는 의미의 시간부사절로 G-TELP시험에서는 주로 미래의 시점의 일을 나타내며 또한 for many days (몇일동안) 이라는 for 다음에 기간이 나오므로 보기 중 been이 들어간 미래완료진행시제인 (b)가 정답이다.

| 02 | 영어문제 | 문제해석 |
|---|---|---|

| | |
|---|---|
| A supernova is the biggest explosion that humans have ever seen. Each blast is the extremely bright, super powerful explosion of a star. If our sun were to become a supernova, it _____ all life on all the planets of our solar system.<br>(a) will wipe out<br>(b) would wipe out<br>(c) wiped out<br>(d) would have wiped out | 초신성은 인간이 봐온 것 중 가장 큰 폭발이다. 각각의 폭발은 극도로 밝고 아주 강력한 별의 폭발이다. 만약 우리의 태양이 초신성이 된다면, 그것은 우리의 태양계에 있는 모든 행성의 모든 생명체를 없애 버릴 것이다.<br><br>정답 (b) |

**문제 해설**

가정법의 유형을 파악하고 알맞은 동사의 시제를 선택하는 문제이다. 만약 우리의 태양이 초신성이 된다면 태양계 모든 행성의 생명체를 없애 버릴 거라는 내용이므로, 현재 일어날 가능성이 희박한 가정을 나타내는 were toV 가정법 유형임을 알 수 있다. 주절에 were toV가 보이므로 [if + S + were toV, S + would/could/might + 동사원형]을 포함하고 있는 (b) would wipe out이 정답이다.

| 03 | 영어문제 | 문제해석 |
|---|---|---|

| | |
|---|---|
| The Chernobyl disaster was a nuclear accident. It is considered the worst nuclear disaster in history. The area around the former reactor number 4 is considered a safety hazard so a person _____ only visit for an official reason and the time on site is limited.<br>(a) would<br>(b) must<br>(c) might<br>(d) can | 체르노빌 참사는 원자력 사고였다. 그것은 역사상 최악의 핵 재난으로 여겨진다. 이전 4번 원자로 주변은 안전 위험 요소로 간주되어 공식적인 이유로만 방문해야 하고 현장 방문 시간은 제한되어 있다.<br><br>정답 (b) |

**문제 해설**

빈칸에 들어갈 문맥상 적절한 조동사를 찾는 문제이다. 안전 위험 요소로 간주되는 장소인 4번 원자로 주변으로의 방문에 대한 의무를 나타내고 있으므로 보기 중 의무를 나타내는 조동사에 해당하는 (b) must가 정답이다.

## 04

### 영어문제

William had taken the exam to attend Officer Training and he had been waiting for the results. When the results were finally released this morning, he _____ the flight line and did not find out the results until he returned to the main post.

(a) is patrolling
(b) was patrolling
(c) has patrolled
(d) patrols

### 문제해석

Wiliam은 장교 훈련에 참석하기 위해 시험을 치렀고 결과를 기다리고 있었다. 오늘 오전 마침내 결과가 공개되었을 때, 그는 비행 대기선을 순찰하고 있었고 본진으로 돌아올 때까지 결과를 알지 못했다.

**정답** (b)

### 문제 해설

빈칸에 들어갈 알맞은 시제를 고르는 문제이다. 시험의 결과가 공개되었을 무렵에 (when the results were finally released this morning) William은 비행 대기선을 순찰 중이었음을 나타내고 있으므로 빈칸에 가장 적절한 것은 과거진행시제인 (b) was patrolling이다.
when+주어+단순과거시제가 보인다면 정답은 <u>과거진행형</u>이다.

## 05

### 영어문제

David had to give the annual report to the board members on Friday. _____ it was his first time giving the report, he was very confident. The presentation earned him the respect of the board members.

(a) Unless
(b) Because
(c) After
(d) Although

### 문제해석

David는 금요일에 이사회 구성원들에게 연간 보고를 해야 했다. 그것이 그의 첫 보고였음에도 불구하고, 그는 매우 자신감이 있었다. 그 발표는 그가 이사회 구성원들로부터 존경을 얻어내도록 해주었다.

**정답** (d)

### 문제 해설

빈칸에 들어갈 문맥상 적절한 접속사/접속부사를 찾는 문제이다. David의 연간 보고가 그의 첫 보고였음에도 불구하고 그는 자신감이 있었다는 내용이 자연스러우므로 '~에도 불구하고'라는 양보의 의미를 가진 접속사 (d) Although가 정답이다.

*cf)* unless: ~하지 않는 한
because: ~이기 때문에
after: ~ 이후에
although: ~에도 불구하고

## 06

### 영어문제

Often a retired NFL player states that he could have won a Super Bowl if he had played for a team that had done better with the draft. If he had been on a team that he had better support he _____ better and to his full potential.

(a) has been utilized
(b) could be utilized
(c) could have been utilized
(d) was being utilized

### 문제해석

대개 은퇴한 NFL 선수는 드래프트에서 더 잘한 팀에서 경기를 했다면 슈퍼볼에서 우승할 수 있었을 것이라고 말한다. 만약 그가 더 나은 지원을 받는 팀에 있었다면 그는 더 좋게 그리고 그의 최대 잠재력까지 활용되어질 수 있었을 것이다.

정답 (c)

### 문제 해설

가정법의 유형을 파악하고 알맞은 동사의 시제를 선택하는 문제이다. 만약 은퇴한 NFL 선수가 과거에 더 나은 지원을 받는 팀에 있었다면 그는 더 좋게 활용될 수 있었을 것이라는 내용이므로, 과거 사실에 대한 반대의 가정을 나타내는 가정법 과거완료 문장임을 알 수 있다. 따라서 가정법 과거완료 문장의 형식인 [if + S + had p.p., S + would/could/might + have p.p.]을 갖추고 있는 (c) could have been utilized가 정답이다.

## 07

### 영어문제

There are always rumors about pirates buried treasure and never to be found again. Many people track the movement of certain pirates to try to locate the buried treasure. Many treasure hunters envisioned _____ the treasure after many years of research but only come up with an empty hole.

(a) having discovered
(b) discovering
(c) to discover
(d) to have discovered

### 문제해석

해적들이 보물을 묻고 다시는 발견되지 않는다는 소문은 항상 있다. 많은 사람들이 묻힌 보물을 찾아내기 위해 특정 해적들의 움직임을 추적한다. 많은 보물 사냥꾼들은 수년간의 연구 후 보물을 발견하는 것을 상상했지만 빈 구멍만 찾아낸다.

정답 (b)

### 문제 해설

동명사 또는 to부정사를 목적어로 받는 동사에 관한 준동사유형의 문제이다. envision은 동명사만을 목적어로 취하는 동사이므로 빈칸에 들어갈 표현으로는 (b) discovering이 적합하다. 과거완료 시제인 (a) having discovered는 문맥상 시점을 기준으로 아직 일어나지 않은 일을 이야기하므로 문맥상 적절하지 않다.

| 08 | 영어문제 | 문제해석 |
|---|---|---|
| | The saying that once posted online, it is there forever is very true and has finished a lot of careers. There are programs called facial recognition that can search the internet for a person's face with great accuracy. Some people, after getting their dream job, the company insisted that they _____ because of pictures that were posted of the person at an anti-government rally.<br>(a) was resign<br>(b) resigns<br>(c) had resigned<br>(d) resign | 한 번 온라인에 게시되면 영원히 존재한다는 말은 매우 사실이며 많은 이력을 쌓아 왔다. 굉장한 정확도로 사람의 얼굴을 인터넷에서 검색할 수 있는 안면 인식이라는 프로그램들도 있다. 어떤 사람들은 꿈의 직장을 구한 뒤 반정부 집회에 있던 사람으로 게시된 사진들 때문에 회사 측에서 그들은 퇴사해야만 한다라고 요구했다.<br><br>**정답** (d) |

### 문제 해설

보기 상에 동사원형과 동사원형+s,es가 포함되어 있는 걸로 보아 당위성 유형의 문제이다. 요구, 제안, 명령, 충고 등을 나타내는 동사 뒤에 오는 that절에서는 should가 생략되었다고 보고 시제에 상관없이 동사 원형을 쓴다. insist는 요구를 나타내는 당위성 동사이므로 빈칸에 알맞은 동사 형태는 동사원형 형태인 (d) resign이다.

*cf)* 동사 insist 다음의 that절의 시제는 insist가 어떤 의미로 쓰였느냐에 따라 달라진다.
  1) '요구하다'라는 의미로 쓰인 경우: (should) 동사원형
     ex) The doctor insisted that I (should) quit smoking right away.
     의사는 내가 당장 담배를 끊을 것을 요구했다.
  2) '주장하다'라는 의미로 쓰인 경우: 시제일치
     ex) The man insisted that he was innocent.
     그 남자는 자신이 결백하다고 주장했다.

## 09

**영어문제**

One of the most dangerous remains of a war is unexploded bombs. They are found around the world in places that had wars over the years. Bombs are found in Japan and Germany often due to the number of bombs dropped during WW 2. They are found and disarmed by EOD personnel. If they had not been disarmed, the blast _____ people in the surrounding area now.

(a) would have killed  (b) had killed
(c) would kill  (d) was killing

**문제해석**

전쟁의 가장 위험한 잔해 중 하나는 불발탄이다. 그것들은 수년간 전 세계의 전쟁이 있었던 장소들에서 발견된다. 2차 세계 대전 동안 떨어진 폭탄의 개수 때문에 일본과 독일에서 자주 폭탄들이 발견된다. 그것들은 EOD 요원들에 의해 발견되고 무장해제된다. 만약 그것들이 무장해제되지 않았더라면 그 폭발은 지금 주변 지역의 사람들을 죽일 것이다.

**정답** (c)

**문제 해설**

가정법의 유형을 파악하고 알맞은 동사의 시제를 선택하는 문제이다. 만약 폭탄들이 무장해제되지 않았다면 (지금) 그 폭발이 주변 지역의 사람들을 죽일 것이라는 내용이므로, 과거 사실에 대한 반대 가정의 결과로 현재 어땠을 것임을 나타내는 혼합 가정법 문장임을 알 수 있다. 따라서 가정법 과거의 주절의 형태인 (c) would kill이 정답이다.

## 10

**영어문제**

Fishing tournaments are held around the country. The winners are judged by the largest fish and also the total weight of fish caught. Bill entered a tournament held at a local lake and because he knew the lake layout. He hoped _____ in the top ten but because of bad weather he did not.

(a) to finish
(b) finishing
(c) having finished
(d) to be finishing

**문제해석**

낚시 토너먼트는 전국에서 열린다. 우승자들은 가장 큰 물고기와 잡은 물고기의 총 무게로 판정된다. Bill은 지역 호수에서 열린 토너먼트에 참가했는데, 그는 그 호수의 형태를 알고 있었기 때문이다. 그는 상위 10위 안에 드는 것을 희망했지만 안 좋은 날씨 때문에 그러지 못했다.

**정답** (a)

**문제 해설**

동명사 또는 to부정사를 목적어로 받는 동사에 관한 준동사 유형의 문제이다. hope는 to부정사만을 목적어로 취하는 동사이므로 빈칸에 들어갈 표현으로는 (a) to finish가 적합하다.
진행형인 (d) to be finishing은 문맥상 진행 동작을 나타낼 필요가 없으므로 이 문장에는 적절하지 않다.

| 11 | 영어문제 | 문제해석 |
|---|---|---|
| | Amy's family had been planning to get together for dinner at the local Pizza Deluxe restaurant. It will be this month's restaurant of choice. The traffic on the way has caused her to be quite late. She expects that her family _____ pizza when she arrives.<br>(a) have already eaten<br>(b) were already eating<br>(c) will already be eating<br>(d) will already eat | Amy의 가족은 그 지역의 Pizza Deluxe 레스토랑에서 저녁 식사를 하기 위해 함께 모일 계획이었다. 그것은 이 달의 선택 레스토랑이 될 것이다. 가는 길의 교통은 그녀를 꽤 늦게 했다. 그녀는 그녀가 도착할 때면 그녀의 가족이 이미 피자를 먹고 있을 것이라고 예상한다.<br><br>**정답** (c) |

**문제 해설**

빈칸에 들어갈 알맞은 시제를 고르는 문제이다. Amy가 레스토랑에 도착할 무렵에 (when she arrives) Amy의 가족들은 이미 피자를 먹고 있을 것임을 나타내고 있으므로 빈칸에 가장 적절한 것은 미래진행시제인 (c) will already be eating이다. 시간부사절에서는 현재시제가 미래시제를 대신하므로 when절의 시제는 현재시제가 되었다.

| 12 | 영어문제 | 문제해석 |
|---|---|---|
| | The Dome of the Rock , _____ was designed by the Umayyad caliph. The rock over which the shrine was built is sacred to both Muslims and Jews. Although it is not a mosque, it is the first major Muslim monument for public worship.<br>(a) that was built in the late 7thcentury<br>(b) what built in the late 7thcentury<br>(c) which built in the late 7thcentury<br>(d) who built in the late 7thcentury | 7세기 후반에 지어진 바위의 돔은 우마야드 칼리프에 의해 디자인되었다. 사당이 지어진 바위는 이슬람교도들과 유대인들 모두에게 신성시된다. 그것은 모스크는 아니지만, 공공 예배를 위한 최초의 주요 이슬람 기념물이다.<br><br>**정답** (c) |

**문제 해설**

빈칸에 알맞은 관계사를 고르는 문제이다. 선행사는 The Dome of the Rock이므로 사람을 가리킬 때 사용하는 (d) who는 제외된다. 보기 (b)에 쓰인 what은 선행사를 받지 않는 관계대명사이기 때문에 선행사가 있는 이 경우에는 적절하지 않다. which 또는 that을 사용할 수 있는데, 빈칸 앞에 comma(,)가 있는 것으로 보아 계속적 용법으로 쓰이고 있으므로 that은 사용할 수 없다. 따라서 정답은 (c)가 된다.

## 13

### 영어문제

Dave has always wanted to have a walkway along the bank of the Broad River. He approached the town planners with his idea and awaited their approval. He enjoys _____ himself to his ideas and the ideas of others for a better community to live in.

(a) to have committed
(b) to be committing
(c) committing
(d) having committed

### 문제해석

Dave는 항상 브로드 강의 기슭을 따르는 산책로를 걷고 싶어 했다. 그는 마을 계획가들에게 자신의 생각을 가지고 다가가 말을 했고 그들의 승인을 기다렸다. 그는 더 살기 좋은 지역 사회를 위해 자신의 생각과 다른 사람들의 생각에 전념하는 것을 즐긴다.

**정답** (c)

**문제 해설**

동명사 또는 to부정사를 목적어로 받는 동사에 관한 준동사유형의 문제이다. enjoy는 동명사만을 목적어로 취하는 동사이므로 빈칸에 들어갈 표현으로는 (c) committing이 적합하다.
과거완료 시제인 (d) having committed는 문맥상 시점을 기준으로 평소에 즐겨 하는 일을 이야기하므로 문맥상 적절하지 않다.

## 14

### 영어문제

The town of Centralia, PA has a strange history. In 1962, a fire was started to burn trash in the local dump. The burning trash started a fire in a coal seam underground and the fire _____ continuously since 1962.

(a) was burning
(b) is burning
(c) will be burning
(d) has been burning

### 문제해석

펜실베니아 주의 Centralia 마을은 이상한 역사를 가지고 있다. 1962년에 지역 쓰레기장에서 쓰레기를 태우기 위한 불이 시작되었다. 불타는 쓰레기는 지하의 석탄층에서 불을 피웠고 그 불은 1962년부터 계속해서 타오르고 있는 중이다.

**정답** (d)

**문제 해설**

빈칸에 알맞은 시제를 파악하는 문제이다. since는 특정 시점부터 어떤 일이 지속되어 왔음을 의미하며, 주로 진행 시제(been)를 동반한다. 본 문장에서는 불이 1962년부터 현재까지 계속해서 타오르고 있음을 나타내고 있으므로, 과거에 시작한 행동이 현재까지 이어짐을 나타내는 현재완료진행형인 (d) has been burning이 빈칸에 적합하다.

| 15 | 영어문제 | 문제해석 |
|---|---|---|
| | After undergoing an Xray after his car accident, Dave found out that he has extra sets of ribs. The extra ribs are called neck ribs because of their location. The fact that the extra ribs do not cause pain or discomfort, his doctor does not think he _____ have the ribs removed.<br>(a) can<br>(b) would<br>(c) may<br>(d) should | 교통사고 후 엑스레이 촬영을 한 후, Dave는 그가 여분의 갈비뼈 한 쌍을 가지고 있음을 알게 되었다. 여분의 갈비뼈는 위치 때문에 목갈비라고 불린다. 여분의 갈비뼈가 통증이나 불편을 유발하지 않는다는 사실 때문에, 그의 의사는 그 갈비뼈를 제거해야 한다고 생각하지 않는다.<br>**정답** (d) |

### 문제 해설

빈칸에 들어갈 문맥상 적절한 조동사를 찾는 문제이다. 여분의 갈비뼈가 통증이나 불편을 유발하지 않으므로 Dave의 의사는 그 갈비뼈를 제거해야 할 의무를 느끼지 않을 것이다. 따라서 보기의 조동사 중 의무를 나타내는 (c) should가 정답이다.

*cf* 조동사의 종류
  can: ~할 수 있다 (능력/실현 가능성이 있는 추측)
  would(will의 과거형): ~이었을 것이다 (과거 시점에서의 미래 의지/과거의 습관)
  may: ~할 수도 있다, ~해도 좋다 (불확실한 추측/허락)
  should: ~해야 한다, 분명 ~일 것이다 (의무/실현 가능성이 높은 추측)

| 16 | 영어문제 | 문제해석 |
|---|---|---|
| | Jim has been the lead salesman at Vaden Automotive for the last 6 months. He has the best customer rapport of all the salesman including the lead salesman. If I were him, I _____ a real and tangible raise during the next performance review.<br>(a) would demand<br>(b) would have demanded<br>(c) will demand<br>(d) have demanded | Jim은 지난 6개월 동안 Vaden Automotive의 수석 판매원이었다. 그는 수석 판매원을 포함한 모든 판매원 중에서 최고의 고객 관계를 가지고 있다. 만약 내가 그라면, 나는 다음 업무 평가 동안 실제로 실재하는 인상을 요구할 것이다.<br>**정답** (a) |

### 문제 해설

가정법의 유형을 파악하고 알맞은 시제를 선택하는 문제이다. 현재 내가 Jim이라면 다음 업무 평가 동안 실제로 실재하는 인상을 요구할 것이라는 내용이므로, 현재 사실에 대한 반대의 가정을 나타내는 가정법 과거 문장임을 알 수 있다. 따라서 가정법 과거 형식인 [if + S + 과거동사/were, S + would/could/might + 동사원형]을 포함하고 있는 (a) would demand가 정답이다.

| 17 | 영어문제 | 문제해석 |
|---|---|---|

The football team, Dallas Cowboys, have struggled to make the playoffs each year. In the off season the coach and his representatives have created what they think is a winning team. _____, the season will tell whether or not they succeeded.

(a) However
(b) In contrast
(c) After all
(d) Moreover

축구 팀 Dallas Cowboys는 매년 플레이오프에 진출하기 위해 고군분투해왔다. 비시즌에 코치와 그의 대리인들은 그들이 우승 팀이 될 것이라고 생각하는 팀을 만들었다. 결국에는, 그 시즌은 그들이 성공했는지 아닌지를 말해줄 것이다.

**정답** (c)

### 문제 해설

문맥상 알맞은 접속사/접속부사를 파악하는 문제이다. 비시즌에 코치와 그의 대리인들은 우승 예측 팀을 만들었고, 그 시즌이 그들의 성공 여부를 말해주는 것은 결국 시즌이 되어봐야 결과가 나올 것이므로, 결과를 나타내는 접속부사인 (c) After all이 정답이다.

cf) however: 그러나(역접)
   in contrast: 그에 반해서(대조)
   after all: 결국에는(결과)
   moreover: 게다가(추가)

| 18 | 영어문제 | 문제해석 |
|---|---|---|

The American military has education requirements for enlistment. All recruits must have at least a high school diploma. They require officer candidates _____ a recipient of a minimum of a bachelor's degree.

(a) having been
(b) to have been
(c) to be
(d) being

미군은 입대에 있어 학력 요건을 갖추고 있다. 모든 신병들은 적어도 고등학교 졸업장이 있어야 한다. 그들은 장교 후보자들이 최소한 학사 학위 소지자여야 함을 요구한다.

**정답** (c)

### 문제 해설

빈칸 앞에 특이한 동사가 보이지 않으므로 officer candidates (장교 후보자들) 앞 동사 require (요구하다)을 봐야한다. require 다음 목적어 officer candidates가 있으므로 빈칸은 목적격 보어 자리이고 require은 목적격보어로써 to부정사를 취하므로 정답은 (c) to be가 적절하다.

| 19 | 영어문제 | 문제해석 |
|---|---|---|

There are treatments for HIV both known and experimental. The quest is to keep the immune system from failing. If HIV treatment were stopped, the virus _____ other organs and then the virus is called AIDS.

(a) will infect
(b) could have infected
(c) could infect
(d) can infect

HIV에 대한 치료법은 알려진 것과 실험적인 것 둘 다 있다. 탐구 대상은 면역체계를 실패로부터 막는 것이다. 만약 HIV 치료가 중단된다면, 바이러스는 다른 장기들을 감염시킬 수 있고, 그 후 그 바이러스는 에이즈라고 불린다.

**정답** (c)

**문제 해설**

가정법의 유형을 파악하고 알맞은 시제를 선택하는 문제이다. 만약 HIV 치료가 중단된다면, 바이러스는 다른 장기들을 감염시킬 수 있다는 내용이므로, 현재 사실에 대한 반대의 가정을 나타내는 가정법 과거 문장임을 알 수 있다. 따라서 가정법 과거 형식인 [if + S + 과거동사/were, S + would/could/might + 동사원형]을 포함하고 있는 (c) could infect가 정답이다.

| 20 | 영어문제 | 문제해석 |
|---|---|---|

Planting the same crop year after year (monoculture) could reduce the yield of the crop because of soil depletion. Currently, scientists _____ crop rotation and what type of crops can revitalize the soil for greater yield.

(a) are exploring
(b) have explored
(c) were exploring
(d) will explore

매년 같은 작물을 심는 것은 (단일 재배) 토양 고갈로 인해 작물의 수확량을 감소시킬 수 있다. 현재, 과학자들은 윤작과 어떤 종류의 작물이 더 많은 수확량을 위해 토양을 재생시킬 수 있는지 연구하고 있다.

**정답** (a)

**문제 해설**

빈칸에 들어갈 알맞은 시제를 구하는 문제이다. 현재 과학자들이 연구하고 있는 것이 무엇인지에 관한 내용이므로 보기 중 현재진행시제인 (a) are exploring이 정답이다. currently(현재)와 같이 시간을 나타내는 표현들을 알아 두면 시제 문제 풀이에 도움이 된다.

### 21

**영어문제**

Mr. Williams is the founder and first president of Williams Enterprises. He had devoted his whole adult life to create and run the company and all this on a high school diploma. During his life he created a fund to support education. He promoted _____ and continuing education as a way to get ahead in the business world.

(a) to learn
(b) having learned
(c) to have learned
(d) learning

**문제해석**

Williams 씨는 Williams Enterprises의 설립자이자 최초의 사장이다. 그는 회사를 설립하고 운영하기 위해 성인으로서의 삶 전체를 바쳤고 이 모든 것은 고등학교 졸업장을 가지고 한 일이다. 그는 일생 동안 교육을 지원하기 위한 기금을 만들었다. 그는 비즈니스 세계에서 출세하기 위한 방법으로 학습과 지속적인 교육을 장려했다.

**정답** (d)

**문제 해설**

동명사 또는 to부정사를 목적어로 받는 동사에 관한 준동사유형의 문제이다. promote는 동명사만을 목적어로 취하는 동사이므로 빈칸에 들어갈 표현으로는 (c) learning이 적합하다. and 뒤에 나온 continuing과 병렬 구조를 이루고 있으므로 (d) having learned는 문맥상 적절하지 않다.

### 22

**영어문제**

Taking your car to a non-dealership shop is a way to save money on repairs. Before taking your car to one of these shops you need to check on the shops rating. If you chose a shop with a good rating, it is important that you _____ while they repair your car so that you know they completed the tasks as the way you had expected.

(a) will watch
(b) watch
(c) have watched
(d) watched

**문제해석**

당신의 차를 사설 수리업체에 가져가는 것은 수리하는 데 드는 비용을 절약하는 방법들 중 하나이다. 이러한 업체들 중 하나에 당신의 차를 가져가기 전에 당신은 업체 평가를 확인할 필요가 있다. 당신이 평가가 좋은 업체를 선택한다면, 당신이 예상했던 대로 그들이 작업을 완료했다는 것을 알 수 있도록 그들이 수리하는 동안 지켜보는 것이 중요하다.

**정답** (b)

**문제 해설**

that절의 빈칸에 알맞은 동사의 형태를 선택하는 문제이다. [It is + 보어 + that + S + V] 구문에서 보어 자리에 오는 형용사가 필수, 의무, 당연 등을 나타낼 때 that절의 동사는 should가 생략되었다고 보고 시제에 상관없이 동사 원형을 쓴다. that절 앞에 important라는 당위성 형용사가 사용되었으므로 빈칸에 알맞은 동사 형태는 동사원형 형태인 (b) watch이다.

## 23

### 영어문제

The military uses magnetic IDs for building access and computer access. These cards are called CAC cards which is short for Common Access Card. Before they heightened security of these cards, security _____ incidents of building security and computer security for a few years. These cards have eliminated the problem for several years.

(a) had been dealing with
(b) are dealing with
(c) deal with
(d) have been dealing with

### 문제해석

군대는 건물 출입과 컴퓨터 접속을 위해 자석 ID를 사용한다. 이 카드들은 CAC 카드라고 불리며, 이는 Common Access Card의 줄임말이다. 그들이 이 카드들의 보안을 강화하기 전에는, 수년동안 경비 담당 부서가 건물 보안과 컴퓨터 보안상의 사고를 처리해 왔다. 이 카드들은 몇 년 동안 문제를 제거해 왔다.

**정답** (a)

### 문제 해설

빈칸에 알맞은 시제를 파악하는 문제이다. '~이전에'를 뜻하는 before절의 시제가 과거이므로, 빈칸이 들어간 주절은 그보다 더 이전의 시점을 나타내고 있음을 알 수 있다. 따라서 특정 과거 시점보다 더 이전에 "몇 년동안" 진행 중이었음을 나타내는 과거완료진행형 (a) had been dealing with가 정답이다.

## 24

### 영어문제

The latest basketball game was on a school night. That created a problem for students that needed to be home studying. Jeff, for instance, had a major quiz scheduled for the next day. He _____ for the entire game if he hadn't needed to go home and study.

(a) would stay
(b) would have stayed
(c) had stayed
(d) will have stayed

### 문제해석

가장 최근의 농구 경기는 학교에 가기 전날 밤에 있었다. 그것은 공부하느라 집에 있어야 하는 학생들에게 문제를 만들었다. 예를 들어, Jeff는 다음 날 예정된 중요한 퀴즈가 있었다. 그는 집에 가서 공부할 필요가 없었더라면 경기 내내 남아 있었을 것이다.

**정답** (b)

### 문제 해설

가정법의 유형을 파악하고 알맞은 동사의 시제를 선택하는 문제이다. 만약 Jeff가 집에 가서 공부할 필요가 없었더라면 경기 내내 남아 있었을 것이라는 내용이므로, 과거 사실에 대한 반대의 가정을 나타내는 가정법 과거완료 문장임을 알 수 있다. 따라서 가정법 과거완료 문장의 형식인 [S + would/could/might + have p.p. + if + S + had p.p.]을 갖추고 있는 (b) would have stayed가 정답이다.

| 25 | 영어문제 | 문제해석 |
|---|---|---|

I will soon marry into the Brown family. I have met most of my future husband's family and already consider them my family. I have never met his Uncle Bill. He lives far away from the local area and I hope he makes it to the wedding. He is my only relative _____ and I look forward to meeting him soon.

(a) what I've never seen yet
(b) whom I've never seen yet
(c) where I've never seen yet
(d) which I've never seen yet

나는 곧 Brown 가문과 결혼할 것이다. 나는 미래의 남편의 가족 대부분을 만났고 이미 그들을 내 가족으로 여긴다. 나는 그의 Bill 삼촌을 만난 적이 없다. 그는 현지 지역으로부터 멀리 떨어진 곳에 살고 있고 나는 그가 결혼식에 꼭 참석하기를 바란다. 그는 내가 아직 보지 못한 유일한 친척이고 나는 그를 곧 만나기를 고대한다.

**정답** (b)

### 문제 해설

빈칸에 알맞은 관계사를 고르는 문제이다. 선행사 my only relative는 사람을 나타내므로 관계사는 who(m)이 될 수 있는데, 관계사절에서 목적어가 생략된 것으로 보아 목적격 관계대명사가 알맞음을 알 수 있으므로 사람을 나타내는 목적격 관계대명사 whom이 들어간 보기 (b) whom I've never seen yet이 정답이다.

| 26 | 영어문제 | 문제해석 |
|---|---|---|

Sally makes her own clothes from her own design. Her clothes are truly unique and one-of-a-kind. People have told her to model her clothes and see if it could be a profitable business for her. The local mall was having a fashion show and her friends told her to enter. She was hesitant _____ in a fashion show with her clothes. When she did finally her clothes were a big hit.

(a) appearing     (b) to have appeared
(c) having appeared  (d) to appear

Sally는 자신만의 디자인으로 자신만의 옷을 만든다. 그녀의 옷은 정말 독특하고 유일무이하다. 사람들은 그녀에게 옷의 모델이 되어서 그것이 그녀에게 이익이 되는 사업이 될 수 있는지를 알아보라고 말해왔다. 지역 쇼핑몰은 패션쇼를 열고 있었고 그녀의 친구들은 그녀에게 참가하라고 말했다. 그녀는 그녀의 옷을 입고 패션쇼에 출연하는 것을 주저했다. 마침내 그녀가 해냈을 때 그녀의 옷은 대히트를 쳤다.

**정답** (d)

### 문제 해설

빈칸에 알맞은 준동사의 형태를 고르는 문제이다. Sally가 그녀의 옷을 입고 패션쇼에 출연하는 것을 주저했다는 내용이므로 빈칸에는 '~하는 것을 주저하다'라는 표현인 to부정사를 사용한 관용적 표현인 be hesitant to부정사를 묻는 문제이다. 그러므로 보기 중 to부정사 형태인 (d) to appear가 정답이다. (b)는 주절의 시제보다 앞선 의미를 나타내는 완료부정사이므로 문맥상 적절하지 않다.

제작날짜:

| 틀린문제 번호, 내용 | 틀린이유와 유의할 사항 |
| --- | --- |
|  |  |

# 문법 실전 모의고사 03

**01** Nick is always forgetting where he leaves things. He never puts things back where they belong. He remembers _____ the item last and then goes to that place to find the lost item. This usually works for him.

(a) to use
(b) to have used
(c) using
(d) having been using

**02** The inventor of eye glasses is unknown but bifocals were invented by Benjamin Franklin in the mid 1700's. That invention is now updated by trifocals to add an area to look at computer monitors. Eye glasses serve a second use as they _____ protect the eye from objects that would damage the eye.

(a) would
(b) can
(c) must
(d) will

**03** My airplane from Dallas to Atlanta was delayed for severe weather in Mississippi last night. Spending hours in the terminal was very tiring and I arrived home late at night. Had I not been so exhausted, I _____ my Josh's graduation ceremony from high school.

(a) will attend
(b) had attended
(c) would have attended
(d) would attend

**04** Yesterday, David's son said he wanted to use the school bus for the rest of the year. He said he was getting too old to be dropped off by his father. He _____ him to school every morning since he started kindergarten, so he will miss their talks and stories.

(a) has been driving
(b) will drive
(c) was driving
(d) had been driving

**05** Jason is going to going to a conference in Denver. He is going as a guest of the main speaker. He has never been to Denver, so he's relieved that a driver from the hotel _____ for him when he arrives at the airport.

(a) has waited
(b) waits
(c) was waiting
(d) will be waiting


**06** Around 800 people attempt to climb Mountain Kilimanjaro every year. If expeditions up the mountain were each day of the year, they _____ to do it, just to say they climbed one of the tallest mountains in the world.

(a) would have probably tired
(b) will probably try
(c) have probably tried
(d) would probably try

**07** Pat will be upgrading his computer to Windows 11 soon and is looking up how to do it in a computer magazine. It is a fairly automated process but the magazine advises that you _____ the steps exactly, or you could mess up the install.

(a) will follow
(b) follow
(c) has followed
(d) follows

**08** Dexter has been in training to open a coffee shop franchise. He hopes to open the shop on the 1st of March. By the time he opens the shop, he _____ required training for almost six months. He is hoping the training is a guarantee of success.

(a) will have been undergoing
(b) will undergo
(c) are undergo
(d) had been undergoing

**09** After the end of World War 2, there were a number of UFO sightings reported by people on the ground. Some of these can be explained by the research done on captured German aircraft and rockets. _____, several cannot be explained so easy.

(a) Likewise
(b) However
(c) Instead
(d) Similarly

**10** Taylor has been taking courses on phone applications at the community college. Now she is taking the time _____ how to market her new app on the effects of moon phase on the ocean tides. She has only made an Android version.

(a) to learn
(b) having learned
(c) learning
(d) to have learned

**11** When it was time to repaint the rooms of my house, I researched the best way to do the job. For the surfaces experts recommend _____ that a base coat to prevent the old color from bleeding through the new paint. This will also seal the walls and require less final coat paint.

(a) applying
(b) to apply
(c) having been applied
(d) to have applied

**12** During a recent visit to Washington DC, James really wanted to climb up Washington's Monument. His fear of high places kept him from doing it. If he weren't acrophobic, he _____ the monument on the day he got there and enjoy the view.

(a) would have climbed
(b) has climbed
(c) would climb
(d) will climb

**13** Jamie was scheduled to go to the car races on Sunday. When he woke up in the morning, he felt like he was starting a cold. _____ he felt not great all day, his love of car racing kept him there all day.

(a) In case
(b) Unless
(c) Because
(d) Even though

**14** Every time Amy moves, she has to find someone with a truck to help her. Because of this, she is considering _____ a truck of her own. She could also use it to help others move.

(a) to buy
(b) to have bought
(c) having bought
(d) buying

**15** Jason's job as an insect exterminator was started by his hobby of collecting insects at an early age. He received a lot of information from his father, _____, about the habits of insects and where they live.

(a) whose studied forest insects
(b) who studied forest insects
(c) which studied forest insects
(d) whom studied forest insects

**16** Watching the pregame shows is Colton's favorite part of watching professional football games. He tried to hurry home before the Super Bowl but there was too much traffic. If he had not gotten stuck in traffic, he _____ the pregame shows.

(a) would not have missed
(b) did not miss
(c) would not miss
(d) had not miss

**17** My morning routine is to exercise when I get up for an hour. I do various exercises to stretch my muscles first then time for a stationary bike. Then I eat breakfast after a brisk shower. My husband is determined _____ breakfast right after getting up so our routines are opposite.

(a) to have eaten
(b) eating
(c) having eaten
(d) to eat

**18** Nick has been teaching his parrot named Bird to speak various phrases. After many tries, he had almost given up. One day when he came home from work, he _____ the mail when he heard someone say, "Hello welcome home". Shortly after he realized that it was Bird greeting him.

(a) would check
(b) was checking
(c) is checking
(d) had checked

**19** The Blue Whale is found in every ocean on the earth. The Blue Whale _____ can weight up to 199 tons. A fully grown whale can grow to a length of almost 100 feet. The whales are mainly solitary animals which means they have no social structure.

(a) whom is the heaviest known animal on Earth
(b) what is the heaviest known animal on Earth
(c) which is the heaviest known animal on Earth
(d) who is the heaviest known animal on Earth

**20** Jeff had always been interested with films. Because of that he _____ reviews for the local newspaper on the side for months until he got so busy with work that he could not find the time to go to the theater.

(a) will have written
(b) is writing
(c) has been writing
(d) had been writing

**21** James has always been interested with labor saving devices. He now thinks he can market other people's devices for them. His friends are suggesting that he _____ a business lawyer to be sure he is following local, state and federal laws and pays the necessary taxes.

(a) hire
(b) will hire
(c) hires
(d) is hiring

**22** In hopes of finding a job that she could do at home Amy started a medical billing job from home. Had she known how much of her time she is required to complete the job each day, she _____ in the first place.

(a) was never starting
(b) had never started
(c) would have never started
(d) would never start

**23** The new variants or strains of Covid have the ability of not being seen in tests. The virus evades _____ by being so different from the original. Newer testing is required to detect the new strains.

(a) to have been detected
(b) being detected
(c) to be detected
(d) having been detected

**24** Any job that you do will look like a mountain that needs to be climbed. Just like a mountain the job needs to be done one step at a time. Remember the job _____ look intimidating, but can be conquered one step at a time.

(a) will
(b) should
(c) may
(d) must

**25** Deep-sea fish have eyes that give out a blue light. This light is seen both by them and their pray. If deep sea fish had normal fish-eyes, the bottom of the ocean _____ their eyes because of the pressure.

(a) will crush
(b) would have crushed
(c) would crush
(d) has crushed


**26** Sidney is planning what vegetables he will plant this year. He has drawn a detailed map of his garden to get the maximum yield. Now he _____ all of the seeds he will require to plant when the growing season starts.

(a) has been ordering
(b) is ordering
(c) had ordered
(d) will have ordered

## 실전 모의고사 정답/해설

| 01 | 02 | 03 | 04 | 05 | 06 | 07 | 08 | 09 | 10 |
|---|---|---|---|---|---|---|---|---|---|
| c | b | c | a | d | d | b | a | b | a |
| 11 | 12 | 13 | 14 | 15 | 16 | 17 | 18 | 19 | 20 |
| a | c | d | d | b | a | d | b | c | d |
| 21 | 22 | 23 | 24 | 25 | 26 | | | | |
| a | c | b | c | c | b | | | | |

### 01

**영어문제**

Nick is always forgetting where he leaves things. He never puts things back where they belong. He remembers _____ the item last and then goes to that place to find the lost item. This usually works for him.

(a) to use
(b) to have used
(c) using
(d) having been using

**문제해석**

Nick은 물건을 어디에 놓았는지를 항상 잊어버린다. 그는 절대 물건을 제 자리에 되돌려놓지 않는다. 그는 잃어버린 물건을 찾기 위해 마지막으로 물건을 썼던 때를 기억한 다음 그 장소로 간다. 이 방법은 대개 그에게 효과가 있다.

**정답** (c)

**문제 해설**

준동사의 알맞은 형태를 고르는 문제이다. 동사 remember의 목적어 형태로는 to부정사와 동명사를 모두 쓸 수 있는데, to부정사는 본동사를 기준으로 미래에 할 일, 동명사는 본동사를 기준으로 과거에 했던 일을 나타낸다. 문맥상 Nick은 잃어버린 물건을 마지막으로 (last) 사용했던 것을 기억하여 그 장소에서 물건을 찾는다는 내용이 자연스러우므로, 빈칸에는 (c) using이 적합하다.

*cf)* remember이나 forget은 목적어로 to부정사와 동명사를 모두 쓸 수 있는데, to부정사는 본동사를 기준으로 미래에 할 일, 동명사는 본동사를 기준으로 과거에 했던 일을 나타낸다.

ex) In her haste, she <u>forgot to lock</u> the door.
　　서두른 나머지 그녀는 문을 잠그는 것을 잊어버렸다. (to부정사 목적어: 본동사 기준 <u>미래</u>)
　　I <u>remember meeting</u> you by chance last year.
　　나는 작년에 우연히 너를 만난 것을 기억한다. (동명사 목적어: 본동사 기준 <u>과거</u>)

## 02

### 영어문제

The inventor of eye glasses is unknown but bifocals were invented by Benjamin Franklin in the mid 1700's. That invention is now updated by trifocals to add an area to look at computer monitors. Eye glasses serve a second use as they _____ protect the eye from objects that would damage the eye.

(a) would
(b) can
(c) must
(d) will

### 문제해석

안경의 발명자는 알려져 있지 않지만 이중 초점 안경은 1700년대 중반에 Benjamin Franklin에 의해 발명되었다. 그 발명은 이제 컴퓨터 모니터를 보는 영역을 추가하기 위해 삼중 초점으로까지 업데이트된다. 안경은 눈을 손상시킬 물체로부터 눈을 보호할 수 있기 때문에 두 번째 용도를 제공한다.

**정답** (b)

### 문제 해설

빈칸에 들어갈 문맥상 적절한 조동사를 찾는 문제이다. 안경은 눈을 손상시킬 물체로부터 눈을 보호할 수 있는 능력을 가지고 있다는 내용이므로, 정답은 능력을 나타내는 조동사 (b) can이다.

*cf)* 조동사의 종류
would(will의 과거형): ~라면~할 텐데, ~하곤 했다 (과거 시점에서의 미래 의지/과거의 습관)
can: ~할 수 있다 (능력/실현 가능성이 있는 추측)
must: ~해야 한다 (의무)
will: ~할 것이다 (미래에 벌어질 사실, 계획)

## 03

### 영어문제

My airplane from Dallas to Atlanta was delayed for severe weather in Mississippi last night. Spending hours in the terminal was very tiring and I arrived home late at night. Had I not been so exhausted, I _____ my Josh's graduation ceremony from high school.

(a) will attend
(b) had attended
(c) would have attended
(d) would attend

### 문제해석

Dallas에서 Atlanta로 가는 내 비행기가 어젯밤 Mississippi의 혹독한 날씨 때문에 연착되었다. 터미널에서 몇 시간을 보내는 것은 매우 피곤했고 나는 밤늦게 집에 도착했다. 만약 내가 그렇게 지치지 않았다면, 나는 Josh의 고등학교 졸업식에 참석했을 것이다.

**정답** (c)

### 문제 해설

가정법의 유형을 파악하고 알맞은 동사의 시제를 선택하는 문제이다. 가정법에서 if가 생략된 경우 주어와 동사의 도치가 일어나는데, Had I not been ~이 그러한 형태이다. if가 생략되지 않았을 경우 If I had not been ~이 되므로 과거 사실에 대한 반대의 가정을 나타내는 가정법 과거완료 문장임을 알 수 있다. 따라서 가정법 과거완료 문장의 형식인 [if + S + had p.p., S + would/could/might + have p.p.]을 갖추고 있는 (c) would have attended가 정답이다.

*cf)* 가정법에서 were, had, should 등이 if절에 들어가는 경우 if를 생략할 수 있고, 주어와 동사가 도치된다.
ex) Were I you, I would not buy such an expensive car.
내가 너였다면, 나는 그런 비싼 차를 사지 않았을 텐데. (If를 생략하고 Were과 I 도치)

| 04 | 영어문제 | 문제해석 |
|---|---|---|
| | Yesterday, David's son said he wanted to use the school bus for the rest of the year. He said he was getting too old to be dropped off by his father. He _____ him to school every morning since he started kindergarten, so he will miss their talks and stories.<br>(a) has been driving<br>(b) will drive<br>(c) was driving<br>(d) had been driving | 어제 David의 아들이 올해의 남은 기간 동안 통학 버스를 이용하고 싶다고 말했다. 그는 그의 아버지로부터 데려다 주어지기에는 그가 너무 나이가 많다고 말했다. 그는 그가 유치원을 다니기 시작했을 때부터 매일 아침 그를 학교에 태워다 주었기 때문에, 그는 그들의 대화와 이야기들을 그리워할 것이다.<br>**정답** (a) |

### 문제 해설

빈칸에 알맞은 시제를 파악하는 문제이다. since는 특정 시점부터 어떤 일이 지속되어 왔음을 의미하며, 주로 진행 시제(been)를 동반한다. 본 문장에서는 아들이 유치원을 다니기 시작했을 때부터 David가 매일 학교까지 태워다 주고 있음을 나타내고 있으므로, 과거에 시작한 행동이 현재까지 이어짐을 나타내는 현재완료진행형인 (a) has been driving이 빈칸에 적합하다.

*cf)* 완료진행형 시제: 특정 시점에 시작한 동작이 기준 시제까지 지속됨을 나타내는 시제
  현재완료진행(have/has+been+Ving) – 과거에 시작한 동작이 현재까지 지속됨
  과거완료진행(had+been+Ving) – 과거에 시작한 동작이 특정 과거 시점까지 지속됨
  미래완료진행(will have+been+Ving) – 과거나 현재에 시작한 동작이 미래의 특정 시점까지 지속됨

| 05 | 영어문제 | 문제해석 |
|---|---|---|
| | Jason is going to going to a conference in Denver. He is going as a guest of the main speaker. He has never been to Denver, so he's relieved that a driver from the hotel _____ for him when he arrives at the airport.<br>(a) has waited<br>(b) waits<br>(c) was waiting<br>(d) will be waiting | Jason은 Denver에서 열리는 회의에 가고 있다. 그는 주 연설자의 손님으로서 가고 있다. 그는 Denver에 가본 적이 없어서, 그가 공항에 도착할 때 호텔에서 온 운전기사가 그를 기다리고 있을 것임을 다행으로 여겼다.<br>**정답** (d) |

### 문제 해설

빈칸에 알맞은 시제를 파악하는 문제이다. Jason은 현재 Denver로 가고 있고, 그가 공항에 도착할 때 운전기사가 그를 기다리고 있을 것이라는 사실은 미래의 상황이므로 정답은 미래진행시제인 (d) will be waiting이다. 시간부사절에 해당하는 when다음 주어 그리고 단순현재시제가 보인다면 보기에서 미래진행형을 고르도록 하자!

| 06 | 영어문제 | 문제해석 |
|---|---|---|

| | |
|---|---|
| Around 800 people attempt to climb Mountain Kilimanjaro every year. If expeditions up the mountain were each day of the year, they _____ to do it, just to say they climbed one of the tallest mountains in the world.<br>(a) would have probably tired<br>(b) will probably try<br>(c) have probably tried<br>(d) would probably try | 매년 대략 800명의 사람들이 킬리만자로 산을 오르려고 시도한다. 만약 산 위로의 탐험이 일 년에 매일 있다면, 그들은 단지 세계에서 가장 높은 산 중 하나를 올랐다고 말하기 위해 아마도 그것을 하려고 노력 할 것이다.<br>**정답** (d) |

**문제 해설**

가정법의 유형을 파악하고 알맞은 시제를 선택하는 문제이다. 산에서의 탐험이 매일이라면 단지 세계에서 가장 높은 산 중 하나를 올랐다고 말하기 위해 킬리만자로 산을 오를 것이라는 내용이므로, 현재 사실에 대한 반대의 가정을 나타내는 가정법 과거 문장임을 알 수 있다. 따라서 가정법 과거 형식인 [if + S + 과거동사/were, S + would/could/might + 동사원형]을 포함하고 있는 (d) would probably try가 정답이다.

| 07 | 영어문제 | 문제해석 |
|---|---|---|

| | |
|---|---|
| Pat will be upgrading his computer to Windows 11 soon and is looking up how to do it in a computer magazine. It is a fairly automated process but the magazine advises that you _____ the steps exactly, or you could mess up the install.<br>(a) will follow<br>(b) follow<br>(c) has followed<br>(d) follows | Pat는 곧 그의 컴퓨터를 윈도우 11로 업그레이드할 것이고 컴퓨터 잡지에서 그것을 하는 방법을 찾아보고 있다. 그것은 상당히 자동화된 과정이지만, 잡지에서는 당신이 정확히 단계를 따르지 않으면 설치를 망칠 수 있다고 조언한다.<br>**정답** (b) |

**문제 해설**

that절의 빈칸에 알맞은 동사의 형태를 선택하는 문제이다. 요구, 제안, 명령, 충고 등을 나타내는 동사 뒤에 오는 that절에서는 should가 생략되었다고 보고 시제에 상관없이 동사 원형을 쓴다. advise는 충고를 나타내는 동사이므로 빈칸에 알맞은 동사 형태는 동사원형 형태인 (b) follow이다.

## 08

**영어문제**

Dexter has been in training to open a coffee shop franchise. He hopes to open the shop on the 1st of March. By the time he opens the shop, he _____ required training for almost six months. He is hoping the training is a guarantee of success.

(a) will have been undergoing
(b) will undergo
(c) are undergo
(d) had been undergoing

**문제해석**

Dexter는 커피숍 프랜차이즈를 열기 위해 교육을 받아왔다. 그는 3월 1일에 가게를 열기를 희망한다. 그가 가게를 열 때쯤이면, 그는 거의 6개월 동안 필수 교육을 받는 중일 것이다. 그는 그 교육이 성공의 보장이기를 바라고 있다.

**정답** (a)

### 문제 해설

By the time 부사절의 의미를 이해하고 주절의 시제를 선택하는 문제이다. By the time 부사절은 '~할 때쯤에'라는 의미의 시간부사절로, 미래의 일을 나타내고 "6개월 동안"이라는 기간이 나왔다. Dexter가 6개월 동안 필수 교육을 받는 중인 것은 미래에 진행 중일 행동이므로 보기 중 미래완료진행시제인 (a)가 정답이다.

## 09

**영어문제**

After the end of World War 2, there were a number of UFO sightings reported by people on the ground. Some of these can be explained by the research done on captured German aircraft and rockets. _____, several cannot be explained so easy.

(a) Likewise
(b) However
(c) Instead
(d) Similarly

**문제해석**

제2차 세계 대전의 종전 후, 지상의 사람들로부터 보고된 많은 UFO 목격이 있었다. 이들 중 일부는 포획된 독일 항공기와 로켓에 대한 연구에 의해 설명될 수 있다. 하지만, 몇 가지는 그렇게 쉽게 설명될 수 없다.

**정답** (b)

### 문제 해설

문맥상 알맞은 접속사/접속부사를 파악하는 문제이다. UFO 목격의 일부는 특정 연구에 의해 설명될 수 있는 반면 몇 가지는 그렇게 쉽게 설명될 수 없다는 내용으로, 앞 내용과 뒤 내용이 다른 맥락을 가지므로 역접을 나타내는 접속부사인 (b) However가 정답이다.

*cf)* likewise: 마찬가지로(유사)
however: 그러나(역접)
instead: 대신에(대안)
similarly: 비슷하게(유사)

| 10 | 영어문제 | 문제해석 |
|---|---|---|
| | Taylor has been taking courses on phone applications at the community college. Now she is taking the time _____ how to market her new app on the effects of moon phase on the ocean tides. She has only made an Android version.<br><br>(a) to learn<br>(b) having learned<br>(c) learning<br>(d) to have learned | Taylor는 지역 전문대학에서 휴대전화 애플리케이션에 관한 강의를 듣고 있다. 지금 그녀는 달의 위상(모양)이 해양 조수에 미치는 영향에 대한 그녀의 새로운 앱을 광고하는 방법을 배우는 데 시간을 들이고 있다. 그녀는 안드로이드 버전만 만들었다.<br><br>**정답** (a) |

**문제 해설**

to부정사를 활용한 관용적 표현에 관한 문제이다. take time toV: "toV하기 위해 시간을 들이다"라는 의미의 용법이며 to부정사구의 시제가 본동사의 시제보다 앞서지는 않으므로 완료부정사 형태인 (d) to have learned는 적절하지 않다. 따라서 기본형태인 (a) to learn이 정답이다.

| 11 | 영어문제 | 문제해석 |
|---|---|---|
| | When it was time to repaint the rooms of my house, I researched the best way to do the job. For the surfaces experts recommend _____ a base coat to prevent the old color from bleeding through the new paint. This will also seal the walls and require less final coat paint.<br><br>(a) applying<br>(b) to apply<br>(c) having been applied<br>(d) to have applied | 우리 집 방들을 다시 페인트칠할 때가 되었을 때, 나는 그 작업을 하는 가장 좋은 방법을 조사했다. 표면의 경우 전문가들은 이전 색상이 흘러나오는 것을 방지하기 위해 새 페인트를 통해 밑을 바를 것을 추천한다. 이는 또한 벽을 밀폐하고 마무리칠 페인트가 덜 필요하게 한다.<br><br>**정답** (a) |

**문제 해설**

보기가 to부정사와 동명사로 이루어져 있는 것으로 보아 준동사 유형의 문제이다. 빈칸 바로 앞에 recommend (추천하다, 제안하다) 동사가 보이고 빈칸은 목적어 자리이다. recommend는 동명사를 목적어로 취하기 때문에 (a) applying이 정답이며 완료형인 having been applied는 주절의 본동사보다 앞선 시제이므로 문맥상 옳지 않다.

| 12 | 영어문제 | 문제해석 |
|---|---|---|
| | During a recent visit to Washington DC, James really wanted to climb up Washington's Monument. His fear of high places kept him from doing it. If he weren't acrophobic, he _____ the monument on the day he got there and enjoy the view.<br><br>(a) would have climbed<br>(b) has climbed<br>(c) would climb<br>(d) will climb | 최근 워싱턴 DC 방문 동안, James는 워싱턴 기념비를 오르기를 정말로 원했다. 그의 높은 곳에 대한 두려움은 그가 그것을 하지 못하게 했다. 만약 그가 고소공포증이 아니라면, 그는 그곳에 도착한 날 기념비에 올라 경치를 즐길 것이다.<br><br>**정답** (c) |

**문제 해설**

가정법의 유형을 파악하고 알맞은 시제를 선택하는 문제이다. James가 고소공포증이 아니라면 기념비를 올랐을 것이라는 내용이므로, 현재 사실에 대한 반대의 가정을 나타내는 가정법 과거 문장임을 알 수 있다. 따라서 가정법 과거 형식인 [if + S + 과거동사/were, S + would/could/might + 동사원형]을 포함하고 있는 (c) would climb가 정답이다.

*cf)* acrophobia: 고소공포증
claustrophobia: 폐쇄공포증

| 13 | 영어문제 | 문제해석 |
|---|---|---|
| | Jamie was scheduled to go to the car races on Sunday. When he woke up in the morning, he felt like he was starting a cold. _____ he felt not great all day, his love of car racing kept him there all day.<br><br>(a) In case<br>(b) Unless<br>(c) Because<br>(d) Even though | Jamie는 일요일에 자동차 경주에 갈 예정이었다. 아침에 일어났을 때, 그는 감기가 시작되는 것처럼 느꼈다. 비록 그는 하루 종일 몸이 좋지 않았음에도 불구하고, 자동차 경주에 대한 그의 사랑이 그를 하루 종일 그곳에 있게 했다.<br><br>**정답** (d) |

**문제 해설**

빈칸에 들어갈 문맥상 적절한 접속사/접속부사를 찾는 문제이다. 다양한 접속사/접속부사의 의미를 외워두고 문장의 의미를 제대로 파악하면 이런 유형의 문제를 푸는 데 도움이 된다. 비록 몸이 좋지 않음에도 불구하고 자동차 경주에 대한 사랑으로 하루 종일 장소에 있었다는 내용이 문맥상 자연스러우므로, '비록 ~임에도 불구하고'라는 양보의 뜻을 가진 (d) Even though가 정답이다.

*cf)* in case(~할 경우를 대비하여)
unless: ~하지 않는 한
because: ~이기 때문에
even though(=although): 비록 ~임에도 불구하고

| 14 | 영어문제 | 문제해석 |
|---|---|---|
| | Every time Amy moves, she has to find someone with a truck to help her. Because of this, she is considering _____ a truck of her own. She could also use it to help others move.<br>(a) to buy<br>(b) to have bought<br>(c) having bought<br>(d) buying | Amy는 이사할 때마다 그녀를 도와줄 트럭을 가지고 있는 사람을 찾아야 한다. 이 때문에, 그녀는 그녀 자신의 트럭을 사는 것을 고려하고 있다. 그녀는 또한 다른 사람들이 이사하는 것을 돕기 위해 그것을 사용할 수도 있다.<br><br>정답 (d) |

**문제 해설**

동명사 또는 to부정사를 목적어로 받는 동사에 관한 준동사유형의 문제이다. consider는 동명사만을 목적어로 취하는 동사이므로 빈칸에 들어갈 표현으로는 (d) buying이 적합하다. 과거완료 시제인 (c) having bought는 문맥상 시점을 기준으로 앞으로 가능한 일을 이야기하므로 문맥상 적절하지 않다.

| 15 | 영어문제 | 문제해석 |
|---|---|---|
| | Jason's job as an insect exterminator was started by his hobby of collecting insects at an early age. He received a lot of information from his father, _____, about the habits of insects and where they live.<br>(a) whose studied forest insects<br>(b) who studied forest insects<br>(c) which studied forest insects<br>(d) whom studied forest insects | Jason의 해충 구제업자라는 직업은 어린 나이였을 때 곤충을 수집하던 그의 취미에 의해 시작되었다. 그는 숲 곤충을 연구했던 아버지로부터 곤충의 습성과 사는 곳에 대한 많은 정보를 얻었다.<br><br>정답 (b) |

**문제 해설**

빈칸에 알맞은 관계사를 고르는 문제이다. 선행사는 his father 즉 사람이므로 사물을 가리킬 때 사용하는 (c) which는 제외된다. 관계사절에 주어가 생략된 것으로 보아 주격 관계대명사절임을 알 수 있으므로 목적격 관계대명사 (d) whom도 제외된다. 또한 소유격관계대명사인 (a) whose 다음에는 명사만이 와야 하므로 제외된다. 따라서 정답은 (b)가 된다.

## 16

### 영어문제

Watching the pregame shows is Colton's favorite part of watching professional football games. He tried to hurry home before the Super Bowl but there was too much traffic. If he had not gotten stuck in traffic, he _____ the pregame shows.

(a) would not have missed
(b) did not miss
(c) would not miss
(d) had not miss

### 문제해석

경기 전의 쇼를 보는 것은 Colton이 프로 미식축구 경기를 볼 때 가장 좋아하는 부분이다. 그는 슈퍼볼 전에 집으로 서둘러 가려고 했지만 교통이 너무 혼잡했다. 만약 그가 교통 체증에 걸리지 않았더라면, 그는 경기 전의 쇼를 놓치지 않았을 것이다.

정답 (a)

### 문제 해설

가정법의 유형을 파악하고 알맞은 시제를 선택하는 문제이다. 교통 체증에 걸리지 않았다면 경기 전의 쇼를 놓치지 않았을 것이라는 내용이므로, 경기 전 쇼를 놓쳤다는 과거 사실에 대한 반대의 가정을 나타내는 가정법 과거완료 문장임을 알 수 있다. 따라서 가정법 과거완료 형식인 [if + S + had p.p., S + would/could/might + have p.p.]을 포함하고 있는 (a) would not have missed가 정답이다.

## 17

### 영어문제

My morning routine is to exercise when I get up for an hour. I do various exercises to stretch my muscles first then time for a stationary bike. Then I eat breakfast after a brisk shower. My husband is determined _____ breakfast right after getting up so our routines are opposite.

(a) to have eaten
(b) eating
(c) having eaten
(d) to eat

### 문제해석

나의 아침 일과는 일어나면 한 시간 동안 운동하는 것이다. 나는 먼저 근육을 늘이기 위해 다양한 운동을 하고 그 다음은 페달 밟기 자전거를 탈시간이다. 그다음 나는 빠른 샤워를 한 후 아침을 먹는다. 나의 남편은 일어나자마자 아침을 먹기로 결심해서 우리의 일과는 정반대이다.

정답 (d)

### 문제 해설

보기가 to부정사와 동명사만으로 이루어진 것으로 보아 준동사 유형의 문제이며 빈칸 앞에 determined가 보이고 그 앞에 is가 보인다. to부정사를 활용한 관용적 용법을 묻는 문제로 be determined to부정사: 'to부정사 하기로 결정하다, 결심하다'란 표현이다. 아침식사를 먹기로 결심하다란 의미이므로 빈칸에 들어갈 표현으로는 (d) to eat이 적합하다. 과거완료 시제인 (a) to have eaten는 문맥상 시점을 기준으로 하기로 결정한 일을 이야기하므로 문맥상 적절하지 않다.

## 18

**영어문제**

Nick has been teaching his parrot named Bird to speak various phrases. After many tries, he had almost given up. One day when he came home from work, he _____ the mail when he heard someone say, "Hello welcome home". Shortly after he realized that it was Bird greeting him.

(a) would check
(b) was checking
(c) is checking
(d) had checked

**문제해석**

Nick은 Bird라는 이름의 앵무새에게 다양한 구절을 말하는 법을 가르쳐왔다. 여러 번의 시도 끝에 그는 거의 포기했었다. 어느 날 그가 일이 끝나고 집에 돌아왔을 때, 그는 우편물을 확인하던 중 누군가가 "안녕 집에 어서 와"라고 말하는 것을 들었다. 얼마 지나지 않아 그는 Bird가 그에게 인사하고 있다는 것을 깨달았다.

**정답** (b)

### 문제 해설

빈칸에 알맞은 시제를 파악하는 문제이다. Nick이 집으로 돌아온 것과 누군가가 말하는 것을 들은 것은 과거에 있었던 일이고, 문맥상 이때 우편물을 확인하고 있는 중이었다는 내용이 자연스러우므로 과거진행시제인 (b) was checking이 정답이다. when다음 주어 그리고 단순과거시제가 온다면 정답은 과거진행형이다!

## 19

**영어문제**

The Blue Whale is found in every ocean on the earth. The Blue Whale _____ can weight up to 199 tons. A fully grown whale can grow to a length of almost 100 feet. The whales are mainly solitary animals which means they have no social structure.

(a) whom is the heaviest known animal on Earth
(b) what is the heaviest known animal on Earth
(c) which is the heaviest known animal on Earth
(d) who is the heaviest known animal on Earth

**문제해석**

흰긴수염고래는 지구상의 모든 바다에서 발견된다. 지구상 알려진 가장 무거운 동물인 흰긴수염고래는 무게가 199톤까지 나갈 수 있다. 다 자란 고래는 거의 100피트 길이까지 자랄 수 있다. 고래는 주로 혼자 사는 동물인데, 이것은 그들에게 사회 구조가 없다는 것을 의미한다.

**정답** (c)

### 문제 해설

빈칸에 알맞은 관계사를 고르는 문제이다. 선행사는 The Blue Whale (흰수염고래)로, 동물을 가리키므로 사람을 가리킬 때 사용하는 관계사인 (a) whom, (d) who는 제외된다. 보기 (b)에 쓰인 what은 선행사를 받지 않는 관계대명사이기 때문에 선행사가 있는 이 경우에는 적절하지 않다. 따라서 정답은 (c)가 된다.

| 20 | 영어문제 | 문제해석 |
|---|---|---|
| | Jeff had always been interested with films. Because of that he _____ reviews for the local newspaper on the side for months until he got so busy with work that he could not find the time to go to the theater.<br>(a) will have written<br>(b) is writing<br>(c) has been writing<br>(d) had been writing | Jeff는 항상 영화에 관심이 있었다. 그것 때문에 그는 부업으로 그가 일하느라 너무 바빠져서 극장에 갈 시간을 낼 수 없을때까지 지역 신문에 평론을 수개월 동안 써오고 있던 중이었다.<br><br>정답 (d) |

### 문제 해설

빈칸에 알맞은 시제를 파악하는 문제이다. '~할 때까지'를 뜻하는 until절의 시제가 과거이고, 빈칸이 들어간 문장은 과거에 일하느라 너무 바빠지기 전까지 수개월동안 평론을 써오고 있었다는 내용이다. 동작이 특정 과거 시점보다 더 이전에 진행 중이었음을 나타내는 과거완료진행형 (d) had been writing이 정답이다.

*cf)* 완료진행형 시제: 특정 시점에 시작한 동작이 기준 시제까지 지속됨을 나타내는 시제
   현재완료진행(have/has+been+Ving) – 과거에 시작한 동작이 현재까지 지속됨
   과거완료진행(had+been+Ving) – 과거에 시작한 동작이 과거의 특정 시점까지 지속됨
   미래완료진행(will have+been+Ving) – 과거 또는 현재에 시작한 동작이 미래의 특정 시점까지 지속됨

| 21 | 영어문제 | 문제해석 |
|---|---|---|
| | James has always been interested with labor saving devices. He now thinks he can market other people's devices for them. His friends are suggesting that he _____ a business lawyer to be sure he is following local, state and federal laws and pays the necessary taxes.<br>(a) hire    (b) will hire<br>(c) hires    (d) is hiring | James는 항상 노동력 절약 장치에 관심이 있었다. 그는 지금 다른 사람들을 위한 장치를 판매할 수 있다고 생각한다. 그의 친구들은 그가 현지의, 주의, 그리고 연방의 법을 따르고 필요한 세금을 내고 있는지 확실히 하기 위해 사업 변호사를 고용해야만 한다고 제안하고 있다.<br><br>정답 (a) |

### 문제 해설

that절의 빈칸에 알맞은 동사의 형태를 선택하는 문제이다. 요구, 제안, 명령, 충고 등을 나타내는 동사, 형용사, 명사 뒤에 오는 that절에서는 should가 생략되었다고 보고 시제에 상관없이 동사 원형을 쓴다. suggest는 제안을 나타내는 당위성 동사이므로 빈칸에 알맞은 동사 형태는 동사원형 형태인 (a) hire이다.

| 22 | 영어문제 | 문제해석 |
|---|---|---|
| | In hopes of finding a job that she could do at home Amy started a medical billing job from home. Had she known how much of her time she is required to complete the job each day, she _____ in the first place.<br><br>(a) was never starting<br>(b) had never started<br>(c) would have never started<br>(d) would never start | 집에서 할 수 있는 일을 찾기를 희망하며 Amy는 집에서 의료비 청구서 발부 일을 시작했다. 만약 그녀가 그 일을 완료하는 데 하루에 얼마나 많은 시간이 필요한지 알았더라면, 그녀는 결코 처음부터 그 일을 시작하지 않았을 것이다.<br><br>**정답** (c) |

**문제 해설**

가정법의 유형을 파악하고 알맞은 동사의 시제를 선택하는 문제이다. 가정법에서 if가 생략된 경우 주어와 동사의 도치가 일어나는데, Had she known ~이 그러한 형태이다. if가 생략되지 않았을 경우 If she had known ~이 되므로 과거 사실에 대한 반대의 가정을 나타내는 가정법 과거완료 문장임을 알 수 있다. 따라서 가정법 과거완료 문장의 형식인 [if + S + had p.p., S + would/could/might + have p.p.]을 갖추고 있는 (c) would have never started가 정답이다.

| 23 | 영어문제 | 문제해석 |
|---|---|---|
| | The new variants or strains of Covid have the ability of not being seen in tests. The virus evades _____ by being so different from the original. Newer testing is required to detect the new strains.<br><br>(a) to have been detected<br>(b) being detected<br>(c) to be detected<br>(d) having been detected | 코로나 바이러스의 새로운 변종이나 유형은 실험에서 볼 수 없는 능력을 가지고 있다. 그 바이러스는 원형으로부터 완전 달라짐으로서 발견되어지는 것을 회피한다. 새로운 유형을 발견하기 위해서는 새로운 실험이 필요하다.<br><br>**정답** (b) |

**문제 해설**

동명사 또는 to부정사를 목적어로 받는 동사에 관한 준동사유형의 문제이다. evade는 동명사만을 목적어로 취하는 동사이므로 빈칸에 들어갈 표현으로는 (b) being detected가 적합하다. 과거완료 시제인 (d) having been detected는 문맥상 시점을 기준으로 발견되는 것을 이야기하므로 문맥상 적절하지 않다.

| 24 | 영어문제 | 문제해석 |

Any job that you do will look like a mountain that needs to be climbed. Just like a mountain the job needs to be done one step at a time. Remember the job _____ look intimidating, but can be conquered one step at a time.
(a) will
(b) should
(c) may
(d) must

당신이 하는 모든 일은 올라가야 할 산처럼 보일 것이다. 마치 산처럼 그 일은 한 번에 한 걸음씩 끝내야 한다. 그 일은 위협적으로 보일 수도 있지만, 한 번에 한 단계씩 정복될 수 있다는 것을 기억하라.

**정답** (c)

### 문제 해설

빈칸에 들어갈 문맥상 적절한 조동사를 찾는 문제이다. 산을 오르는 것(일을 해내는 것)은 위협적으로 보일 수도 있지만 한 번에 한 단계씩 정복될 수 있다는 내용이고, 보기의 조동사 중 may는 허락을 나타낼 뿐만 아니라 가능성을 나타낼 때에도 사용되므로 (c) may가 정답이다.

*cf* **조동사의 종류**
 will: ~할 것이다 (미래에 벌어질 사실 또는 계획)
 should: ~해야 한다, 분명 ~일 것이다 (의무/실현 가능성이 높은 추측)
 may: ~할 수도 있다, ~해도 좋다 (불확실한 추측, 가능성/허락)
 must: ~해야 한다 (의무)

| 25 | 영어문제 | 문제해석 |

Deep-sea fish have eyes that give out a blue light. This light is seen both by them and their pray. If deep sea fish had normal fish-eyes, the bottom of the ocean _____ their eyes because of the pressure.
(a) will crush
(b) would have crushed
(c) would crush
(d) has crushed

심해어는 푸른빛을 내는 눈을 가지고 있다. 이 빛은 그들과 그들의 먹이 둘 다로부터 보인다. 만약 심해어가 일반적인 물고기 눈을 가지고 있다면, 해저의 압력으로 인해 그들의 눈은 으스러질 것이다.

**정답** (c)

### 문제 해설

가정법의 유형을 파악하고 알맞은 시제를 선택하는 문제이다. 심해어가 일반적인 물고기 눈을 가지고 있다면, 해저의 압력은 그들의 눈을 으스러뜨릴 것이라는 내용이므로, 현재 사실에 대한 반대의 가정을 나타내는 가정법 과거 문장임을 알 수 있다. 따라서 가정법 과거 형식인 [if + S + 과거동사/were, S + would/could/might + 동사원형]을 포함하고 있는 (c) would crush가 정답이다.

| 26 | 영어문제 | 문제해석 |
|---|---|---|
| | Sidney is planning what vegetables he will plant this year. He has drawn a detailed map of his garden to get the maximum yield. Now he _____ all of the seeds he will require to plant when the growing season starts.<br><br>(a) has been ordering<br>(b) is ordering<br>(c) had ordered<br>(d) will have ordered | Sidney는 올해 어떤 채소를 심을지 계획하고 있다. 그는 최대의 수확량을 얻기 위해 그의 정원의 세부 지도를 그렸다. 지금 그는 (식물의) 성장 시기가 시작될 때 심을 필요가 있는 모든 씨앗들을 주문하고 있는 중이다.<br><br>**정답** (b) |

### 문제 해설

빈칸에 알맞은 시제를 파악하는 문제이다. 빈칸 문장에서 현재를 나타내는 표현 now (지금)이 나왔고, 문맥상 씨앗을 주문하는 중이라는 내용이 자연스러우므로 보기 중 현재진행시제인 (b) is ordering이 정답이다.

*cf)* 빈칸이 들어간 문장내에 정답의 단서가 되는 시간부사 now, right now, as of now, currently, recently등을 놓치지 말자!

| 틀린문제 번호, 내용 | 틀린이유와 유의할 사항 |
|---|---|
|  |  |

제작날짜:

한사랑 4S 경찰&소방 전용
# 1트합격 지텔프

**1트합격 지텔프** 43-50점 대비
## 독해 실전 모의고사

### Reading Part

1트 합격 지텔프 43-50점대비 독해 실전모의고사는 G-TELP시험의 독해 섹션 내 4개의 파트별 최근 기출 지문 주제와 길이, 난이도, 문제 유형 및 기출어휘를 분석하여 제작되었습니다.

각 파트별 지문의 주제는

PART 1     인물 또는 단체의 전기류의 글로 구성되어 있습니다.

PART 2     잡지에서 볼 수 있는 주제들인 사회의 변화나 우주, 기술
                또는 과학과 환경에 관련된 지문으로 구성되어 있습니다.

PART 3     백과사전에 등재되어 있는 표제어에 관련된 지문으로
                하나의 사물이나 현상의 유래, 역사 등에 관련된 지문입니다.

PART 4     비즈니스 관련 이메일이 주로 출제되며, 개인적인 편지 등이 출제되기도 합니다.

READING PART

# 독해파트

### 1회

각 파트별로 내용이해문제 5문항과 어휘문제 2문항으로 총 7문항씩 28문항이며
2018년 이후로 섹션별 시간제한이 없어졌으므로 다른 섹션의 시간을 독해섹션에서
사용하실 수 있습니다. 독해에서 좀 더 높은 점수를 받을 수 있는 좋은 기회라고 생각합니다.
본 교재는 실제 시험에 나오는 지문의 길이와 난이도를 최대한 유사하게 제작하였습니다.
실전에서 고득점을 받을 수 있도록 시간배분 연습과 자주 출제되는 문제유형 및 지문의 순서 등을 익힐 수
있도록 제작된 이 교재와 함께 꼭 독해 만점을 받기를 기원합니다!

한사랑 4S 경찰&소방 전용
# 1트합격 지텔프

### Biographical Article
**미국의 근현대사와 관련된 역사적 사건을 특정 인물을 중심으로 소개한 글**

미국 근현대사와 관련된 역사적 사건을 통해 유명한 인물의 일대기에 대한 글이나 업적에 대한 지문이 나온다. 주로 기술되는 것으로는 특정 인물이 어디서 태어났으며 유년시절과 청년시절 업적과 활동 남긴 작품이나 역사적 고찰 현재 오늘날의 평가 등이다. 지문의 세부적인 부분을 물어보는 문제들이 주를 이루고 지문의 앞 뒤 문맥을 통한 어휘 의미 추론-동의어 찾기 문제가 항상 2문항 출제된다.

READING PART

**PART 01**

## PART 01

Read the following biographical article and answer the questions.
The underlined words in the article are for vocabulary questions.

### Alexander Graham Bell

Alexander Graham Bell was born in Edinburgh, Scotland on March 3, 1847.

When he was only eleven years old, he invented a machine that could clean wheat. Graham studied anatomy and physiology at the University of London, but moved with his family to Quebec, Canada in 1870.

Bell soon moved to Boston, Massachusetts. In 1871, he began working with deaf people and published the system of Visible Hearing that was developed by his father. Visible Hearing illustrated how the tongue, lips, and throat are used to produce vocal sounds. In 1872, Bell founded a school for the deaf which soon became part of Boston University.

Alexander Graham Bell is best known for his invention of the telephone. While trying to discover the secret of transmitting multiple messages on a single wire, Bell heard the sound of a plucked string along some of the electrical wire. One of Bell's assistants, Thomas A. Watson, was trying to reactivate a telephone transmitter. After hearing the sound, Bell believed he could send the sound of a human voice over the wire. After receiving a patent on March 7, 1876 for transmitting sound along a single wire, he successfully transmitted human speech on March 10th. Bell's telephone patent was one of the most valuable patents ever issued. He started the Bell Telephone Company in 1877.

Bell went on to invent a precursor to the modern day air conditioner, and a device called a "photophone" that enabled sound to be transmitted on a beam of light. Today's fiber optic and laser communication systems are based on Bell's photophone research. Bell also helped found Science Magazine, one of the most respected research journals in the world.

Alexander Graham Bell died August 2, 1922. On the day of his burial, in honor of Bell, all telephone services in the United States were stopped for one minute.

## 01

How was Alexander Graham Bell's childhood?

(a) Alexander Graham Bell made it possible to clean wheat by an invention.
(b) He wasn't satisfied with studying in anatomy and physiology.
(c) He tried to help deaf people and worked with them.
(d) For his study, he moved to another city several times.

## 02

What was the function of Visible Hearing which Alexander Graham Bell's father developed?

(a) It made deaf people understand precisely what they heard.
(b) Visible Hearing was used to produce vocal sounds.
(c) Its main function was to illustrate how deaf people produced vocal sounds.
(d) It demonstrated the principle of making vocal sounds.

## 03

Which of the following is true about Alexander Graham Bell?

(a) He was inspired by a sound of a plucked string, and transmitted human speech over the wire.
(b) He tried to interpret the several transmitted messages on a single wire.
(c) He invented the first telephone transmitter.
(d) He applied for a patent of his invention, air conditioner.

## 04

Which of the following is NOT true about a "photophone?"

(a) Photophone is Bell's invention, along with telephone.
(b) It transmitted sound on a beam of light.
(c) His invention, photophone was introduced through Science Magazine.
(d) The ground of fiber optic and laser communication systems are on the photophone.

## 05

In honor of Bell's achievement, what happened in the United States after his death?

(a) The United States built a monument to his memory.
(b) The United States had all telephone services not work for a certain time.
(c) Bell's bereaved families received appreciation plagues.
(d) The government offered a testimonial to Bell's bereaved families.

## 06

In the context of the passage, the word "found" means

(a) discover        (b) establish
(c) reveal          (d) mold

## 07

In the context of the passage, the word "transmit" means

(a) send            (b) broadcast
(c) spread          (d) donate

## PART 01 정답 및 해설

### 문제 해석

### Alexander Graham Bell

Alexander Graham Bell was born in Edinburgh, Scotland on March 3, 1847.
Alexander Graham Bell은 1847년 3월 3일 스코틀랜드 에든버러에서 태어났다.

When he was only eleven years old, he invented a machine that could clean wheat.
그가 고작 11살이었을 때 밀을 깨끗하게 하는 기계를 발명했다.

Graham studied anatomy and physiology at the University of London, but moved with his family to Quebec, Canada in 1870.
Graham은 런던 대학교에서 해부학과 생리학을 공부했지만, 1870년에 가족과 함께 캐나다 퀘벡으로 이사했다.

Bell soon moved to Boston, Massachusetts. In 1871, he began working with deaf people and published the system of Visible Hearing that was developed by his father.
Bell은 곧 매사추세츠 주 보스턴으로 이사했다. 1871년에 그는 청각 장애인과 함께 일하기 시작했고 아버지가 개발한 Visible Hearing 시스템을 공개했다.

Visible Hearing illustrated how the tongue, lips, and throat are used to produce vocal sounds.
Visible Hearing은 어떻게 혀, 입술 및 목이 음성의 소리를 생성하는 데 사용되는지 보여준다.

In 1872, Bell founded a school for the deaf which soon became part of Boston University.
1872년에 Bell은 청각 장애인을 위한 학교를 설립하였는데, 그것은 곧 보스턴 대학의 소속이 되었다.

Alexander Graham Bell is best known for his invention of the telephone.
Alexander Graham Bell은 전화기 발명으로 가장 잘 알려져 있다.

While trying to discover the secret of transmitting multiple messages on a single wire, Bell heard the sound of a plucked string along some of the electrical wire.
단일 회선으로 복합적인 메시지를 전송하는 비밀을 알아내기 위해 노력하고 있을 때, Bell은 일부 전기 회선을 따라 줄이 튕겨지는 소리를 들었다.

One of Bell's assistants, Thomas A. Watson, was trying to reactivate a telephone transmitter.
Bell의 조수들 중 한 명인 Thomas A. Watson은 전화 전송기를 재가동하기 위해 애쓰고 있었다.

After hearing the sound, Bell believed he could send the sound of a human voice over the wire.
그 소리를 들은 후에, Bell은 사람의 목소리를 회선 너머로 보낼 수 있다고 믿었다.

After receiving a patent on March 7, 1876 for transmitting sound along a single wire, he successfully transmitted human speech on March 10th.
1876년 3월 7일에 단일 회선을 따라 소리를 전송한 것에 대한 특허를 받은 후에, 3월 10일에 그는 사람의 말을 성공적으로 전송했다.

Bell's telephone patent was one of the most valuable patents ever issued. He started the Bell Telephone Company in 1877.
Bell의 전화기 특허는 여태껏 출원된 것 중 가장 가치 있는 특허들 가운데 하나이다. 그는 1877년에 Bell Telephone Company를 운영하기 시작했다.

Bell went on to invent a precursor to the modern day air conditioner, and a device called a "photophone" that enabled sound to be transmitted on a beam of light.
계속해서 Bell은 현대식 에어컨의 전신이 되는 것과 더불어 소리가 광선 위로 전송되게 하는 "광선전화"를 발명했다.

Today's fiber optic and laser communication systems are based on Bell's photophone research.
오늘날의 광섬유와 레이저 통신 체계는 Bell의 광선 전화에 대한 연구를 기초로 한다.

Bell also helped found Science Magazine, one of the most respected research journals in the world.
Bell은 또한 세계에서 가장 높이 평가받는 연구 학술지 중 하나인 Science Magazine을 설립하는 것을 도왔다.

Alexander Graham Bell died August 2, 1922. On the day of his burial, in honor of Bell, all telephone services in the United States were stopped for one minute.
Alexander Graham bell은 1922년 8월 2일에 사망했다. 그의 장례식 날, 그를 기리기 위해, 미국의 모든 전화 서비스가 1분 동안 멈췄다.

### 어휘 Check

- anatomy 해부학
- deaf 청각 장애가 있는
- transmit 전송하다
- pluck 뽑다, 뜯다
- reactivate 재가동하다
- issue 발행하다, 교부하다
- fiber optic 광섬유의
- burial 묘지, 매장
- physiology 생리학
- be known for ~로 알려져 있다
- multiple 복합적인
- electrical 전기의
- patent 특허권
- precursor 선구자, 전신
- be based on ~에 근거하다, 기초하다
- in honor of ~에게 경의를 표하여, ~을 기념하여

| 정답 | 01. (a) | 02. (d) | 03. (a) | 04. (c) | 05. (b) | 06. (b) | 07. (a) |

## 01

**영어문제**

How was Alexander Graham Bell's childhood?

(a) Alexander Graham Bell made it possible to clean wheat by an invention.
(b) He wasn't satisfied with studying in anatomy and physiology.
(c) He tried to help deaf people and worked with them.
(d) For his study, he moved to another city several times.

**문제 한글 해석**

Alexander Graham Bell의 어린 시절은 어떠했는가?

(a) Alexander Graham Bell은 발명품으로 밀을 깨끗하게 하는 것을 가능하게 만들었다.
(b) 그는 해부학 및 생리학을 공부하는 것이 만족스럽지 않았다.
(c) 그는 청각 장애인들을 돕기 위해 노력했으며 그들과 함께 일했다.
(d) 공부를 위해, 그는 여러 번 다른 도시로 이사했다.

정답 (a)

**문제 해설**

첫 번째 문단을 통해, Alexander Graham Bell은 11살이었을 때, 밀을 깨끗하게 세척하는 기계를 발명했다는 사실을 알 수 있다.

Alexander Graham Bell was born in Edinburgh, Scotland on March 3, 1847. When he was only eleven years old, he invented a machine that could clean wheat. Graham studied anatomy and physiology at the University of London, but moved with his family to Quebec, Canada in 1870.

## 02

**영어문제**

What was the function of Visible Hearing which Alexander Graham Bell's father developed?

(a) It made deaf people understand precisely what they heard.
(b) Visible Hearing was used to produce vocal sounds.
(c) Its main function was to illustrate how deaf people produced vocal sounds.
(d) It demonstrated the principle of making vocal sounds.

**문제 한글 해석**

Alexander Graham Bell의 아버지가 개발한 Visible Hearing의 기능은 무엇이었는가?

(a) 청각장애인들이 그들이 들은 것을 정확히 이해할 수 있도록 만들었다.
(b) Visible Hearing은 음성의 소리를 만들어내는 데 사용되었다.
(c) 그것의 주요 기능은 어떻게 청각 장애인들이 음성의 소리를 만들어내는지 보여주는 것이었다.
(d) 그것은 음성의 소리를 만드는 원리를 보여주었다.

정답 (d)

**문제 해설**

1871년에 Bell은 청각 장애인들과 일하기 시작했고, Visible Hearing을 개발했는데, 이는 어떻게 혀, 입술 그리고 목구멍이 음성의 소리를 만드는 데 사용되었는지, 즉 음성의 소리를 만드는 원리를 보여주는 것이라는 사실을 알 수 있다.

Bell soon moved to Boston, Massachusetts. In 1871, he began working with deaf people and published the system of Visible Hearing that was developed by his father. Visible Hearing illustrated how the tongue, lips, and throat are used to produce vocal sounds. In 1872, Bell founded a school for the deaf which soon became part of Boston University.

## 03

**영어문제**

Which of the following is true about Alexander Graham Bell?
(a) He was inspired by a sound of a plucked string, and transmitted human speech over the wire.
(b) He tried to interpret the several transmitted messages on a single wire.
(c) He invented the first telephone transmitter.
(d) He applied for a patent of his invention, air conditioner.

**문제 한글 해석**

Alexander Graham Bell에 대한 내용 중 사실인 것은?
(a) 그는 줄이 퉁겨지는 소리에서 영감을 받았고, 사람의 말을 전선을 통해 전송했다.
(b) 그는 단일 전선으로 전송된 여러 가지 메시지를 해석하기 위해 노력했다.
(c) 그는 최초의 전화 송화기를 발명했다.
(d) 그는 그의 발명품, 에어컨에 대한 특허를 신청했다.

정답 (a)

**문제 해설**

Bell은 전선을 따라서 줄이 퉁겨지는 소리를 들은 후에, 전선을 통해 사람의 말을 전송할 수 있다고 믿었고, 전화를 발명했다. 그 이후 에어컨에 대한 특허신청이 아닌 전화기에 대한 특허를 신청했다.

Alexander Graham Bell is best known for his invention of the telephone. While trying to discover the secret of transmitting multiple messages on a single wire, Bell heard the sound of a plucked string along some of the electrical wire. One of Bell's assistants, Thomas A. Watson, was trying to reactivate a telephone transmitter. After hearing the sound, Bell believed he could send the sound of a human voice over the wire. After receiving a patent on March 7, 1876 for transmitting sound along a single wire, he successfully transmitted human speech on March 10th. Bell's telephone patent was one of the most valuable patents ever issued. He started the Bell Telephone Company in 1877.

## 04

**영어문제**

Which of the following is NOT true about a "photophone?"
(a) Photophone is Bell's invention, along with telephone.
(b) It transmitted sound on a beam of light.
(c) His invention, photophone was introduced through Science Magazine.
(d) The ground of fiber optic and laser communication systems are on the photophone.

**문제 한글 해석**

'광선전화'에 대한 사실로 올바르지 않은 것은?
(a) 광선전화는 전화와 더불어 Bell의 발명품이다.
(b) 그것은 광선을 통해 소리를 전송했다.
(c) 그의 발명품인 광선전화는 Science Magazine을 통해 소개되었다.
(d) 광섬유 및 레이저 통신 체계의 근거는 광선전화에 있다.

정답 (c)

**문제 해설**

Bell이 세계에서 가장 높이 평가받는 연구 학술지 중 하나인 Science Magazine을 설립하는 것을 도운 것은 사실이나, 광선전화가 그 잡지에 소개되었다는 사실은 확인할 수 없다.

(a) Bell went on to invent a precursor to the modern day air conditioner, and a device called a "photophone" (b) that enabled sound to be transmitted on a beam of light. (d) Today's fiber optic and laser communication systems are based on Bell's photophone research. Bell also helped found Science Magazine, one of the most respected research journals in the world.

| 05 | 영어문제 | 문제 한글 해석 |
|---|---|---|
| | In honor of Bell's achievement, what happened in the United States after his death?<br>(a) The United States built a monument to his memory.<br>(b) The United States had all telephone services not work for a certain time.<br>(c) Bell's bereaved families received appreciation plagues.<br>(d) The government offered a testimonial to Bell's bereaved families. | Bell의 업적을 기리기 위하여, 그의 죽음이후에 미국에서 어떤 일이 발생했는가?<br>(a) 미국은 그를 기리며 기념비를 세웠다.<br>(b) 미국은 특정 시간 동안 모든 전화 서비스를 작동하지 않도록 했다.<br>(c) Bell의 유가족은 감사패를 받았다.<br>(d) 정부는 Bell의 유가족에게 감사장을 전달했다.<br>**정답** (b) |

**문제 해설**

Bell이 죽은 후 그를 묻은 날, 그를 기리기 위해 미국에서 모든 전화 서비스가 1분 동안 멈춰졌다는 사실을 알 수 있다.

Alexander Graham Bell died August 2, 1922. On the day of his burial, in honor of Bell, all telephone services in the United States were stopped for one minute.

| 06 | 영어문제 | 문제 한글 해석 |
|---|---|---|
| | In the context of the passage, the word "found" means<br>(a) discover<br>(b) establish<br>(c) reveal<br>(d) mold | 이 글의 문맥상 "found"는 무엇을 의미하는가?<br>(a) 발견하다<br>(b) 설립하다<br>(c) 밝히다, 드러내다<br>(d) 주조하다<br>**정답** (b) |

**문제 해설**

이 글의 문맥상 "found"는 '설립하다'를 의미한다. 따라서 가장 가까운 의미의 (b) establish '설립하다'가 정답이 된다. 여기서 found를 find '찾다'의 과거형으로 착각하지 말아야 한다.

| 07 영어문제 | 문제 한글 해석 |
|---|---|
| In the context of the passage, the word "transmit" means<br>(a) send<br>(b) broadcast<br>(c) spread<br>(d) donate | 이 글의 문맥상 "transmit"은 무엇을 의미하는가?<br>(a) 보내다<br>(b) 방송하다<br>(c) 퍼트리다<br>(d) 기부하다<br>**정답** (a) |

이 글에서 "transmit"은 문맥상에서 '~을/를 보내다, 전송하다'의 의미로, (a) send '보내다'와 가장 가까운 뜻을 가졌다. 그 외에 단어들은 유의어이기는 하나 문맥상 쓰인 의미와는 서로 다른 의미를 지닌 단어들이다.

# 한사랑 4S 경찰&소방 전용
# 1트합격 지텔프

**Newspaper or Magazine Article**

흥미로운 과학 관련 기사 등을 소개한 글

사회적인 변화 혹은 과학과 관련된 새로운 기술, 변화, 양상에 대한 내용이다.

세부적인 내용에 대한 이유와 결과, 본문에서 언급된 내용 혹은 언급되지 않은 내용 등에 대한 문항이 출제된다.

독해섹션 4개 파트 중 가장 난이도가 있는 파트이다.

# READING PART

# PART 02

PART 02   Read the following magazine article and answer the questions.
The underlined words in the article are for vocabulary questions.

### Nobel Prize in chemistry awarded for 'simple' yet 'ingenious' discovery

The Nobel Prize in chemistry has been awarded to Benjamin List and David W.C. MacMillan, two scientists honored for creating "an ingenious tool for building molecules" that has helped develop new drugs and make chemistry greener.

The pair were announced as the prize winners in Stockholm, Sweden, on Wednesday, for the development of asymmetric organocatalysis. Their discoveries "initiated a totally new way of thinking for how to put together chemical molecules," said Pernilla Wittung-Stafshede, a member of the chemistry Nobel committee.

"This new toolbox is used widely today, for example in drug discovery, and in fine chemicals production and is already benefiting humankind greatly," Wittung-Stafshede added.

List, a German scientist who is professor at and director of the Max Planck Institute for Coal Research, and Scotland-born chemist MacMillan, now a US-based professor at Princeton University, worked independently of each other but share the prize, the third Nobel award to be handed out this week.

In 2000, the two researchers uncovered a third kind of catalyst -a substance which brings about a chemical reaction called asymmetric organocatalysis. Scientists had previously believed that there were just two types of catalysts: metals and enzymes. Enzymes contain hundreds of amino acids or proteins, but the winners were able to demonstrate that a single organic molecule can act as a catalyst.

"This concept for catalysis is as simple as it is ingenious, and the fact is that many people have wondered why we didn't think of it earlier," said Johan Åqvist, chair of the Nobel Committee for Chemistry.

The new catalysts have been used in a number of ways in the past two decades, including for creating new pharmaceuticals and building molecules that capture light in solar cells. The committee credited them with "bringing the greatest benefit to humankind."

The work of List and MacMillan has helped develop a drug to treat high blood pressure and streamline the production of drugs like paroxetine (Seroxat), which treats depression, and oseltamivir -- better known as Tamiflu -- which is used to treat respiratory infections.

"I hope I live up to this recognition and continue discovering amazing things," List told reporters after being announced as a winner.

## 01

According to the passage, why do Benjamin List and David W.C. MacMillan deserve the Nobel Prize in Chemistry?

(a) They worked together to invent an efficient chemical tool.
(b) They discovered a new type of catalyst that had been unkenned to the world two decades ago.
(c) They presented a new perspective that would improve chemistry environmentally.
(d) They produced a new type of medicine that enables enhancing the longevity of mankind.

## 02

Why is the new tool considered as "simple"?

(a) because the two scientists have discovered it by accident
(b) since the new catalyst is now used for a single purpose
(c) now that it consists of a sole organic molecule to serve as a catalyst
(d) because it was developed by combining the two existing catalysts into one

## 03

What can be inferred from the article?

(a) Some people think the discovery is too simple to deserve the Nobel Prize.
(b) The List and MacMillan pair were colleagues for over almost 20 years.
(c) Batteries operated by sunlight didn't exist before the discovery.
(d) A medicine for relieving vascular disease was invented using the new catalyst.

## 04

What is true about Benjamin List?

(a) He was born in Germany and works in Scotland.
(b) He has been nominated as the Nobel awardee for the third time already.
(c) He told reporters that currently he is working on a new experiement related to chemistry.
(d) The Nobel Committee for Chemistry showed gratitude for his achievement.

## 05

Which of the following is NOT mentioned as contribution that the new catalyst has made?

(a) It helped impose a treatment that would directly remove depression.
(b) It allowed producing improved solar cells.
(c) It facilitated manufacturing drugs essential to certain patients.
(d) Dealing with high blood pressure became less burdensome thanks to the discovery.

## 06

In the context of the passage, the word "fine" means

(a) delicate        (b) exceptional
(c) penalty         (d) superior

## 07

In the context of the passage, the word "treat" means

(a) conduct        (b) feast
(c) medicate       (d) regard

# PART 02 정답 및 해설

## 문제 해석

### Nobel Prize in chemistry awarded for 'simple' yet 'ingenious' discovery
'단순'하면서도 '기발한' 발견이 노벨화학상을 수상하다

The Nobel Prize in chemistry has been awarded to Benjamin List and David W.C. MacMillan, two scientists honored for creating "an ingenious tool for building molecules" that has helped develop new drugs and make chemistry greener.
신약 제조 및 환경 친화적인 화학 발전에 도움을 주는 "분자 형성을 위한 기발한 도구"를 개발한 공로를 거둔 두 과학자, Benjamin List와 David W.C. MacMillan에게 노벨화학상이 수여되었다.

The pair were announced as the prize winners in Stockholm, Sweden, on Wednesday, for the development of asymmetric organocatalysis.
두 사람은 비대칭 유기 촉매를 개발한 공로로 수요일 스웨덴 스톡홀름에서 수상자로 발표되었다.

Their discoveries "initiated a totally new way of thinking for how to put together chemical molecules," said Pernilla Wittung-Stafshede, a member of the chemistry Nobel committee.
그들의 발견은 "화학분자들을 조합하는 완전히 새로운 방식의 사고방식을 창안하였다"고, 노벨화학상위원회 회원인 Pernilla Wittung-Stafshede는 말하였다.

"This new toolbox is used widely today, for example in drug discovery, and in fine chemicals production and is already benefiting humankind greatly," Wittung-Stafshede added.
"이 새로운 도구는 예를 들어 신약 개발이나 정밀 화학 제조 분야에 오늘날 널리 쓰이고 있으며 이미 인류에 지대한 공헌을 하고 있다"고 Wittung-Stafshede는 덧붙였다.

List, a German scientist who is professor at and director of the Max Planck Institute for Coal Research, and Scotland-born chemist MacMillan, now a US-based professor at Princeton University, worked independently of each other but share the prize, the third Nobel award to be handed out this week.
막스 플랑크 석탄 연구소 소장이자 교수인 독일 과학자 List, 그리고 스코틀랜드 출생으로 현재 프린스턴대학교 교수로서 미국을 기반으로 활동하고 있는 화학자 MacMillan은 각각 독자적으로 연구를 하였지만 공동 수상을 하게 되어 이번 주에 3번째의 노벨상이 수여되어 질것이다.

In 2000, the two researchers uncovered a third kind of catalyst -a substance which brings about a chemical reaction called asymmetric organocatalysis.
2000년에 두 과학자는 비대칭 유기 촉매라 불리는 화학적 반응을 일으키는 성분인 제3의 촉매를 발견하였다.

Scientists had previously believed that there were just two types of catalysts: metals and enzymes.
이전에 과학자들은 오로지 두 가지 종류의 촉매, 금속 촉매와 효소 촉매만 존재한다고 믿었다.

Enzymes contain hundreds of amino acids or proteins, but the winners were able to demonstrate that a single organic molecule can act as a catalyst.
효소에는 수백 개의 아미노산 또는 단백질이 포함되어 있는데, 수상자들은 단일 유기 분자 또한 촉매로 작용할 수 있음을 증명해낼 수 있었다.

"This concept for catalysis is as simple as it is ingenious, and the fact is that many people have wondered why we didn't think of it earlier," said Johan Åqvist, chair of the Nobel Committee for Chemistry.
"이 촉매의 개념은 획기적인 만큼 단순하고, 많은 사람들이 왜 진작 이 생각을 해내지 못했는지 놀라워하였다"고 노벨화학상위원회 의장인 Johan Åqvist가 말하였다.

The new catalysts have been used in a number of ways in the past two decades, including for creating new pharmaceuticals and building molecules that capture light in solar cells.
지난 20년간 이 새로운 촉매는 신약 개발이나 태양광 전지에 빛을 포착하는 분자를 형성하는 기술 등 다양한 방법으로 활용되어 왔다.

The committee credited them with "bringing the greatest benefit to humankind."
노벨상위원회는 이들을 "인류에 가장 위대한 혜택을 가져다준" 공로자로 치하했다.

The work of List and MacMillan has helped develop a drug to treat high blood pressure and streamline the production of drugs like paroxetine (Seroxat), which treats depression, and oseltamivir -- better known as Tamiflu -- which is used to treat respiratory infections.
List와 MacMillan의 업적은 고혈압을 치료하는 약을 개발하는 것과 우울증을 치료하는 파록세틴(항우울제), 타미플루로 더 많이 알려진 호흡기 감염 치료제인 오셀타미비르 같은 약의 생산을 간소화하는 데 도움을 주었다.

"I hope I live up to this recognition and continue discovering amazing things," List told reporters after being announced as a winner.
"이 인정(수상)에 부끄럽지 않게 살고 싶고 계속 훌륭한 발견을 하고 싶습니다."라고, List는 수상 이후 기자들에게 밝혔다.

---

### 어휘 Check

- ingenious 기발한
- asymmetric 비대칭의
- benefit 유익하다
- uncover 알아내다
- previously 이전에
- demonstrate 입증하다
- streamline 간소화하다
- molecule 분자
- organocatalysis 유기 촉매 반응
- humankind 인류
- substance 물질
- enzyme 효소
- pharmaceutical 약
- respiratory 호흡 기관의
- announce 알리다, 발표하다
- initiate 개시되게 하다
- independently 독자적으로
- reaction 반응
- amino acid 아미노산
- solar cell 태양광 전지

| 정답 | 01. (b) | 02. (c) | 03. (d) | 04. (d) | 05. (a) | 06. (a) | 07. (c) |

## 01

| 영어문제 | 문제 한글 해석 |
| --- | --- |
| According to the passage, why do Benjamin List and David W.C. MacMillan deserve the Nobel Prize in Chemistry?<br>(a) They worked together to invent an efficient chemical tool.<br>(b) They discovered a new type of catalyst that had been unkenned to the world two decades ago.<br>(c) They presented a new perspective that would improve chemistry environmentally.<br>(d) They produced a new type of medicine that enables enhancing the longevity of mankind. | 글에 의하면, Benjamin List와 David W.C. MacMillan은 왜 노벨화학상을 받을 가치가 있는가?<br>(a) 그들은 편리한 화학 도구를 발명하기 위해 함께 노력했다.<br>(b) 그들은 20년 전에 전 세계에 알려지지 않았던 새로운 유형의 촉매를 발견해냈다.<br>(c) 그들은 화학을 환경적으로 개선시킬 수 있는 새로운 시각을 소개했다.<br>(d) 그들은 인류의 수명을 늘일 수 있는 새로운 종류의 약을 생산해냈다.<br>**정답** (b) |

 문제 해설

Benjamin List와 David W.C. MacMillan은 비대칭 유기 촉매를 개발한 공로로 노벨화학상을 수여받았다. 그들의 발견이 있었던 2000년, 즉 20년 전에는 두 가지 유형의 촉매만이 존재한다고 믿어왔으나 이를 뒤엎는 발견을 한 것이다.
따라서 정답은 (b)이다.

> In 2000, the two researchers uncovered a third kind of catalyst -a substance which brings about a chemical reaction called asymmetric organocatalysis. Scientists had previously believed that there were just two types of catalysts: metals and enzymes. Enzymes contain hundreds of amino acids or proteins, but the winners were able to demonstrate that a single organic molecule can act as a catalyst.

## 02

| 영어문제 | 문제 한글 해석 |
| --- | --- |
| Why is the new tool considered as "simple"?<br>(a) because the two scientists have discovered it by accident<br>(b) since the new catalyst is now used for a single purpose<br>(c) now that it consists of a sole organic molecule to serve as a catalyst<br>(d) because it was developed by combining the two existing catalysts into one | 새로운 도구는 왜 "간단"하다고 여겨지는가?<br>(a) 두 과학자가 우연히 그것을 발견했기 때문에<br>(b) 새로운 촉매는 현재 하나의 목적으로만 이용되기 있기 때문에<br>(c) 그것은 단일 유기 분자로 구성되어 촉매 역할을 하기 때문에<br>(d) 그것은 현존하는 두 가지 촉매를 하나로 합쳐서 만들어 졌기 때문에<br>**정답** (c) |

📝 **문제 해설**

노벨화학상위원회에서는 새로운 발견을 일컬어 "간단하면서도 혁신적인 도구"라고 칭했다. 왜냐하면 상대적으로 복잡한 구조를 띠고 있던 기존의 촉매와는 달리, 새로 발견된 촉매는 단일 유기 분자로 구성되어 있기 때문이다. 따라서 정답은 (c)이다.

> In 2000, the two researchers uncovered a third kind of catalyst -a substance which brings about a chemical reaction called asymmetric organocatalysis. Scientists had previously believed that there were just two types of catalysts: metals and enzymes. Enzymes contain hundreds of amino acids or proteins, but the winners were able to demonstrate that a single organic molecule can act as a catalyst.

---

### 03

| 영어문제 | 문제 한글 해석 |
|---|---|
| What can be inferred from the article?<br>(a) Some people think the discovery is too simple to deserve the Nobel Prize.<br>(b) The List and MacMillan pair were colleagues for over almost 20 years.<br>(c) Batteries operated by sunlight didn't exist before the discovery.<br>(d) A medicine for relieving vascular disease was invented using the new catalyst. | 기사로부터 알 수 있는 것은?<br>(a) 그 발견이 노벨상을 받기에는 너무 간단하다고 생각하는 사람들이 일부 있다.<br>(b) List와 MacMillan은 20년 넘게 동료 사이였다.<br>(c) 발견 이전에는 태양광을 이용하여 작동하는 전지는 존재하지 않았다.<br>(d) 새로운 촉매를 통해 혈관질환을 완화시키는 약이 발명되었다.<br><br>**정답** (d) |

📝 **문제 해설**

새로운 촉매는 혈관질환인 고혈압 치료제를 개발하는 것과 항우울제, 호흡기 감염 치료제의 생산을 간소화시키는 것에 공헌을 하였다. 따라서 정답은 (d)이며, 나머지 보기들은 기사에서 언급된 사실과 다르다.

> The work of List and MacMillan has helped develop a drug to treat high blood pressure and streamline the production of drugs like paroxetine (Seroxat), which treats depression, and oseltamivir -- better known as Tamiflu -- which is used to treat respiratory infections.

| 04 | 영어문제 | 문제 한글 해석 |
|---|---|---|

**What is true about Benjamin List?**

(a) He was born in Germany and works in Scotland.
(b) He has been nominated as the Nobel awardee for the third time already.
(c) He told reporters that currently he is working on a new experiement related to chemistry.
(d) The Nobel Committee for Chemistry showed gratitude for his achievement.

**Benjamin List에 관하여 사실인 것은?**

(a) 그는 독일 태생이고 스코틀랜드에서 일한다.
(b) 그는 벌써 세 번째 노벨상 수상자로 지명되었다.
(c) 그는 기자들에게 현재 화학과 연관된 새로운 실험중이라고 말했다.
(d) 노벨화학상위원회가 그의 업적에 감사를 표했다.

**정답** (d)

### 문제 해설

(a) Benjamin List는 독일 과학자로, 현재까지도 독일 기관에서 일하며 커리어를 이어오고 있다.
(b) 그가 올해 세 번째로 수상한 것이지 세 번이나 수상자로 지명이 된 것은 아니다.
(c) 그의 수상 소감으로 계속해서 훌륭한 것들을 발견하고 싶다고 했지만 현재 연구 중인 새 화학실험에 대해 언급한 적은 없다.
(d) 노벨화학상위원회는 그와 MacMillan의 업적을 가리켜 "인류에 가장 위대한 혜택을 가져다주었다"며 칭송하였으므로, 답은 (d)이다.

(a) List, a German scientist who is professor at and director of the Max Planck Institute for Coal Research, and Scotland-born chemist MacMillan, now a US-based professor at Princeton University, worked independently of each other but share the prize, (b) the third Nobel award to be handed out this week.

(c) "I hope I live up to this recognition and continue discovering amazing things," List told reporters after being announced as a winner.

The new catalysts have been used in a number of ways in the past two decades, including for creating new pharmaceuticals and building molecules that capture light in solar cells. (d) The committee credited them with "bringing the greatest benefit to humankind."

| 05 | 영어문제 | 문제 한글 해석 |
|---|---|---|

**Which of the following is NOT mentioned as contribution that the new catalyst has made?**

(a) It helped impose a treatment that would directly remove depression.
(b) It allowed producing improved solar cells.
(c) It facilitated manufacturing drugs essential to certain patients.
(d) Dealing with high blood pressure became less burdensome thanks to the discovery.

**보기 중에서 새로운 촉매가 한 기여로 언급되지 않은 것은?**

(a) 그것은 우울증을 직접적으로 제거할 수 있는 치료법을 도입하는 데 도움을 주었다.
(b) 그것은 개선된 태양광 전지의 생산을 가능케 했다.
(c) 그것은 특정 환자들에게 필수적인 약의 생산을 용이하게 했다.
(d) 그 발견 덕분에 고혈압을 다루는 것이 덜 까다로워졌다.

**정답** (a)

### 문제 해설

제시된 보기들은 단 하나만 빼면 모두 사실이다. 마지막 문단을 살펴보면, 우울증 치료제를 개발하는 데 도움이 된 건 맞지만, 우울증을 곧바로 없앨 수 있는 것은 아니다. 따라서 새로운 촉매의 기여에 포함되지 않는 것은 보기 중 (a)이다.

> The work of List and MacMillan has helped develop a drug to treat high blood pressure and streamline the production of drugs like paroxetine (Seroxat), which treats depression, and oseltamivir -- better known as Tamiflu -- which is used to treat respiratory infections.

---

| 06 | 영어문제 | 문제 한글 해석 |
|---|---|---|
| | In the context of the passage, the word "fine" means<br>(a) delicate<br>(b) exceptional<br>(c) penalty<br>(d) superior | 이 글의 문맥상 "fine"이 의미하는 것은?<br>(a) 섬세한<br>(b) 뛰어난<br>(c) 벌금<br>(d) 우수한<br>**정답** (a) |

### 문제 해설
이 글의 문맥상 "fine"은 '정교한, 정밀한'이라는 의미를 가진다. 따라서 같은 의미의 (a) delicate가 정답이 된다.

---

| 07 | 영어문제 | 문제 한글 해석 |
|---|---|---|
| | In the context of the passage, the word "treat" means<br>(a) conduct<br>(b) feast<br>(c) medicate<br>(d) regard | 이 글의 문맥상 "treat"가 의미하는 것은?<br>(a) 행동하다<br>(b) 대접<br>(c) 치료하다<br>(d) 여기다<br>**정답** (c) |

### 문제 해설
이 글의 문맥상 "treat"은 '치료하다'의 의미를 가진다. 따라서 가장 가까운 의미를 가진 (c) medicate(치료하다, 약을 투여하다)가 정답이 된다. 그 외 "treat"은 동사로는 '대하다, 다루다, 취급하다, 대우하다'라는 의미를 가지고 명사로는 '대접, 한턱, 선물'이라는 의미를 가지므로 함께 익혀두도록 한다.

# 한사랑 4S 경찰&소방 전용
## 1트합격 지텔프

### Encyclopedia Article
백과사전에서 찾을 수 있는 표제어에 대한 설명 지문

백과사전에서 찾아볼 수 있는 표제어에 대한 설명 지문이다. 해당 주제에 대한 배경, 변화내용, 세부적인 사실 등이 주 내용이다. 역사적인 배경에 대해서는 어떻게 무엇에 의해 시작되었는지, 어떤 이유 때문에 특정 변화를 겪었는지, 구체적인 사실 내용이 이루어진 혹은 중단된 기간과 이유, 언급된 것과 언급되지 않은 내용 고르기 등의 문제들이 출제된다.

READING PART

# PART 03

PART 03

Read the following encyclopedia article and answer the questions.
The underlined words in the article are for vocabulary questions.

### Instagram

Instagram is an American photo and video-sharing social networking service owned by Facebook, Inc. It was created by Kevin Systrom and Mike Krieger and launched in October 2010 on iOS. A version for Android devices was released in April 2012, followed by a feature-limited website interface in November 2012, a Fire OS app on June 15, 2014, and an app for Windows 10 tablets and computers in October 2016. The app allows users to upload media, which can be edited with filters and organized with tags and location information. Posts can be shared publicly or with pre-approved followers. Users can browse other users' content by tags and locations and view trending content. Users can like photos and follow other users to add their content to a feed.

Instagram was originally distinguished by only allowing content to be framed in a square (1:1) aspect ratio with 640 pixels to match the display width of the iPhone at the time. These restrictions were eased in 2015, with an increase to 1080 pixels. The service also added messaging features, the ability to include multiple images or videos in a single post, as well as "Stories"—similar to its main opposition Snapchat—which allows users to post photos and videos to a sequential feed, with each post accessible by others for 24 hours each. As of January 2019, the Stories feature is used by 500 million users daily.

After its launch in 2010, Instagram rapidly gained popularity, with one million registered users in two months, 10 million in a year, and 1 billion as of May 2019. In April 2012, Facebook acquired the service for approximately US$1 billion in cash and stock. As of October 2015, over 40 billion photos had been uploaded. Although praised for its influence, Instagram has been the subject of criticism, most notably for policy and interface changes, allegations of censorship, and illegal or improper content uploaded by users.

As of May 2020, the most followed person is footballer Cristiano Ronaldo with over 231 million followers, and the most followed woman is singer Ariana Grande with over 194 million followers. As of January 14, 2019, the most-liked photo on Instagram is a picture of an egg, posted by the account @world_record_egg, created with the sole purpose of surpassing the previous record of 18 million likes on a Kylie Jenner post. The picture currently has over 54 million likes. Instagram became the 4th most downloaded mobile app of the 2010s.

## 01

Based on the first paragraph, what can be inferred about Instagram in 2010?

(a) Versions for iOS and Android devices were released at the same time.
(b) Only iOS users could use Instagram.
(c) It had the same features on a phone and on a website.
(d) People could use its app on Windows 10 tablets.

## 02

How was Instagram originally distinguished?

(a) by enabling users to use it for a certain time period
(b) by charging some users for using its service
(c) by allowing content to be framed in a certain aspect ratio
(d) by allowing content to be posted a limited number of times

## 03

What feature was likely to be added on Instagram, influenced by Snapchat?

(a) sharing posts with pre-approved followers
(b) sending messages to other users
(c) uploading multiple images or videos in a single post
(d) posting photos and videos to a sequential feed for a day

## 04

Which is NOT mentioned as the reason why Instagram has been criticized?

(a) Its policy is not clearly stated on a website.
(b) Its interface has been changed.
(c) It has been accused of censorship.
(d) Some users have posted inappropriate content on it.

## 05

Which is NOT true about the last paragraph?

(a) Cristiano Ronaldo is the most followed person as of May 2020.
(b) Ariana Grande has more than 194 million followers.
(c) Kylie Jenner's post broke the record for the most liked picture of an egg.
(d) Instagram is one of the most downloaded mobile apps of the 2010s.

## 06

In the context of the passage, the word "distinguish" means...

(a) differentiate      (b) distribute
(c) demonstrate        (d) determine

## 07

In the context of the passage, the word "subject" means...

(a) target     (b) topic
(c) matter     (d) objective

# PART 03 정답 및 해설

## 문제 해석

### Instagram
### 인스타그램

Instagram is an American photo and video-sharing social networking service owned by Facebook, Inc.
Instagram은 Facebook이 소유한 미국의 사진 및 동영상 공유 소셜 네트워크 서비스(*온라인상에서 이용자들이 인맥을 새롭게 쌓거나 기존 인맥과의 관계를 강화할 수 있게 하는 서비스)다.

It was created by Kevin Systrom and Mike Krieger and launched in October 2010 on iOS.
Kevin Systrom과 Mike Krieger에 의해 만들어졌고 iOS로 2010년 10월에 출시되었다.

A version for Android devices was released in April 2012, followed by a feature-limited website interface in November 2012, a Fire OS app on June 15, 2014, and an app for Windows 10 tablets and computers in October 2016.
2012년 4월 안드로이드 기기용 버전이 출시되었고, 2012년 11월 기능제한 웹사이트 인터페이스, 2014년 6월 15일 파이어 OS 앱, 2016년 10월 윈도우 10 태블릿과 컴퓨터용 앱이 그 뒤로 이어서 출시되었다.

The app allows users to upload media, which can be edited with filters and organized with tags and location information.
이 앱은 사용자가 미디어를 업로드할 수 있도록 하는데, 필터로 편집되고 태그와 위치 정보로 구성되어 질 수 있다.

Posts can be shared publicly or with pre-approved followers.
게시물은 공개적으로 또는 사전 승인된 팔로워와 공유되어질 수 있다.

Users can browse other users' content by tags and locations and view trending content.
사용자는 태그와 위치별로 다른 사용자의 콘텐츠를 탐색하고 최신 경향 콘텐츠를 볼 수 있다.

Users can like photos and follow other users to add their content to a feed.
사용자는 사진을 좋아하고 다른 사용자를 팔로우(*누군가를 따른다는 뜻)하여 피드(*사용자에게 자주 업데이트되는 콘텐츠를 제공하는 데 쓰이는 데이터 포맷)에 그들의 콘텐츠를 추가할 수 있다.

Instagram was originally <u>distinguish</u>ed by only allowing content to be framed in a square (1:1) aspect ratio with 640 pixels to match the display width of the iPhone at the time.
인스타그램은 원래 당시 iPhone의 디스플레이 (컴퓨터 화면에 나타나는 정보) 폭에 맞추기 위해 640픽셀로 정사각형 (1:1) 화면비로 컨텐츠를 프레임에 넣는 것만 허용해 차별화시켰다.

These restrictions were eased in 2015, with an increase to 1080 pixels.
이러한 제한은 2015년에 완화되었고, 1080 픽셀까지 증가했다.

The service also added messaging features, the ability to include multiple images or videos in a single post, as well as "Stories"—similar to its main opposition Snapchat—which allows users to post photos and videos to a sequential feed, with each post accessible by others for 24 hours each.
이 서비스는 또한 메시지 기능, 하나의 게시물에 여러 이미지나 동영상을 포함시킬 수 있는 기능, 그리고 가장 큰 경쟁사인 Snapchat과 유사한 "Stories"도 추가하여 사용자가 사진과 동영상을 연속적인 피드에 게시할 수 있으며 각 게시물은 24시간 동안 다른 사람이 볼 수 있게 해준다.

As of January 2019, the Stories feature is used by 500 million users daily.
2019년 1월 현재 기준으로 Stories 기능은 매일 5억 명의 사용자가 사용하고 있다.

After its launch in 2010, Instagram rapidly gained popularity, with one million registered users in two months, 10 million in a year, and 1 billion as of May 2019.
Instagram은 2010년 출시 이후 2개월 만에 백만 명, 1년 만에 천만 명, 2019년 5월일자로 10억 명이 등록하는 등 빠르게 인기를 얻었다.

In April 2012, Facebook acquired the service for approximately US$1 billion in cash and stock. As of October 2015, over 40 billion photos had been uploaded.
2012년 4월, Facebook은 현금과 주식으로 약 10억 달러에 이 서비스를 인수했다. 2015년 10월일자로, 400억장 이상의 사진이 업로드 되었다.

Although praised for its influence, Instagram has been the subject of criticism, most notably for policy and interface changes, allegations of censorship, and illegal or improper content uploaded by users.
Instagram은 영향력을 인정받았지만, 특히 정책과 인터페이스 변화, 검열 의혹, 사용자들이 올린 불법 또는 부적절한 콘텐츠로 인해 비판의 대상이 되어왔다.

As of May 2020, the most followed person is footballer Cristiano Ronaldo with over 231 million followers, and the most followed woman is singer Ariana Grande with over 194 million followers.
2020년 5월일자로 팔로워 수가 제일 많은 사람은 2억3100만 명이 넘는 팔로워수를 가진 축구선수 Cristiano Ronaldo이며 가장 많은 팔로워수를 가진 여자는 1억9400만 명의 팔로워수를 가진 Ariana Grande이다.

As of January 14, 2019, the most-liked photo on Instagram is a picture of an egg, posted by the account @world_record_egg, created with the sole purpose of surpassing the previous record of 18 million likes on a Kylie Jenner post.
2019년 1월 14일일자로 인스타그램에서 가장 많은 좋아요를 얻은 것은 계정 @world_record_egg가 올린 계란 사진인데 1,800만개의 좋아요를 기록한 Kylie Jenner의 이전 기록을 능가하려는 유일한 목적으로 만들어졌다.

The picture currently has over 54 million likes. Instagram became the 4th most downloaded mobile app of the 2010s.
이 사진에는 현재 5,400만개가 넘는 좋아요가 있다. 인스타그램은 2010년대 4번째로 가장 많이 다운로드된 모바일 앱이 되었다.

### 어휘 Check

- **feature-limited** 기능 제한
- **interface** 인터페이스(1. 서로 다른 두 시스템, 장치, 소프트웨어 따위를 서로 이어 주는 부분. 또는 그런 접속 장치. 2. 사용자인 인간과 컴퓨터를 연결하여 주는 장치. 키보드나 디스플레이 따위를 이른다.)
- **pre-approved** 사전승인
- **trending** 경향
- **opposition** 경쟁사
- **sequential** 순차적인
- **accessible** 접근 가능한
- **popularity** 인기
- **allegations** (증거 없이 누가 부정한 일을 했다는)혐의
- **censorship** 검열
- **sole** 유일한, 단 하나의

| 정답 | 01. (b) | 02. (c) | 03. (d) | 04. (a) | 05. (c) | 06. (a) | 07. (a) |

## 01

| 영어문제 | 문제 한글 해석 |
| --- | --- |
| Based on the first paragraph, what can be inferred about Instagram in 2010?<br>(a) Versions for iOS and Android devices were released at the same time.<br>(b) Only iOS users could use Instagram.<br>(c) It had the same features on a phone and on a website.<br>(d) People could use its app on Windows 10 tablets. | 첫 번째 단락에 근거하여, 2010년의 인스타그램에 대해 무엇을 추론할 수 있는가?<br>(a) iOS와 안드로이드 기기용 버전이 동시에 출시되었다.<br>(b) 오직 iOS 사용자들만이 인스타그램을 이용할 수 있었다.<br>(c) 그것은 핸드폰과 웹사이트에서 같은 기능들을 가지고 있었다.<br>(d) 사람들은 그 앱을 윈도우 10 태블릿에서 사용할 수 있었다.<br>정답 (b) |

 문제 해설

인스타그램은 처음 2010년에 iOS에 출시되었다고 했고, 그 이후에 안드로이드 기기용 버전이 출시되었고, 기능제한 웹사이트 인터페이스, 파이어 OS 앱, 윈도우 10 태블릿과 컴퓨터용 앱이 출시되었다고 했다. 다시 말해, 2010년에는 iOS 사용자들만이 인스타그램을 사용할 수 있었음을 추론할 수 있다.

> Instagram is an American photo and video-sharing social networking service owned by Facebook, Inc. It was created by Kevin Systrom and Mike Krieger and launched in October 2010 on iOS. A version for Android devices was released in April 2012, followed by a feature-limited website interface in November 2012, a Fire OS app on June 15, 2014, and an app for Windows 10 tablets and computers in October 2016.

## 02

| 영어문제 | 문제 한글 해석 |
| --- | --- |
| How was Instagram originally distinguished?<br>(a) by enabling users to use it for a certain time period<br>(b) by charging some users for using its service<br>(c) by allowing content to be framed in a certain aspect ratio<br>(d) by allowing content to be posted a limited number of times | 인스타그램은 처음에 어떻게 차별되었는가?<br>(a) 사용자들에게 그것을 특정 기간 동안에 사용할 수 있게 함으로써<br>(b) 몇몇 사용자들에게 그것의 서비스를 이용하는데 요금을 부과함으로써<br>(c) 콘텐츠를 특정 가로세로비로 만들어내도록 함으로써<br>(d) 콘텐츠를 제한된 횟수로 게시할 수 있도록 함으로써<br>정답 (c) |

문제 해설

처음 인스타그램은 그 때 당시 640픽셀의 정사각형(1:1) 가로세로비로 만들어서 iPhone 의 디스플레이 폭과 일치하도록 해 차별을 두었다고 했다.

> Instagram was originally distinguished by only allowing content to be framed in a square (1:1) aspect ratio with 640 pixels to match the display width of the iPhone at the time.

## 03

**영어문제**

What feature was likely to be added on Instagram, influenced by Snapchat?

(a) sharing posts with pre-approved followers
(b) sending messages to other users
(c) uploading multiple images or videos in a single post
(d) posting photos and videos to a sequential feed for a day

**문제 한글 해석**

Snapchat에 영향을 받아 인스타그램에 어떤 기능이 추가되었는가?

(a) 오직 사전 승인된 팔로워들과 게시물을 공유하는 것
(b) 다른 사용자들에게 메시지를 전송하는 것
(c) 하나의 게시물에 여러 이미지나 동영상을 업로드 하는 것
(d) 하루 동안 사진과 동영상을 순차적 피드에 게시하는 것

**정답** (d)

**문제 해설**

"Stories"라고 하는 것이 사용자가 사진과 동영상을 순차적 피드에 게시할 수 있으며 각 게시물은 24시간 동안 다른 사람이 볼 수 있게 해주는 기능인데, 이것은 인스타그램의 가장 큰 경쟁사인 Snapchat과 유사한 기능이라고 했다.

> The service also added messaging features, the ability to include multiple images or videos in a single post, as well as "Stories"—similar to its main opposition Snapchat—which allows users to post photos and videos to a sequential feed, with each post accessible by others for 24 hours each. As of January 2019, the Stories feature is used by 500 million users daily.

## 04

**영어문제**

Which is NOT mentioned as the reason why Instagram has been criticized?

(a) Its policy is not clearly stated on a website.
(b) Its interface has been changed.
(c) It has been accused of censorship.
(d) Some users have posted inappropriate content on it.

**문제 한글 해석**

인스타그램이 비판의 대상이 된 이유로 언급되지 않은 것은?

(a) 그것의 정책이 웹사이트에 명시되어 있지 않다.
(b) 그것의 인터페이스가 변화해 왔다.
(c) 그것은 검열 의혹을 받아 왔다.
(d) 몇몇 사용자들이 그곳에 부적절한 콘텐츠 게시해 왔다.

**정답** (a)

**문제 해설**

인스타그램은 사용자가 크게 늘며 빠르게 인기를 얻었다는 긍정적인 평가가 있는 반면, 정책과 인터페이스 변화, 검열 의혹, 사용자들이 올린 불법 또는 부적절한 콘텐츠로 인해 비판을 받았다고 했다.

> Although praised for its influence, Instagram has been the subject of criticism, most notably for policy and interface changes, allegations of censorship, and illegal or improper content uploaded by users.

## 05

### 영어문제

**Which is NOT true about the last paragraph?**

(a) Cristiano Ronaldo is the most followed person as of May 2020.
(b) Ariana Grande has more than 194 million followers.
(c) Kylie Jenner's post broke the record for the most liked picture of an egg.
(d) Instagram is one of the most downloaded mobile apps of the 2010s.

### 문제 한글 해석

**마지막 단락에 대해서 바르지 않은 것은?**

(a) Cristiano Ronaldos는 2020년 5월일자로 팔로워 수 제일 많은 사람이다.
(b) Ariana Grande는 1억 9400만 명 이상의 팔로워 수를 가지고 있다.
(c) Kylie Jenner의 포스트는 가장 많이 좋아요를 받은 계란의 사진의 기록을 깼다.
(d) 인스타그램은 2010년대 가장 많이 다운로드된 모바일 앱들 중에 하나이다.

**정답** (c)

### 문제 해설

계정 @world_record_egg가 올린 계란 사진이 이전에 가장 좋아요를 많이 받은 포스트를 올린 Kylie Jenner의 이전 기록을 능가했다고 했으므로 c가 틀린 내용이다.

---

As of May 2020, the most followed person is footballer Cristiano Ronaldo with over 231 million followers, and the most followed woman is singer Ariana Grande with over 194 million followers. As of January 14, 2019, the most-liked photo on Instagram is a picture of an egg, posted by the account @world_record_egg, created with the sole purpose of surpassing the previous record of 18 million likes on a Kylie Jenner post. The picture currently has over 54 million likes.

Instagram became the 4th most downloaded mobile app of the 2010s.

| 06 | 영어문제 | 문제 한글 해석 |
|---|---|---|
| | In the context of the passage, the word "distinguish" means... <br> (a) differentiate <br> (b) distribute <br> (c) demonstrate <br> (d) determine | 이 글의 문맥상 "distinguish"는 무엇을 의미하는가? <br> (a) 차별화하다 <br> (b) 분배하다 <br> (c) 보여주다 <br> (d) 결정하다 <br> **정답** (a) |

**문제 해설**

이 글의 문맥상 "distinguish"는 '차별화하다'를 의미하는 동사이다. 따라서 가장 가까운 의미의 (a) differentiate가 정답이다.

| 07 | 영어문제 | 문제 한글 해석 |
|---|---|---|
| | In the context of the passage, the word "subject" means... <br> (a) target <br> (b) topic <br> (c) matter <br> (d) objective | 이 글의 문맥상 "subject"는 무엇을 의미하는가? <br> (a) 대상 <br> (b) 주제 <br> (c) 사건 <br> (d) 목적, 목표 <br> **정답** (a) |

**문제 해설**

이 글의 문맥상 "subject"는 '대상'을 의미하는 명사이다. 따라서 가장 가까운 의미의 (a) target이 정답이다. 그 외에 단어들은 유의어이기는 하나 문맥상 쓰인 의미와는 서로 다른 의미를 지닌 단어들이다.

한사랑 4S 경찰&소방 전용
# 1트합격 지텔프

### Business Letter
**다양한 내용과 소재를 담은 업무용 편지를 소개한 글**

비지니스와 관련된 상용 이메일이나 개인적인 이메일 형식이다.

어떤 제품이나 서비스 상품에 대해 소개하고 설명하면서 수신인으로 하여금 제품을 사거나 서비스를 선택하도록 설득하는 편지 글, 어떠한 사회적 활동에 초대하는 글, 특정 일자리를 지원하는 편지 글 등 내용은 다양하다.

편지의 목적을 묻는 문제가 주로 첫 번째 문항이며 구체적으로 언급한 사건 혹은 내용에 대한 이유, 특정 기간, 금액, 제품 혹은 서비스를 구매하거나 활동에 참여하고 싶으면 향후 어떻게 해야 하는지를 묻는 질문들이 나온다. 편지 상단에 날짜와 함께 수신인의 주소와 직함, 회사 혹은 단체명이 함께 항상 명시된다.

# READING PART

# PART 04

# PART 04

Read the following business letter and answer the questions.
The underlined words in the article are for vocabulary questions.

## Child Sponsorship/Office Assistant

### Overall Responsibility

Your position will be shared between the Child Sponsorship Program and general office assistance for the Office Manager and Short Term Ministry (STM) Coordinator.

Your Child Sponsorship role will involve donor management, tracking donations, updating materials, and communication between donors and their sponsored child(ren). You will also work with the Child Sponsorship Director to creatively expand and develop the Child Sponsorship Program.

Your role as Office Assistant will consist of supporting the ELI Office Manager and STM Coordinator with various projects.

### Key Areas of Responsibility

Child Sponsorship Program Assistant

- Coordinate, communicate, and support all aspects of the ELI Sponsorship Program. This includes communication with the Child Sponsorship Director, potential and current sponsors, and our African staff.

- Program Communication

    a. Sponsor and Child: Includes 3 main correspondence pieces each year from the child to sponsor. Maintain contact through multiple letters ongoing throughout the year. Collaborate with STM Coordinator to send letters over to Africa. Analyze annual correspondence and determine the best way to increase donor communication with children.

    b. ELI and Africa Staff: Send monthly updates of sponsors (new and cancelled) and correspondence between sponsor and child. Inform Kenya staff of children who need to write to their sponsors.

    c. ELI and Donors: Includes monthly emails to all sponsors and to Orphans Hope donors. Post on social media avenues and blog.

    d. New Donors: Follow-up with potential and new donors who have signed up to sponsor.

    e. Cancelled Donors: Send warning letters and final cancellation letter with survey.

    f. Pledge Reminder Notices (PRN) sent on a monthly basis.

    g. Child updates to sponsors as they are received.

## 01
What is the purpose of the announcement?

(a) to ask for donation to Child Sponsorship Program
(b) to explain roles and responsibilities of Child Sponsorship Program assistant
(c) to notify the changes in roles of office assistant
(d) to inform how Child Sponsorship Program works to its members

## 02
What is NOT included in the responsibilities of Child Sponsorship Program assistant?

(a) communicating with ELI Office Manager
(b) going to Africa to take care of children
(c) sending emails to sponsors and donors every month
(d) helping Child Sponsorship Director to develop the program

## 03
What is the assistant's duty related to cancelled donors?

(a) notifying them with letters that their sponsorship has been terminated
(b) persuading them to keep their interest and support for the program
(c) informing them with children updates to show how much the children are in need
(d) posting on social media service and blog about their cancellation

## 04
Why does the assistant have to analyze annual correspondence between sponsor and child?

(a) so that the program can come up with a better way for donor to communicate with children
(b) because the letters must be translated more accurately
(c) to make sure every child writes 3 mandatory correspondence pieces each year to donors
(d) to send warning letters to child or donor who doesn't meet the standard

## 05
What kind of personality would best suit the assistant job for Child Sponsorship Program?

(a) best efficient when working alone
(b) quick to catch feelings and always concerned for others
(c) able to handle multiple things at a time accurately
(d) adventurous and daring

## 06
In the context of the passage, the word "correspondence" means...

(a) similarity        (b) coherence
(c) congruity         (d) message

## 07
In the context of the passage, the word "pledge" means...

(a) oath              (b) deposit
(c) guarantee         (d) installment

# PART 04 정답 및 해설

## 문제 해석

### Child Sponsorship/Office Assistant
어린이 후원 사무소 보조

**Overall Responsibility**
전반적인 업무

Your position will be shared between the Child Sponsorship Program and general office assistance for the Office Manager and Short Term Ministry (STM) Coordinator.
당신의 역할은 어린이 후원 프로그램과 사무소 관리자와 단기 사역 선교(STM) 책임자를 보조하는 전반적인 업무 간에 서로 공유되어 질것입니다.

Your Child Sponsorship role will involve donor management, tracking donations, updating materials, and communication between donors and their sponsored child(ren).
당신이 수행하는 어린이 후원 역할은 기부자 관리, 후원금 추적, 자료 업데이트, 기부자와 후원 어린이 간의 의사소통을 포함합니다.

You will also work with the Child Sponsorship Director to creatively expand and develop the Child Sponsorship Program.
또한 어린이 후원 관리자를 도와 어린이 후원 프로그램을 창의적으로 확장시키고 개발하는 일을 맡게 될 것입니다.

Your role as Office Assistant will consist of supporting the ELI Office Manager and STM Coordinator with various projects.
당신의 사무 보조 역할은 다양한 프로젝트와 관련해 ELI 사무소 관리자와 STM 책임자를 보조하는 업무들로 구성될 것입니다.

**Key Areas of Responsibility**
주요 업무 영역

**Child Sponsorship Program Assistant**
어린이 후원 프로그램 보조

ⓒ Coordinate, communicate, and support all aspects of the ELI Sponsorship Program. This includes communication with the Child Sponsorship Director, potential and current sponsors, and our African staff.
ⓒ ELI 후원 프로그램 전반에 대한 구성, 의사소통, 보조. 어린이 후원 관리자, 현 후원자 또는 잠재적 후원자, 우리의 아프리카 주재 직원들 간의 의사소통을 포함합니다.

## Program Communication
프로그램 의사소통

a. Sponsor and Child: Includes 3 main correspondence pieces each year from the child to sponsor.
a. 후원자와 어린이: 매년 어린이가 후원자에게로 보내는 정기 편지 3통을 포함합니다.

Maintain contact through multiple letters ongoing throughout the year.
그 외 매년 주고받는 다수의 서신을 통해 연중 계속 연락을 지속합니다.

Collaborate with STM Coordinator to send letters over to Africa.
STM 책임자와 협력하여 아프리카로 편지를 전송합니다.

Analyze annual correspondence and determine the best way to increase donor communication with children.
매년 주고받은 서신을 분석하여 기부자와 어린이 간의 의사소통을 증대시킬 수 있는 최선의 방법을 고안합니다.

b. ELI and Africa Staff: Send monthly updates of sponsors (new and cancelled) and correspondence between sponsor and child. Inform Kenya staff of children who need to write to their sponsors.
b. ELI 및 아프리카 주재 직원: 매달 후원자 현황(신규 및 탈퇴)과 후원자와 어린이 간의 서신을 전송합니다. 후원자에게 편지를 써야 하는 어린이에 대해 케냐 직원들에게 인지시켜줍니다.

c. ELI and Donors: Includes monthly emails to all sponsors and to Orphans Hope donors. Post on social media avenues and blog.
c. ELI 및 후원자: 모든 후원자와 Orphans Hope 기부자들에게 월간 이메일 소식을 발송합니다. 소셜 미디어에 비뉴와 블로그에 게시글을 작성합니다.

d. New Donors: Follow-up with potential and new donors who have signed up to sponsor.
d. 신규 기부자: 잠재적 후원자 및 후원 계약을 한 신규 후원자들에 대한 후속 조치합니다.

e. Cancelled Donors: Send warning letters and final cancellation letter with survey.
e. 탈퇴 기부자: 경고 서한 및 설문이 동봉된 최종 탈퇴통보를 전송합니다.

f. Pledge Reminder Notices (PRN) sent on a monthly basis.
f. 매달 서약(후원금) 입금 독촉 알리미(PRN)를 전송합니다.

g. Child updates to sponsors as they are received.
g. 어린이에 관한 정보 업데이트가 발생하는 대로 후원자에게 보고합니다.

### 어휘 Check

- ministry 목사, 성직자
- donation 기부
- potential 잠재적인
- determine 알아내다, 결정하다
- reminder 상기시키는 것, 독촉장
- coordinator 관리자, 책임자
- creatively 창조적으로
- correspondence 서신
- cancellation 취소, 무효화
- donor 기부자, 기증자
- aspect 측면, 양상
- collaborate 협력하다
- pledge 약속, 맹세

**정답**  01. (b)   02. (b)   03. (a)   04. (a)   05. (c)   06. (d)   07. (a)

## 01

**영어문제**

What is the purpose of the announcement?
(a) to ask for donation to Child Sponsorship Program
(b) to explain roles and responsibilities of Child Sponsorship Program assistant
(c) to notify the changes in roles of office assistant
(d) to inform how Child Sponsorship Program works to its members

**문제 한글 해석**

공고의 목적은 무엇인가?
(a) 어린이 후원 프로그램에 기부를 요청하는 것
(b) 어린이 후원 프로그램 보조원의 역할과 책무에 대해 설명하는 것
(c) 사무소 보조원의 역할에 변경된 점을 알리는 것
(d) 회원들에게 어린이 후원 프로그램이 어떻게 운영되는지 설명하는 것

**정답** (b)

**문제 해설**

본문은 어린이 후원 프로그램을 보조할 업무를 맡을 사람을 뽑는 구인 공고 또는 새로 고용된 보조원에게 그 역할을 자세히 설명하는 지침일 가능성이 높다. 보조원으로서의 역할과 책무가 자세히 기술되어 있으므로 정답은 (b)이다.

> Your Child Sponsorship role will involve donor management, tracking donations, updating materials, and communication between donors and their sponsored child(ren). You will also work with the Child Sponsorship Director to creatively expand and develop the Child Sponsorship Program.
>
> Your role as Office Assistant will consist of supporting the ELI Office Manager and STM Coordinator with various projects.

## 02

**영어문제**

What is NOT included in the responsibilities of Child Sponsorship Program assistant?
(a) communicating with ELI Office Manager
(b) going to Africa to take care of children
(c) sending emails to sponsors and donors every month
(d) helping Child Sponsorship Director to develop the program

**문제 한글 해석**

어린이 후원 프로그램 보조 업무에 해당하지 않는 것은?
(a) ELI 사무소 관리자와 소통하는 것
(b) 아프리카로 가서 어린이들을 돌보는 것
(c) 매달 후원자와 기부자들에게 이메일을 보내는 것
(d) 어린이 후원 관리자를 도와 프로그램을 발전시키는 것

**정답** (b)

> **문제 해설**

어린이 후원 프로그램 보조원으로서의 다양한 업무를 구체적으로 살펴보자. 아프리카에 있는 어린이들의 소식을 지속적으로 확인하고 아프리카 주재 직원들과 꾸준히 소통해야 하지만, 직접 아프리카로 가야 할 필요성에 관해서는 기술되어 있지 않다. 그러므로 업무에 포함되지 않는 것은 (b)이다.

> (a) Your role as Office Assistant will consist of supporting the ELI Office Manager and STM Coordinator with various projects.
> (c) **ELI and Donors:** Includes monthly emails to all sponsors and to Orphans Hope donors. Post on social media avenues and blog.
> (d) Your Child Sponsorship role will involve donor management, tracking donations, updating materials, and communication between donors and their sponsored child(ren). You will also work with the Child Sponsorship Director to creatively expand and develop the Child Sponsorship Program.

## 03

| 영어문제 | 문제 한글 해석 |
|---|---|
| What is the assistant's duty related to cancelled donors?<br>(a) notifying them with letters that their sponsorship has been terminated<br>(b) persuading them to keep their interest and support for the program<br>(c) informing them with children updates to show how much the children are in need<br>(d) posting on social media service and blog about their cancellation | 탈퇴 후원자와 관련해서 보조원의 업무는 무엇인가?<br>(a) 편지를 보내어 그들의 후원이 종료되었음을 알리기<br>(b) 프로그램에 대해 지속적인 관심과 지지를 달라고 설득하기<br>(c) 어린이들에 관한 새로운 소식을 알려주어 그들이 후원자의 손길을 필요로 한다는 것을 보여주기<br>(d) 소셜미디어 및 블로그에 후원 취소에 대해 게시하기<br>**정답** (a) |

> **문제 해설**

후원을 취소하는 후원자가 생길 시, 경고 편지를 보낸 후 후원이 지속되지 않으면 최종적으로 후원 취소를 통보하는 편지를 보내는 것이 보조원의 업무이다. 그러므로 정답은 (a)이다.

> Cancelled Donors: send warning letters and final cancellation letter with survey.

## 04

**영어문제**

Why does the assistant have to analyze annual correspondence between sponsor and child?

(a) so that the program can come up with a better way for donor to communicate with children
(b) because the letters must be translated more accurately
(c) to make sure every child writes 3 mandatory correspondence pieces each year to donors
(d) to send warning letters to child or donor who doesn't meet the standard

**문제 한글 해석**

왜 보조원은 후원자와 어린이 간에 주고받은 연간서신을 분석해야 하는가?

(a) 그럼으로써 후원자와 어린이 간의 의사소통을 위한 더 나은 방법을 고안해낼 수 있기 때문에
(b) 편지가 더욱 정확히 번역되어야 하기 때문에
(c) 모든 어린이들이 매년 후원자에게 의무적으로 보내야 하는 3통의 서신을 적도록 하기 위해
(d) 기준에 도달하지 못한 어린이 또는 후원자에게 경고 편지를 보내기 위해

**정답** (a)

### 문제 해설

보조원의 업무 중 하나는 후원자와 어린이 간에 주고받은 서신을 분석하는 것인데, 그 목적은 의사소통을 증대시킬 수 있는 최선의 방법을 결정하는 것에 있다. 따라서 정답은 (a)이다.

> Sponsor and Child: Includes 3 main correspondence pieces each year from the child to sponsor. Maintain contact through multiple letters ongoing throughout the year. Collaborate with STM Coordinator to send letters over to Africa.
>
> Analyze annual correspondence and determine the best way to increase donor communication with children.

## 05

**영어문제**

What kind of personality would best suit the assistant job for Child Sponsorship Program?

(a) best efficient when working alone
(b) quick to catch feelings and always concerned for others
(c) able to handle multiple things at a time accurately
(d) adventurous and daring

**문제 한글 해석**

어린이 후원 프로그램의 보조 업무를 맡기에 가장 적절한 성격은 어떤 것인가?

(a) 혼자 일할 때 가장 효율적이다
(b) 기분을 빨리 파악하고 항상 타인을 배려할 줄 안다
(c) 한 번에(동시에) 여러 가지 일을 정확하게 처리할 수 있다
(d) 모험심이 강하고 대담하다

**정답** (c)

### 문제 해설

본문에 나타난 보조 업무의 역할과 책무를 살펴보면, 어린이 후원 프로그램의 보조 업무는 굉장히 다양하며 매달 혹은 매년 단위로 정기적으로 해야 할 업무가 많다는 사실을 알 수 있다. 그러므로 한 번에 여러 가지 일을 정확하게 처리해 내는 능력이 이 직업에 도움이 될 것임을 미루어 짐작할 수 있다. 여러 사람들과 필수적으로 소통해야 하기 때문에 혼자 일하는 것을 좋아하는 성향은 맞지 않으며, 눈치가 빠르고 배려심이 깊은 성격, 모험을 좋아하고 대담한 성격 또한 업무와 직접적인 연관은 없다.

| 06 | 영어문제 | 문제 한글 해석 |
|---|---|---|
| | In the context of the passage, the word "correspondence" means...<br>(a) similarity<br>(b) coherence<br>(c) congruity<br>(d) message | 이 글의 문맥상 "correspondence"는 무엇을 의미하는가?<br>(a) 유사성<br>(b) 일관성<br>(c) 조화<br>(d) 전갈<br><br>**정답** (d) |

**문제 해설**

이 글의 문맥상 "correspondence"는 '서신, 편지'를 의미하는 명사이다. 따라서 가장 가까운 의미의 (d) message '전갈, 메시지'가 정답이다. 나머지 보기들은 correspondence의 다른 의미인 '관련성, 유사함'과 연관된 유의어들이다.

| 07 | 영어문제 | 문제 한글 해석 |
|---|---|---|
| | In the context of the passage, the word "pledge" means...<br>(a) oath<br>(b) deposit<br>(c) guarantee<br>(d) installment | 이 글의 문맥상 "pledge"는 무엇을 의미하는가?<br>(a) 서약, 맹세<br>(b) 보증금, 예금<br>(c) 담보금<br>(d) 할부<br><br>**정답** (a) |

**문제 해설**

이 글의 문맥상 "pledge"는 '(후원금에 대한) 약속, 맹세, 서약'을 의미하는 명사이다. 따라서 가장 가까운 의미의 (a) oath '서약, 맹세'가 정답이다.

한사랑 4S 경찰&소방 전용
# 1트합격 지텔프

1트합격 지텔프 43-50점 대비
**독해 실전 모의고사**

한사랑 4S

READING PART

# 독해파트

### 2회

한사랑 4S 경찰&소방 전용
# 1트합격 지텔프

한사랑 4S

# READING PART

# PART 01

**PART 01**

Read the following biographical article and answer the questions.
The underlined words in the article are for vocabulary questions.

### Bill Clinton

Clinton was born and raised in Arkansas and attended Georgetown University, University College, Oxford, and Yale Law School. He met Hillary Rodham at Yale and married her in 1975. After graduating from law school, Clinton returned to Arkansas and won election as the attorney general of Arkansas, serving from 1977 to 1979. He later served as governor of Arkansas. As governor, he overhauled the state's education system and served as chairman of the National Governors Association. Clinton was elected president in 1992, defeating incumbent Republican opponent George H. W. Bush. At age 46, he became the third-youngest president in history.

Clinton presided over the longest period of peacetime economic expansion in American history. He signed into law the North American Free Trade Agreement, but failed to pass his plan for national health care reform. In the 1994 elections, the Republican Party won unified control of Congress for the first time in 40 years. In 1996, Clinton became the first Democrat since Franklin D. Roosevelt to be elected to a second full term. He passed welfare reform and the State Children's Health Insurance Program, as well as financial deregulation measures. During the last three years of Clinton's presidency, the Congressional Budget Office reported a budget surplus—the first such surplus since 1969. In foreign policy, Clinton ordered U.S. military intervention in the Bosnian and Kosovo wars, signed the Iraq Liberation Act in opposition to Saddam Hussein, participated in the 2000 Camp David Summit to advance the Israeli-Palestinian peace process, and assisted the Northern Ireland peace process. In 1998, Clinton was impeached by the House of Representatives, becoming the second U.S. president to be impeached, after Andrew Johnson. The impeachment was based on accusations that Clinton committed perjury and obstruction of justice for the purpose of concealing his affair with Monica Lewinsky, a 22-year-old White House intern. He was acquitted by the Senate and completed his term in office.

Clinton left office with the highest end-of-office approval rating of any U.S. president since World War II, and has continually received high scores in the historical rankings of U.S. presidents.

# 01

Which is true about Bill Clinton's career before his presidency?

(a) He was a law professor at Georgetown University in the 1970s.
(b) He served as attorney general of Arkansas before he got married.
(c) He served as governor of Arkansas right after he graduated from university.
(d) He presided as a head of an organization of Governors.

# 02

What happened in 1996?

(a) The first Democratic President was elected since Franklin D. Roosevelt.
(b) The Great Depression started in the United States.
(c) Franklin D. Roosevelt was elected to a second full term.
(d) The first budget surplus occurred in American history.

# 03

Which is NOT true about Clinton's foreign policy?

(a) He leaded U.S. military to intervene in the Bosnian and Kosovo wars.
(b) He tried to prevent Iraq Liberation Act from implementing in favor of Saddam Hussein.
(c) He helped advance the Israeli-Palestinian peace process.
(d) He supported the Northern Ireland peace process.

# 04

According to the passage, how was Clinton's presidency finished?

(a) by his stopping working himself because he was too aged
(b) by going to jail after committing a violent crime
(c) by being killed by those who detested him
(d) by being removed from office because of the affair with another woman

# 05

What is Bill Clinton recognized in American history?

(a) as the very first president who was reelected
(b) as the youngest vice president in U.S.
(c) as one of U.S. presidents with the greatest approval rating
(d) as a president presiding over poor economic periods

# 06

In the context of the passage, the word "overhaul" means...

(a) repair      (b) surpass
(c) carry       (d) overtake

# 07

In the context of the passage, the word "term" means...

(a) word        (b) period
(c) type        (d) condition

## PART 01 정답 및 해설

### 문제 해석

### Bill Clinton
빌 클린턴

Clinton was born and raised in Arkansas and attended Georgetown University, University College, Oxford, and Yale Law School.
Clinton은 Arkansas주에서 태어나고 자랐으며 Georgetown University, University College, Oxford, and Yale Law School을 다녔다.

He met Hillary Rodham at Yale and married her in 1975.
그는 Yale에서 Hillary Rodham을 만났고 1975년에 그녀와 결혼했다.

After graduating from law school, Clinton returned to Arkansas and won election as the attorney general of Arkansas, serving from 1977 to 1979.
법대를 졸업한 후, Clinton은 Arkansas로 돌아와 1977년부터 1979년까지 재직하면서 Arkansas 주 법무장관 선거에 당선되었다.

He later served as governor of Arkansas.
이후 Arkansas 주지사를 역임했다.

As governor, he overhauled the state's education system and served as chairman of the National Governors Association.
주지사로서 주의 교육 시스템을 정비하고 National Governors Association(전미 주지사 협회)의 회장직을 역임했다.

Clinton was elected president in 1992, defeating incumbent Republican opponent George H. W. Bush. At age 46, he became the third-youngest president in history.
Clinton은 1992년 현직 공화당 상대인 George H. W. Bush를 누르고 대통령에 당선되었다. 46세에 그는 역사상 세 번째로 가장 젊은 대통령이 되었다.

Clinton presided over the longest period of peacetime economic expansion in American history.
Clinton은 미국 역사상 가장 긴 평화시기의 경제 확장을 주도했다.

He signed into law the North American Free Trade Agreement, but failed to pass his plan for national health care reform.
그는 North American Free Trade Agreement (북미자유무역협정)에 서명하여 법률화 시켰지만 국민건강보험 개혁안을 통과시키지 못했다.

In the 1994 elections, the Republican Party won unified control of Congress for the first time in 40 years.
1994년 선거에서 공화당이 40년 만에 처음으로 의회 통합통치를 획득했다.

In 1996, Clinton became the first Democrat since Franklin D. Roosevelt to be elected to a second full term.
1996년 Clinton은 Franklin D. Roosevelt가 두 번째 임기로 선출된 이후 최초의 민주당원이 되었다.

He passed welfare reform and the State Children's Health Insurance Program, as well as financial deregulation measures.
그는 복지개혁과 State Children's Health Insurance Program (국가 아동 건강보험제도)는 물론 금융규제완화책을 통과시켰다.

During the last three years of Clinton's presidency, the Congressional Budget Office reported a budget surplus—the first such surplus since 1969.
Clinton 대통령 임기 중 마지막 3년 동안 의회예산국은 예산 흑자를 보고했는데, 이는 1969년 이후 처음 있는 흑자였다.

In foreign policy, Clinton ordered U.S. military intervention in the Bosnian and Kosovo wars, signed the Iraq Liberation Act in opposition to Saddam Hussein, participated in the 2000 Camp David Summit to advance the Israeli-Palestinian peace process, and assisted the Northern Ireland peace process.
외교정책에서 Clinton은 Bosnian과 Kosovo전쟁에 대한 미국의 군사 개입을 지시하고, Saddam Hussein에 반대하는 Iraq Liberation Act (이라크 해방법)에 서명했으며, Israeli-Palestinian (팔레스타인) 평화 협상 과정을 진전시키기 위해 2000년 Camp David Summit (협정)에 참가했으며, Northern Ireland (북아일랜드) 평화 협상 과정을 도왔다.

In 1998, Clinton was impeached by the House of Representatives, becoming the second U.S. president to be impeached, after Andrew Johnson.
1998년, Clinton은 하원의원에 의해 탄핵되어 Andrew Johnson에 이어 두 번째로 탄핵된 미국 대통령이 되었다.

The impeachment was based on accusations that Clinton committed perjury and obstruction of justice for the purpose of concealing his affair with Monica Lewinsky, a 22-year-old White House intern.
이 탄핵은 Clinton 이 22세의 백악관 인턴 Monica Lewinsky와의 불륜을 은폐하기 위해 위증과 공무집행방해죄를 저질렀다는 혐의에 근거했다.

He was acquitted by the Senate and completed his term in office.
그는 의회에서 무죄를 선고받고 임기를 마쳤다.

Clinton left office with the highest end-of-office approval rating of any U.S. president since World War II, and has continually received high scores in the historical rankings of U.S. presidents.
Clinton 은 World War II (제2차 세계대전) 이후 역대 미국 대통령 중 가장 높은 임기 말 지지율로 퇴임했으며 역대 미국 대통령들의 역사적 순위에서 지속적으로 높은 점수를 받아오고 있다.

### 어휘 Check

- **attorney general** 법무장관
- **overhaul** 정비, 점검하다
- **reform** 개혁, 개선
- **deregulation** 규제완화
- **intervention** 개입
- **impeach** 탄핵하다
- **perjury** 위증죄
- **governor** 주지사, 운영위원
- **incumbent** 재임 중인
- **the Republican Party** 공화당
- **measures** 방법, 방안, 조치
- **Liberation Act** 해방법
- **accusation** 혐의, 비난, 고발
- **obstruction of justice** 수사방해, 공무집행방해죄

| 정답 | 01. (d) | 02. (a) | 03. (b) | 04. (d) | 05. (c) | 06. (a) | 07. (b) |

### 01

| 영어문제 | 문제 한글 해석 |
| --- | --- |
| Which is true about Bill Clinton's career before his presidency?<br>(a) He was a law professor at Georgetown University in the 1970s.<br>(b) He served as attorney general of Arkansas before he got married.<br>(c) He served as governor of Arkansas right after he graduated from university.<br>(d) He presided as a head of an organization of Governors. | 대통령직 이전에 Bill Clinton의 경력으로 올바른 것은?<br>(a) 그는 1970년도에 Georgetown University에서 법학과 교수였다.<br>(b) 그는 결혼 전에 Arkansas 주 법무장관을 역임했다.<br>(c) 그는 졸업하자마자 Arkansas 주지사를 역임했다.<br>(d) 그는 주지사 협회의 의장으로써 주재 했다.<br>**정답** (d) |

**문제 해설**

첫 번째 문단에서 Clinton이 주지사가 되었고, 그 이후 국립 주지사 협회에서 회장을 역임했다는 것을 알 수 있다. (a) Clinton은 Georgetown University에서 법학과를 졸업했지, 교수로 역임하지 않았다. (b) Clinton은 결혼 후에 Arkansas 주 법무장관이 되었고, (c) Arkansas 주지사를 역임했지만 법무장관직 이후의 일이다.

> Clinton was born and raised in Arkansas and attended Georgetown University, University College, Oxford, and Yale Law School. He met Hillary Rodham at Yale and married her in 1975. After graduating from law school, Clinton returned to Arkansas and won election as the attorney general of Arkansas, serving from 1977 to 1979. He later served as governor of Arkansas. As governor, he overhauled the state's education system and served as chairman of the National Governors Association. Clinton was elected president in 1992, defeating incumbent Republican opponent George H. W. Bush. At age 46, he became the third-youngest president in history.

### 02

| 영어문제 | 문제 한글 해석 |
| --- | --- |
| What happened in 1996?<br>(a) The first Democratic President was elected since Franklin D. Roosevelt.<br>(b) The Great Depression started in the United States.<br>(c) Franklin D. Roosevelt was elected to a second full term.<br>(d) The first budget surplus occurred in American history. | 1996년에 무슨 일이 일어났는가?<br>(a) Franklin D. Roosevelt 이후 최초의 민주당 대통령이 선출되었다.<br>(b) 대공황이 미국에서 시작되었다.<br>(c) Franklin D. Roosevelt가 두 번째 임기로 선출되었다.<br>(d) 미국 역사상 처음으로 흑자가 발생했다.<br>**정답** (a) |

📝 **문제 해설**

Clinton이 Franklin D. Roosevelt가 두 번째 임기로 선출된 이후 최초의 민주당원이 되었다는 것으로부터 최초의 민주당 대통령이 선출되었음을 알 수 있다.

> Clinton presided over the longest period of peacetime economic expansion in American history. He signed into law the North American Free Trade Agreement, but failed to pass his plan for national health care reform. In the 1994 elections, the Republican Party won unified control of Congress for the first time in 40 years. In 1996, Clinton became the first Democrat since Franklin D. Roosevelt to be elected to a second full term. He passed welfare reform and the State Children's Health Insurance Program, as well as financial deregulation measures. During the last three years of Clinton's presidency, the Congressional Budget Office reported a budget surplus-the first such surplus since 1969.

## 03

| 영어문제 | 문제 한글 해석 |
|---|---|
| Which is **NOT** true about Clinton's foreign policy?<br>(a) He led U.S. military to intervene in the Bosnian and Kosovo wars.<br>(b) He tried to prevent Iraq Liberation Act from implementing in favor of Saddam Hussein.<br>(c) He helped advance the Israeli-Palestinian peace process.<br>(d) He supported the Northern Ireland peace process. | Clinton의 외교 정책으로 올바르지 <u>않은</u> 것은?<br>(a) 그는 Bosnian와 Kosovo 전쟁에 미국의 군사 개입을 이끌었다.<br>(b) 그는 Saddam Hussein을 지지하며 Iraq Liberation Act (이라크 해방법)이 시행되지 않도록 노력했다.<br>(c) 그는 Israeli-Palestinian (팔레스타인) 평화 협상 과정을 진전시키는 것을 도왔다.<br>(d) Northern Ireland (북아일랜드) 평화 협상 과정을 도왔다.<br><br>**정답** (b) |

📝 **문제 해설**

Clinton은 Saddam Hussein에 반대하였고, Iraq Liberation Act (이라크 해방법)에 서명했으므로 시행되지 않도록 노력했다는 것은 틀린 내용이다.

> In foreign policy, Clinton ordered U.S. military intervention in the Bosnian and Kosovo wars, signed the Iraq Liberation Act in opposition to Saddam Hussein, participated in the 2000 Camp David Summit to advance the Israeli-Palestinian peace process, and assisted the Northern Ireland peace process.

| 04 | 영어문제 | 문제 한글 해석 |
|---|---|---|
| | According to the passage, how was Clinton's presidency finished?<br>(a) by his stopping working himself because he was too aged<br>(b) by going to jail after committing a violent crime<br>(c) by being killed by those who detested him<br>(d) by being removed from office because of the affair with another woman | 문맥에 따르면, Clinton의 대통령 임기는 어떻게 끝났는가?<br>(a) 너무 늙어서 그가 스스로 일하는 것을 멈춤으로써<br>(b) 강력범죄를 저지른 후 감옥에 감으로써<br>(c) 그를 증오하던 사람들에 의해 사살됨으로써<br>(d) 다른 여자와 불륜 때문에 탄핵 당함으로써<br><br>**정답** (d) |

**문제 해설**

Clinton은 백악관 인턴 Monica Lewinsky와의 불륜을 은폐하기 위해 위증과 공무집행방해죄를 저질렀다는 혐의로 탄핵을 당하면서 그의 대통령 임기가 끝났음을 알 수 있다.

> In 1998, Clinton was impeached by the House of Representatives, becoming the second U.S. president to be impeached, after Andrew Johnson. The impeachment was based on accusations that Clinton committed perjury and obstruction of justice for the purpose of concealing his affair with Monica Lewinsky, a 22-year-old White House intern. He was acquitted by the Senate and completed his term in office.

| 05 | 영어문제 | 문제 한글 해석 |
|---|---|---|
| | What is Bill Clinton recognized in American history?<br>(a) as the very first president who was reelected<br>(b) as the youngest vice president in U.S.<br>(c) as one of U.S. presidents with the greatest approval rating<br>(d) as a president presiding over poor economic periods | Bill Clinton은 미국 역사에서 어떻게 인식되는가?<br>(a) 재 선출된 최초의 대통령으로서<br>(b) 미국의 가장 어린 부대통령으로서<br>(c) 가장 높은 지지율을 가진 미국 대통령들 중 한 명으로서<br>(d) 경기불황동안 주재한 대통령으로서<br><br>**정답** (c) |

**문제 해설**

Clinton은 탄핵을 당했지만, World War II (제2차 세계대전) 이후 역대 미국 대통령 중 가장 높은 지지율로 퇴임했다고 했으므로 이를 설명한 c가 정답이다.

> Clinton presided over the longest period of peacetime economic expansion in American history. Clinton left office with the highest end-of-office approval rating of any U.S. president since World War II, and has continually received high scores in the historical rankings of U.S. presidents.

| 06 | 영어문제 | 문제 한글 해석 |
|---|---|---|
| | In the context of the passage, the word "overhaul" means... <br> (a) repair <br> (b) surpass <br> (c) carry <br> (d) overtake | 이 글의 문맥상 "overhaul"는 무엇을 의미하는가? <br> (a) 수리하다 <br> (b) 능가하다 <br> (c) 이끌다, 운반하다 <br> (d) 추월하다 <br> **정답** (a) |

### 문제 해설

"overhaul"는 '점검하다, 정비하다; 앞지르다'라는 의미가 있지만, 이 글에서는 교육 시스템을 정비하다는 의미이므로 (a) maintain의 '정비하다'가 가장 가까운 뜻으로 쓰였다.

| 07 | 영어문제 | 문제 한글 해석 |
|---|---|---|
| | In the context of the passage, the word "term" means... <br> (a) word <br> (b) period <br> (c) type <br> (d) condition | 이 글의 문맥상 "term"은 무엇을 의미하는가? <br> (a) 단어 <br> (b) 기간 <br> (c) 유형 <br> (d) 조건 <br> **정답** (b) |

### 문제 해설

이 글에서 "term"은 문맥상에서 "기간, 기한"이라는 의미로, (b) period '기간'과 가장 가까운 뜻을 가졌다. 그 외에 단어들은 유의어이기는 하나 문맥상 쓰인 의미와는 서로 다른 의미를 지닌 단어들이다.

한사랑 4S 경찰&소방 전용
# 1트합격 지텔프

한사랑 4S

READING PART

# PART 02

## Antibacterial properties of spices and condiments

Ever since life emerged on Earth, organisms have been waging chemical warfare against each other. One of the earliest examples was the poisoning of anaerobes by oxygen-producing cyanobacteria 2500 million years ago. The oxygen produced by photosynthetic organisms on the surface of the earth makes life possible for us today, and anaerobes seek refuge in the deep and dark recesses of the biosphere.

For millennia, humans have used salt, alcohol, and vinegar as preservatives for food. Alcohol is the product of fermentation by yeast, whereas vinegar is the result of fungal fermentation. In 1676 Antoni van Leeuwenhoek, the inventor of the microscope, published his first observations of single-celled organisms which now we characterize as bacteria, yeasts, and protozoa. It was only in the nineteenth century that Louis Pasteur's experiments determined that food fermentation was caused by microorganisms that could be killed by heat. In 1945, bacteriologist Alexander Fleming succeeded in isolating the antibiotic substance penicillin from a mold that had contaminated and suppressed growth of his bacterial cultures.

Plants have evolved to defend themselves chemically from insects, yeasts, and fungi. Since ancient times, garlic has been claimed to cure a variety of conditions. Although many claims about garlic remain unconfirmed by modern research, its antibiotic properties can be clearly demonstrated. A study conducted at the University of California Irvine Medical Center showed that garlic juice, even when diluted significantly, has antibacterial activity against many pathogenic bacteria including antibiotic-resistant staphylococci (MRSA).

Eating raw garlic can sometimes provide relief for an upset stomach caused by spoiled food. This remedy can be a tasty treat: Make a sauce by grating half a tomato, add 2 cloves of crushed raw garlic, one teaspoon of olive oil, and a dash of salt and pepper. Spoon the sauce onto a slice of toasted bread, and eat to your health!

## 01
What can be inferred about anaerobes?

(a) They can't survive with oxygen.
(b) Oxygen is essential for them to live.
(c) Cyanobacteria were poisoned by them.
(d) They are produced by photosynthetic organisms.

## 02
Which is NOT true about the persons that were mentioned in the second paragraph?

(a) Antoni van Leeuwenhoek invented the microscope.
(b) Antoni van Leeuwenhoek observed single-celled organisms such as bacteria, yeasts, and protozoa.
(c) Louis Pasteur found out food fermentation was caused by microorganisms after the nineteenth century.
(d) Alexander Fleming successfully separated the antibiotic substance penicillin from a mold.

## 03
Based on the passage, how have plants evolved?

(a) by being genetically modified with other plants
(b) by working together with other organisms
(c) by keeping producing the same species as them
(d) by protecting themselves chemically from other organisms

## 04
What happens when garlic is made into juice?

(a) Any antibacterial activity against pathogenic bacteria can't be found.
(b) It still has antibacterial activity against many pathogenic bacteria.
(c) There are more and more pathogenic bacteria in it.
(d) The juice completely loses the ability to cure a variety of conditions that garlic has.

## 05
According to the last paragraph, how can we relieve an upset stomach by spoiled food?

(a) by consuming uncooked garlic
(b) by injecting some diluted garlic juice into our body
(c) by smelling the scent of dried garlic several times
(d) by spreading the mashed garlic around the belly

## 06
In the context of the passage, the word "property" means...

(a) estate
(b) possessions
(c) characteristic
(d) prosperity

## 07
In the context of the passage, the word "upset" means...

(a) ill
(b) worried
(c) concerned
(d) angry

# PART 02 정답 및 해설

## 문제 해석

### Antibacterial properties of spices and condiments
향신료와 조미료의 항균 특성

Ever since life emerged on Earth, organisms have been waging chemical warfare against each other.
지구상에 생명체가 출현한 이후, 생물들은 서로 화학전을 벌여오고 있는 중이다.

One of the earliest examples was the poisoning of anaerobes by oxygen-producing cyanobacteria 2500 million years ago.
가장 초기 사례 중 하나는 25억 년 전에 산소를 생성하는 시아노박테리아에 의한 혐기성 생물의 독살이었다.

The oxygen produced by photosynthetic organisms on the surface of the earth makes life possible for us today, and anaerobes seek refuge in the deep and dark recesses of the biosphere.
지구 표면의 광합성 생물에 의해 생성되는 산소는 오늘날 우리에게 생명을 가능하게 하고, 혐기성 생물은 생물권의 깊고 어두운 구석진 곳 (휴식처)으로 피난처를 찾는다.

For millennia, humans have used salt, alcohol, and vinegar as preservatives for food.
수천 년 동안, 인간은 음식의 방부제로 소금, 술, 식초를 사용해 왔다.

Alcohol is the product of fermentation by yeast, whereas vinegar is the result of fungal fermentation.
알코올은 효모에 의한 발효의 산물인 반면 식초는 곰팡이(균류) 발효의 산물이다.

In 1676 Antoni van Leeuwenhoek, the inventor of the microscope, published his first observations of single-celled organisms which now we characterize as bacteria, yeasts, and protozoa.
1676년 현미경의 발명자인 Antoni van Leeuwenhoek는 현재 우리가 박테리아, 효모, 원생동물로 간주하는 단세포 생물에 대한 그의 첫 관찰을 발표했다.

It was only in the nineteenth century that Louis Pasteur's experiments determined that food fermentation was caused by microorganisms that could be killed by heat.
Louis Pasteur의 실험에서 식품 발효가 열에 의해 죽을 수 있는 미생물에 의해 발생한다고 판단 (규정)한 것은 겨우 19세기에 이르러서였다.

In 1945, bacteriologist Alexander Fleming succeeded in isolating the antibiotic substance penicillin from a mold that had contaminated and suppressed growth of his bacterial cultures.
1945년, 세균학자 Alexander Fleming은 항생 물질 페니실린을 오염시키고 그의 박테리아 배양균의 성장을 억제했던 곰팡이로부터 격리시키는데 성공했다.

Plants have evolved to defend themselves chemically from insects, yeasts, and fungi.
식물은 곤충, 효모, 곰팡이로부터 화학적으로 자신을 방어하기 위해 진화해왔다.

Since ancient times, garlic has been claimed to cure a variety of conditions.
고대부터 마늘은 다양한 질병들을 치료한다고 주장되어 왔다.

Although many claims about garlic remain unconfirmed by modern research, its antibiotic properties can be clearly demonstrated.
마늘에 대한 많은 주장이 현대 연구에 의해 확인되지는 않고 있지만, 마늘의 항생제 성질은 명확하게 증명될 수 있다.

A study conducted at the University of California Irvine Medical Center showed that garlic juice, even when diluted significantly, has antibacterial activity against many pathogenic bacteria including antibiotic-resistant staphylococci (MRSA).
University of California Irvine Medical Center에서 행해진 연구는 마늘 주스가 상당히 희석되었을 때에도 항생제 내성 포도상구균(MRSA)을 포함한 많은 병원성 박테리아에 대한 항균 활성을 가지고 있다는 것을 보여주었다.

Eating raw garlic can sometimes provide relief for an upset stomach caused by spoiled food.
생마늘을 먹으면 때때로 상한 음식으로 인한 배탈을 완화시킬 수 있다.

This remedy can be a tasty treat: Make a sauce by grating half a tomato, add 2 cloves of crushed raw garlic, one teaspoon of olive oil, and a dash of salt and pepper.
이 치료법은 맛있는 간식이 될 수 있다: 토마토 반을 갈아서 소스를 만들고, 으깬 생마늘 2쪽, 올리브 오일 1작은술, 소금과 후추 약간을 넣는다.

Spoon the sauce onto a slice of toasted bread, and eat to your health!
구운 빵 한 조각에 소스를 숟가락으로 얹고, 건강을 위해 먹어라!

## 어휘 Check

- condiments 조미료
- warfare 전투, 전쟁
- anaerobes 혐기성 생물, 무산소성균(산소가 존재하지 않는 곳에서 생육할 수 있는 세균의 총칭)
- cyanobacteria 시아노박테리아, 남세균(엽록소를 가지고 광합성을 하는 세균)
- photosynthetic 광합성의
- recesses 구석진 곳, 후미진 곳
- vinegar 식초
- yeast 효모
- protozoa 원생동물(동물계의 가장 단순한 생물로 된 문(phylum)으로, 현미경적 크기로부터 육안적 크기에 이르기까지 단세포생물로 구성된다)
- penicillin 페니실린(푸른곰팡이를 길러서 얻은 항생 물질)
- dilute 희석하다, 묽게 하다
- emerge 나오다, 드러나다, 생겨나다
- refuge 피난처, 도피처
- biosphere 생물권(생물이 살 수 있는 지구 표면과 대기권)
- fermentation 발효
- fungal 균류(곰팡이)에 의한
- fungi 곰팡이
- pathogenic 발병시키는, 병원(病原)의

| 정답 | 01. (a) | 02. (c) | 03. (d) | 04. (b) | 05. (a) | 06. (c) | 07. (a) |
| --- | --- | --- | --- | --- | --- | --- | --- |

### 01

| 영어문제 | 문제 한글 해석 |
| --- | --- |
| What can be inferred about anaerobes?<br>(a) They can't survive with oxygen.<br>(b) Oxygen is essential for them to live.<br>(c) Cyanobacteria were poisoned by them.<br>(d) They are produced by photosynthetic organisms. | 혐기성 생물에 대해서 추론할 수 있는 것은?<br>(a) 그것들은 산소와 함께 살 수 없다.<br>(b) 산소는 그들이 살기 위해 필수적이다.<br>(c) 시아노박테리아는 그것들에 의해 독살되었다.<br>(d) 그것들은 광합성 생물들에 의해 생산된다.<br>**정답** (a) |

**문제 해설**

혐기성 생물이 산소를 생성하는 시아노박테리아에 의해 독살되었다고 했으므로 그것들은 산소와 함께 살 수 없다는 것을 추론할 수 있다.

Ever since life emerged on Earth, organisms have been waging chemical warfare against each other. One of the earliest examples was the poisoning of anaerobes by oxygen-producing cyanobacteria 2500 million years ago. The oxygen produced by photosynthetic organisms on the surface of the earth makes life possible for us today, and anaerobes seek refuge in the deep and dark recesses of the biosphere.

### 02

| 영어문제 | 문제 한글 해석 |
| --- | --- |
| Which is NOT true about the persons that were mentioned in the second paragraph?<br>(a) Antoni van Leeuwenhoek invented the microscope.<br>(b) Antoni van Leeuwenhoek observed single-celled organisms such as bacteria, yeasts, and protozoa.<br>(c) Louis Pasteur found out food fermentation was caused by microorganisms after the nineteenth century.<br>(d) Alexander Fleming successfully separated the antibiotic substance penicillin from a mold. | 두 번째 단락에서 언급된 사람들에 대해 올바르지 않은 것은?<br>(a) Antoni van Leeuwenhoek은 현미경을 발명했다.<br>(b) Antoni van Leeuwenhoek는 박테리아, 효모, 원생동물과 같은 단세포 생물을 관찰했다.<br>(c) Louis Pasteur는 식품 발효가 미생물에 의해 발생한다는 것을 19세기 이후에 알아냈다.<br>(d) Alexander Fleming는 항생 물질 페니실린을 곰팡이로부터 성공적으로 분리시켰다.<br>**정답** (c) |

**문제 해설**

Louis Pasteur는 식품 발효가 미생물에 의해 발생한다는 것을 알아낸 것은 사실이지만, 19세기 이후가 아니라 19세기 때이므로 시기가 잘못되었다.

In 1676 Antoni van Leeuwenhoek, the inventor of the microscope, published his first observations of single-celled organisms which now we characterize as bacteria, yeasts, and protozoa. It was only in the nineteenth century that Louis Pasteur's experiments determined that food fermentation was caused by microorganisms that could be killed by heat. In 1945, bacteriologist Alexander Fleming succeeded in isolating the antibiotic substance penicillin from a mold that had contaminated and suppressed growth of his bacterial cultures.

## 03

**영어문제**

Based on the passage, how have plants evolved?
(a) by being genetically modified with other plants
(b) by working together with other organisms
(c) by keeping producing the same species as them
(d) by protecting themselves chemically from other organisms

**문제 한글 해석**

지문에 따르면, 식물들은 어떻게 진화해 왔는가?
(a) 다른 식물들과 유전적으로 변이됨으로써
(b) 다른 유기체들과 협동함으로써
(c) 그들과 같은 종을 계속해서 생산함으로써
(d) 다른 생물체들로부터 화학적으로 자신을 방어함으로써

**정답** (d)

**문제 해설**

지구상에 생명체가 출현한 이후, 유기체들은 서로 화학전을 벌이고 있는데 그렇기 때문에 식물들은 화학적으로 자신을 방어하기 위해 진화해왔음을 알 수 있다.

> Plants have evolved to defend themselves chemically from insects, yeasts, and fungi. Since ancient times, garlic has been claimed to cure a variety of conditions. Although many claims about garlic remain unconfirmed by modern research, its antibiotic properties can be clearly demonstrated.

## 04

**영어문제**

What happens when garlic is made into juice?
(a) Any antibacterial activity against pathogenic bacteria can't be found.
(b) It still has antibacterial activity against many pathogenic bacteria.
(c) There are more and more pathogenic bacteria in it.
(d) The juice completely loses the ability to cure a variety of conditions that garlic has.

**문제 한글 해석**

마늘이 주스로 만들어질 때 무슨 일이 일어나는가?
(a) 병원성 박테리아에 대한 항균 활성을 찾을 수 없다.
(b) 그것은 여전히 많은 병원성 박테리아에 대한 항균 활성을 가지고 있다.
(c) 그것 안에 병원성 박테리아가 점점 더 많아진다.
(d) 그 주스는 마늘이 가지고 있던 여러 가지 병을 고칠 수 있는 능력을 완전히 잃어버린다.

**정답** (b)

**문제 해설**

마늘이 희석되어 주스가 되어도, 생마늘만큼 박테리아 생장의 강력한 억제 능력을 가지고 있음을 알 수 있다. 다시 말해, 항생제 내성 포도상구균(MRSA)을 포함한 많은 병원성 박테리아에 대한 항균 활성을 여전히 가지고 있다.

> Since ancient times, garlic has been claimed to cure a variety of conditions. Although many claims about garlic remain unconfirmed by modern research, its antibiotic properties can be clearly demonstrated. A study conducted at the University of California Irvine Medical Center showed that garlic juice, even when diluted significantly, has antibacterial activity against many pathogenic bacteria including antibiotic-resistant staphylococci (MRSA).

| 05 | 영어문제 | 문제 한글 해석 |
|---|---|---|

According to the last paragraph, how can we relieve an upset stomach by spoiled food?
(a) by consuming uncooked garlic
(b) by injecting some diluted garlic juice into our body
(c) by smelling the scent of dried garlic several times
(d) by spreading the mashed garlic around the belly

마지막 단락에 따르면 우리는 어떻게 상한 음식으로 인한 배탈을 완화시킬 수 있는가?
(a) 생마늘을 먹음으로써
(b) 마늘 주스를 우리 몸에 주입함으로써
(c) 말린 마늘의 향을 여러 번 맡음으로써
(d) 으깬 마늘을 배 주변에 바름으로써

**정답** (a)

### 문제 해설

마지막 단락 첫 번째 문장에서 생마늘을 먹는 것이 때때로 상한 음식으로 인한 배탈을 완화시킬 수 있다고 했다.

> Eating raw garlic can sometimes provide relief for an upset stomach caused by spoiled food. This remedy can be a tasty treat: Make a sauce by grating half a tomato, add 2 cloves of crushed raw garlic, one teaspoon of olive oil, and a dash of salt and pepper. Spoon the sauce onto a slice of toasted bread, and eat to your health!

| 06 | 영어문제 | 문제 한글 해석 |
|---|---|---|

In the context of the passage, the word "property" means...
(a) estate
(b) possessions
(c) characteristic
(d) prosperity

이 글의 문맥상 "property"은 무엇을 의미하는가?
(a) 소유지, 사유지
(b) 소지품
(c) 특징, 성질
(d) 번영, 번성

**정답** (c)

### 문제 해설

이 글의 문맥상 "property"은 '성질'을 의미하는 명사이다. 따라서 가장 가까운 의미의 (c) characteristic이 정답이다. 그 외에 단어들은 유의어이기는 하나 문맥상 쓰인 의미와는 서로 다른 의미를 지닌 단어들이다. 그 외 "property"는 '재산, 부동산, 소유'라는 의미가 있으므로 지문상 어떤 의미로 쓰였는지를 주의 깊게 봐야 한다.

| 07 | 영어문제 | 문제 한글 해석 |
|---|---|---|
| | In the context of the passage, the word "upset" means...<br>(a) ill<br>(b) worried<br>(c) concerned<br>(d) angry | 이 글의 문맥상 "upset"은 무엇을 의미하는가?<br>(a) 아픈<br>(b) 걱정스러운<br>(c) 우려하는<br>(d) 화가 난<br>**정답** (a) |

**문제 해설**

이 글의 문맥상 "upset"은 stomach와 함께 쓰여서 '아픈'을 의미하는 형용사이다. 따라서 가장 가까운 의미의 (a) ill이 정답이다. 그 외에 단어들은 유의어이기는 하나 문맥상 쓰인 의미와는 서로 다른 의미를 지닌 단어들이다.

한사랑 4S 경찰&소방 전용
## 1트합격 지텔프

한사랑 4S

# READING PART

# PART 03

Read the following encyclopedia article and answer the questions. The underlined words in the article are for vocabulary questions.

### Loch Ness monster

Loch Ness monster, byname Nessie, large marine creature believed by some people to inhabit Loch Ness, Scotland. However, much of the alleged evidence supporting its existence has been discredited, and it is widely thought that the monster is a myth.

Reports of a monster inhabiting Loch Ness date back to ancient times. Notably, local stone carvings by the Pict depict a mysterious beast with flippers. The first written account appears in a biography of St. Columba from 565 AD. According to that work, the monster bit a swimmer and was prepared to attack another man when Columba intervened, ordering the beast to "go back." It obeyed, and over the centuries only occasional sightings were reported. Many of these alleged encounters seemed inspired by Scottish folklore, which abounds with mythical water creatures.

In 1933 the Loch Ness monster's legend began to grow. At the time, a road adjacent to Loch Ness was finished, offering an unobstructed view of the lake. In April a couple saw an enormous animal—which they compared to a "dragon or prehistoric monster"—and after it crossed their car's path, it disappeared into the water. The incident was reported in a Scottish newspaper, and numerous sightings followed. In December 1933 the Daily Mail commissioned Marmaduke Wetherell, a big-game hunter, to locate the sea serpent. Along the lake's shores, he found large footprints that he believed belonged to "a very powerful soft-footed animal about 20 feet [6 metres] long." However, upon closer inspection, zoologists at the Natural History Museum determined that the tracks were identical and made with an umbrella stand or ashtray that had a hippopotamus leg as a base; Wetherell's role in the hoax was unclear.

The news only seemed to spur efforts to prove the monster's existence. In 1934 English physician Robert Kenneth Wilson photographed the alleged creature. The iconic image—known as the "surgeon's photograph"—appeared to show the monster's small head and neck. The Daily Mail printed the photograph, sparking an international sensation. Many speculated that the creature was a plesiosaur, a marine reptile that went extinct some 65.5 million years ago.

The Loch Ness area attracted numerous monster hunters. Over the years, several sonar explorations (notably in 1987 and 2003) were undertaken to locate the creature, but none were successful.

## 01

Which of the followings is considered the first written record of encountering the monster?

(a) Stories of a monster dwelling in Loch Ness are expressed in Scottish folklore.
(b) The Pict engraved their encounter with a mystical monster with flippers on a stone.
(c) The story of repelling an aggressive monster can be found in a biography of St. Columba.
(d) A swimmer from 565 AD wrote about his experience of being attacked by a creature in his book.

## 02

Why did the myth about the Loch Ness monster begin to thrive in 1933?

(a) Due to the construction of roads, the lake became more accessible.
(b) The monster showed itself to a couple passing by the lake.
(c) Various cases of witnessing the monster were printed in a local newspaper.
(d) Marmaduke Wetherell discovered certain footprints on the lake's shores, which he claimed a huge and powerful creature had left.

## 03

Which is NOT true about Marmaduke Wetherell's discovery?

(a) He was asked to track down the water creature by Daily Mail.
(b) The footprints he had founded eventually proved the existence of a sea animal about 20 feet long.
(c) Experts at the Natural History Museum conducted a closer analysis on the footprints.
(d) Whether Marmaduke Wetherell fabricated the footprints remains mystery.

## 04

What is the conclusion of zoologists' investigation upon the footmarks?

(a) The tracks were unequal from each other.
(b) They denied that the footprints belonged to a large, unknown creature.
(c) The footmarks resembled the form of a hippopotamus leg.
(d) The zoologists blamed Wetherell for deceiving them with a fake evidence.

## 05

What does "the iconic image" of Loch Ness monster consist of?

(a) a surgeon at the point of capturing Loch Ness monster
(b) an English doctor trying to take picture of a reptile-looking creature
(c) a creature revealing its small head and neck
(d) a plesiosaur that was believed to have gone extinct a long time ago

## 06

In the context of the passage, the word "support" means

(a) abide
(b) corroborate
(c) defend
(d) finance

## 07

In the context of the passage, the word "game" means

(a) sport
(b) competition
(c) prank
(d) prey

# PART 03 정답 및 해설

## 문제 해석

### Loch Ness monster
### 네스 호의 괴물

Loch Ness monster, byname Nessie, large marine creature believed by some people to inhabit Loch Ness, Scotland.
Nessie라는 별칭을 지닌 거대 수중 생명체인 네스 호의 괴물은 일부 사람들에 의해 스코틀랜드의 네스 호에 서식한다고 여겨졌다.

However, much of the alleged evidence supporting its existence has been discredited, and it is widely thought that the monster is a myth.
그러나 그 존재를 뒷받침한다고 제기된 수많은 증거들이 대부분 신빙성을 잃었고, 괴물은 신화에 불과하다는 생각이 널리 퍼져 있다.

Reports of a monster inhabiting Loch Ness date back to ancient times.
네스 호에 서식하는 괴물에 대한 보고는 고대로 거슬러 올라간다.

Notably, local stone carvings by the Pict depict a mysterious beast with flippers.
특히, 픽트인들에 의해 새겨진 현지 돌조각은 지느러미가 달린 정체불명의 괴수를 묘사한다.

The first written account appears in a biography of St. Columba from 565 AD.
가장 최초의 서면기록은 기원후 565년 St. Columba의 전기에서 나타난다.

According to that work, the monster bit a swimmer and was prepared to attack another man when Columba intervened, ordering the beast to "go back."
그 기록에 따르면, 괴물은 헤엄을 치고 있던 사람을 물었으며, 이윽고 다른 이마저 공격하려고 준비되었을 때 Columba가 나타나 괴물에게 "뒤로 물러서라"고 명령하였다.

It obeyed, and over the centuries only occasional sightings were reported.
괴물은 명령에 복종했고, 그 후 몇 세기 동안은 단순한 목격만 이따금씩 보고될 뿐이었다.

Many of these alleged encounters seemed inspired by Scottish folklore, which abounds with mythical water creatures.
괴물과 마주쳤다고 제기된 수많은 주장들은 신비로운 수중 생물이 다양하게 등장하는 스코틀랜드 신화에서 영향을 받은 것으로 보인다.

In 1933 the Loch Ness monster's legend began to grow.
1933년에 네스 호 괴물의 전설은 확대되기 시작했다.

At the time, a road adjacent to Loch Ness was finished, offering an unobstructed view of the lake.
네스 호 근처의 도로가 완공되면서 탁 트인 호수의 전경을 볼 수 있게 되었다.

In April a couple saw an enormous animal—which they compared to a "dragon or prehistoric monster"—and after it crossed their car's path, it disappeared into the water.
4월에 한 부부가 거대한 동물–그들은 그것을 "용 또는 고대 생물"에 비유했다–을 목격했고, 그것은 부부의 차 앞을 가로지른 후 물속으로 사라졌다.

The incident was reported in a Scottish newspaper, and numerous sightings followed.
이 사건은 스코틀랜드 신문에 실렸으며, 이후 많은 목격담이 뒤따랐다.

In December 1933 the Daily Mail commissioned Marmaduke Wetherell, a big-game hunter, to locate the sea serpent.
1933년 12월에 Daily Mail은 맹수 (대형 사냥감) 사냥꾼인 Marmaduke Wetherell에게 바다뱀을 찾아내라는 의뢰를 하였다.

Along the lake's shores, he found large footprints that he believed belonged to
"a very powerful soft-footed animal about 20 feet [6 metres] long."
그는 호숫가를 따라 나 있는 거대한 발자국을 발견했고, 그는 이것이 "20피트(6미터) 정도 되는, 힘이 세고 부드러운 발을 가진 동물"의 것이라고 믿었다.

However, upon closer inspection, zoologists at the Natural History Museum determined that the tracks were identical and made with an umbrella stand or ashtray that had a hippopotamus leg as a base; Wetherell's role in the hoax was unclear.
그러나 자연사박물관의 동물학자들은 자세한 관찰 후에 이 흔적들이 모두 균일하며, 하마 다리 모양의 받침이 달린 우산꽂이나 재떨이에 의한 자국인 것으로 결론을 내렸다. 이 날조에 Wetherell이 관여했는지 여부는 불분명하다.

The news only seemed to spur efforts to prove the monster's existence.
이 소식은 괴물의 존재를 증명하려는 노력에 박차를 가할 뿐이었다.

In 1934 English physician Robert Kenneth Wilson photographed the alleged creature.
1934년 영국인 의사인 Robert Kenneth Wilson은 괴물로 추정되는 생물의 사진을 촬영했다.

The iconic image—known as the "surgeon's photograph"—appeared to show the monster's small head and neck.
일명 surgeon's photograph(외과의사의 사진)로 알려진 이 상징적인 사진에는 괴물의 작은 머리와 목이 나타나 있다.

The Daily Mail printed the photograph, sparking an international sensation.
Daily Mail은 그 사진을 실었고, 이는 국제적인 돌풍을 일으켰다.

Many speculated that the creature was a plesiosaur, a marine reptile that went extinct some 65.5 million years ago.
많은 사람들은 이 생물이 6천 5백 5십만 년 전에 멸종한 해양 파충류인 수장룡이 아닐까 추측했다.

The Loch Ness area attracted numerous monster hunters.
네스 호 지역에는 수많은 괴수 사냥꾼들이 몰려들었다.

**Over the years, several sonar explorations (notably in 1987 and 2003) were undertaken to locate the creature, but none were successful.**
수년에 걸쳐 그 생물을 찾기 위해 수중 탐사도 여러 번(특히 1987년과 2003년) 시행되었는데, 그 어느 것도 성과를 거둔 것은 없었다.

### 어휘 Check

- **byname** ~이라는 이름의
- **allege** 주장하다, 제기하다
- **myth** 신화
- **notably** 특히, 두드러지게
- **abound** 아주 많다, 풍부하다
- **unobstructed** 방해받지 않는, 가로막히지 않은
- **serpent** 큰뱀
- **hoax** 날조, 거짓, 장난
- **speculate** 추측하다
- **inhabit** 거주하다, 서식하다
- **discredit** 신빙성을 떨어뜨리다
- **date back** 거슬러 올라가다
- **intervene** 개입하다
- **adjacent** 인접한, 가까운
- **commission** 의뢰하다(동사)
- **identical** 동일한
- **spur** 자극하다, 박차를 가하다

**정답**  1. (c)   2. (a)   3. (b)   4. (b)   5. (c)   6. (b)   7. (d)

## 01

### 영어문제

Which of the followings is regarded as the first written record of encountering the monster?

(a) Stories of a monster dwelling in Loch Ness are expressed in Scottish folklore.
(b) The Pict engraved their encounter with a mystical monster with flippers on a stone.
(c) The story of repelling an aggressive monster can be found in a biography of St. Columba.
(d) A swimmer from 565 AD wrote about his experience of being attacked by a creature in his book.

### 문제 한글 해석

다음 중 괴수와 조우했다고 알려진 최초의 기록은 어느 것인가?

(a) 네스 호에 살고 있는 괴수에 관한 이야기들이 스코틀랜드 신화에 나타난다.
(b) 픽트인들은 지느러미가 달린 신비한 괴수와의 만남을 바위에 새겼다.
(c) 어느 공격적인 괴수를 물리친 이야기를 St. Columba의 전기에서 찾아볼 수 있다.
(d) AD 565년에 수영을 하고 있던 어떤 사람이 한 생물에게 공격받은 경험을 자신의 책에 썼다.

**정답** (c)

### 문제 해설

두 번째 문단에서 네스 호 괴물에 관한 최초의 기록은 AD 565년에 실존했던 St. Columba가 사람들을 공격하고 있던 어떤 괴수를 복종시킨 이야기가 언급된 그의 전기임을 알 수 있다.

Reports of a monster inhabiting Loch Ness date back to ancient times. Notably, local stone carvings by the Pict depict a mysterious beast with flippers. The first written account appears in a biography of St. Columba from 565 AD. According to that work, the monster bit a swimmer and was prepared to attack another man when Columba intervened, ordering the beast to "go back." It obeyed, and over the centuries only occasional sightings were reported. Many of these alleged encounters seemed inspired by Scottish folklore, which abounds with mythical water creatures.

| 02 | 영어문제 | 문제 한글 해석 |

Why did the myth about the Loch Ness monster begin to thrive in 1933?

(a) Due to the construction of roads, the lake became more accessible.
(b) The monster showed itself to a couple passing by the lake.
(c) Various cases of witnessing the monster were printed in a local newspaper.
(d) Marmaduke Wetherell discovered certain footprints on the lake's shores, which he claimed a huge and powerful creature had left.

왜 1933년에 네스 호 괴물에 대한 전설이 확산되기 시작했는가?

(a) 도로 공사로 인해 호수에 대한 접근이 용이해졌다.
(b) 호수를 지나는 중이던 어느 부부에 의해 괴물이 목격되었다.
(c) 괴물을 목격했다는 여러 이야기가 지역 신문에 실렸다.
(d) Marmaduke Wetherell이 호숫가에서 어떤 발자국을 발견했는데, 그는 이 발자국이 크고 강력한 생물에게서 나왔다고 주장했다.

정답 (a)

**문제 해설**

세 번째 문단을 보면 1933년을 기점으로 네스 호 괴물에 대한 전설이 확산된 이유는 호수 근처의 도로 공사가 완공되면서 호수가 사람들 눈에 더 잘 띄게 되었기 때문임을 알 수 있다. 나머지 보기 (b), (c), (d)는 모두 이 사실을 증명하는 사례들이다.

In 1933 the Loch Ness monster's legend began to grow. At the time, a road adjacent to Loch Ness was finished, offering an unobstructed view of the lake. In April a couple saw an enormous animal—which they compared to a "dragon or prehistoric monster"—and after it crossed their car's path, it disappeared into the water. The incident was reported in a Scottish newspaper, and numerous sightings followed. In December 1933 the Daily Mail commissioned Marmaduke Wetherell, a big-game hunter, to locate the sea serpent. Along the lake's shores, he found large footprints that he believed belonged to "a very powerful soft-footed animal about 20 feet [6 metres] long."

| 03 | 영어문제 | 문제 한글 해석 |

Which is NOT true about Marmaduke Wetherell's discovery?

(a) He was asked to track down the water creature by Daily Mail.
(b) The footprints he had founded eventually proved the existence of a sea animal about 20 feet long.
(c) Experts at the Natural History Museum conducted a closer analysis on the footprints.
(d) Whether Marmaduke Wetherell fabricated the footprints remains mystery.

Marmaduke Wetherell의 발견에 대한 것 중 사실이 아닌 것은?

(a) 그는 Daily Mail로부터 그 수중 생물을 추적해달라는 부탁을 받았다.
(b) 그가 발견한 발자국은 20피트에 달하는 해양생물의 존재를 결국 입증했다.
(c) 자연사박물관의 전문가들은 발자국에 대해 더 상세한 분석을 실행했다.
(d) Marmaduke Wetherell이 발자국을 위조했는지의 여부는 의문으로 남았다.

정답 (b)

**문제 해설**

세 번째 문단에서 나열된 보기들에 대한 내용을 모두 찾을 수 있다. Marmaduke Wetherell은 자신이 발견한 발자국이 20피트에 달하는 아주 강력한 생물의 것이라고 주장했지만, 동물학자들의 분석에 의해 그것은 조작된 것임이 드러났다. 따라서 그의 발견은 네스 호 괴물의 존재를 입증할 수 없게 되었으므로, (b)는 사실이 아니다.

> In 1933 the Loch Ness monster's legend began to grow. At the time, a road adjacent to Loch Ness was finished, offering an unobstructed view of the lake. In April a couple saw an enormous animal—which they compared to a "dragon or prehistoric monster"—and after it crossed their car's path, it disappeared into the water. The incident was reported in a Scottish newspaper, and numerous sightings followed. In December 1933 the Daily Mail commissioned Marmaduke Wetherell, a big-game hunter, to locate the sea serpent. Along the lake's shores, he found large footprints that he believed belonged to "a very powerful soft-footed animal about 20 feet [6 metres] long." However, upon closer inspection, zoologists at the Natural History Museum determined that the tracks were identical and made with an umbrella stand or ashtray that had a hippopotamus leg as a base; Wetherell's role in the hoax was unclear.

---

## 04

| 영어문제 | 문제 한글 해석 |
|---|---|
| What is the conclusion of zoologists' investigation upon the footmarks?<br>(a) The tracks were unequal from each other.<br>(b) They denied that the footprints belonged to a large, unknown creature.<br>(c) The footmarks resembled the form of a hippopotamus leg.<br>(d) The zoologists blamed Wetherell for deceiving them with a fake evidence. | 동물학자들이 발자국에 대해 시행한 조사의 결론은 무엇인가?<br>(a) 그 흔적들은 서로 다 달랐다.<br>(b) 그들은 발자국이 정체불명의 커다란 생물에서 나왔다는 것을 부인했다.<br>(c) 발자국은 하마 다리의 모습을 연상시켰다.<br>(d) 동물학자들은 Wetherell이 가짜 증거로 그들을 속이려 했다고 비난했다.<br>**정답** (b) |

**문제 해설**

본문을 자세히 읽어보면, (a) 발자국은 전부 균일했으며, (c) 하마 다리 모양의 받침이 달린 우산꽂이 혹은 재떨이로 만들어진 자국임을 알 수 있다. 발자국 자체가 하마 다리 모양의 무언가를 연상시키는(resemble) 것은 아니다. 발자국은 가짜로 밝혀졌지만, (d) 이 위조에 Wetherell이 가담했는지의 여부는 불분명하다. 따라서 (a), (c), (d)는 전부 사실이 아닌 것을 알 수 있다. 동물학자들이 내린 결론에 해당하는 것은 남은 보기인 (b)이다.

> However, upon closer inspection, zoologists at the Natural History Museum determined that (a) the tracks were identical and (c) made with an umbrella stand or ashtray that had a hippopotamus leg as a base; (d) Wetherell's role in the hoax was unclear.

| 05 | 영어문제 | 문제 한글 해석 |
|---|---|---|
| | What does "the iconic image" of Loch Ness monster consist of?<br>(a) a surgeon at the point of capturing Loch Ness monster<br>(b) an English doctor trying to take picture of a reptile-looking creature<br>(c) a creature revealing its upper part of the body<br>(d) a plesiosaur that was believed to have gone extinct a long time ago | 네스 호 괴물의 "상징적인 이미지"는 무엇으로 구성되었는가?<br>(a) 네스 호 괴물을 포획하려는 순간의 의사<br>(b) 파충류로 보이는 생물의 사진을 촬영하려는 영국인 의사<br>(c) 그것의 상체부분을 드러낸 생물<br>(d) 오래전 멸종되었다고 알려진 수장룡<br>**정답** (c) |

**문제 해설**

현재까지도 잘 알려진 네스 호 괴물의 상징적인 모습은 영국인 의사 Robert Kenneth Wilson에 의해 촬영된 것으로, 사진 속에는 작은 머리가 달린 목을 드러낸 괴수의 모습이 나타나 있다.

> The news only seemed to spur efforts to prove the monster's existence. In 1934 English physician Robert Kenneth Wilson photographed the alleged creature. The iconic image—known as the "surgeon's photograph"—appeared to show the monster's small head and neck. The Daily Mail printed the photograph, sparking an international sensation. Many speculated that the creature was a plesiosaur, a marine reptile that went extinct some 65.5 million years ago.

| 06 | 영어문제 | 문제 한글 해석 |
|---|---|---|
| | In the context of the passage, the word "support" means<br>(a) abide<br>(b) corroborate<br>(c) defend<br>(d) finance | 이 글의 문맥상 "support"는 무엇을 의미하는가?<br>(a) 견디다<br>(b) 뒷받침하다<br>(c) 옹호하다<br>(d) 지원하다<br>**정답** (b) |

**문제 해설**

"support"는 '지지하다, 후원하다, 떠받치다' 등의 의미가 있지만, 이 글에서는 주장을 뒷받침한다는 의미이므로 (b) corroborate '뒷받침하다'가 가장 가까운 뜻으로 쓰였다.

| 07 | 영어문제 | 문제 한글 해석 |
|---|---|---|
| | In the context of the passage, the word "game" means<br>(a) sport<br>(b) competition<br>(c) prank<br>(d) prey | 이 글의 문맥상 "game"은 무엇을 의미하는가?<br>(a) 운동<br>(b) 시합<br>(c) 장난<br>(d) 사냥감<br><br>**정답** (d) |

이 글에서 "game"은 문맥상에서 "사냥감"이라는 의미로, (d) prey '사냥감'과 가장 가까운 뜻을 가졌다. 그 외에 단어들은 유의어이기는 하나 문맥상 쓰인 의미와는 서로 다른 의미를 지닌 단어들이다.

한사랑 4S 경찰&소방 전용
# 1트합격 지텔프

한사랑 4S

READING PART

# PART 04

# PART 04

Read the following business letter and answer the questions.
The underlined words in the article are for vocabulary questions.

October 12, 2021

To Whom It May Concern:

It is an honor to write a letter of reference in support of Shawn Rettig. We have engaged her interior design services extensively throughout the years since we first met her in 2013. Shawnie not only altered the atmosphere of our large mountain home from imposing to inviting, but helped us design a professional music studio from the ground up.

Before launching into the full-scale design projects that were to come, we engaged Shawnie's services to re-decorate a small guest room at our home in Lake Arrowhead. From the very first design meeting, Shawnie set a professional, yet congenial tone that would characterize the future of our business relationship.

In assessing our design needs, aesthetic preferences and budget constraints, she listened thoughtfully and thoroughly. With astonishing speed, only a few days, she returned to us with a detailed design proposal that incorporated -- even exceeded -- all our requests, yet respected our budget. The plan was laid out superbly, but with special attention to clear pricing of all items and all labor. Once we agreed to the plan, the project took off and was completed so quickly, we were -- in a word -- shocked.

In our many years on the mountain, we had never experienced such speedy, precise, reliable workmanship as the workmanship she was able to coax out of the subcontractors. To our delight, the guest room turned out to be beautiful, even better than we had hoped. But best of all, the project came in right on budget, which in our experience, is rare indeed.

With the proof we needed right before our eyes, we confidently hired Shawnie to move forward with the re-design of other rooms in our home. We consistently found her to be efficient. She was scrupulously clear about her design hours and provided detailed records. We had easy communication about all aspects of design and always felt that Shawnie deferred to our choices without any ego-clinging to her own stylistic suggestions. Her primary concern was always client satisfaction, and she excelled at flexible, innovative problem-solving.

As long-time clients, we have great respect for Shawn Rettig's design expertise, professional reliability, savvy taste, and can-do personality. We have had the pleasure of watching her succeed project after project. We look back in gratitude at our shared design adventures as time and money well spent. And we look forward to watching her fresh successes in the future.

Sincerely,
Jill and Mark Mancina
jamancina@aol.com

## 01

What is this letter written for?

(a) to praise the achievement of Shawn Rettig in her interior design career
(b) to make a further contract with Shawn Rettig on following design projects
(c) to wish Shawn Rettig a fortune and prosperity
(d) to commend Shawn Rettig to her future employer in design field

## 02

Which of the following is NOT mentioned as Shawn Rettig's works?

(a) coming up with a reasonable budget plan in the very first meeting
(b) remodeling parts of a building in her client's estate
(c) handling workers with fluency even in rough surroundings
(d) contributing to the construction of a music studio from start to finish

## 03

In the letter, why did the writers use the word "shocked" to express their feelings?

(a) Shawn proved that she remembered every part of what the writers had said.
(b) The whole design process went with harmony and unpredictable velocity.
(c) Shawn managed to come up with a completely renovated space within a few days.
(d) Shawn's proposal even included all the numerical details of material and labor required for the project.

## 04

Regarding the reborn guest room, what was the writers especially contented with?

(a) It contained all the items that would strike client's fancy.
(b) It served a special purpose that was beyond the writers' imagination.
(c) It perfectly fit the budget, which was considered as a unusual occasion.
(d) It was completed much earlier than had been expected.

## 05

According to the letter, why did the writers find communicating with Shawn Rettig amicable?

(a) Their esthetical senses exactly coincide with each other.
(b) Shawn kept track of her working hours that helped their conversation run smooth.
(c) Shawn always put her client's preference ahead of her own opinions.
(d) Shawn had such pathbreaking perspectives that would amaze the writers all the time.

## 06

In the context of the passage, the word "engage" means

(a) arrest          (b) employ
(c) interconnect    (d) preoccupy

## 07

In the context of the passage, the word "defer" means

(a) adjourn   (b) delay
(c) prolong   (d) follow

# PART 04 정답 및 해설

### 문제 해석

October 12, 2021
To Whom It May Concern:

October 12, 2021
이 편지를 받으시는 분께:

It is an honor to write a letter of reference in support of Shawn Rettig.
Shawn Rettig를 지원하는 추천서를 쓰게 되어 영광으로 생각합니다.

We have engaged her interior design services extensively throughout the years since we first met her in 2013.
2013년에 그녀를 처음 만난 이후로 우리는 수년간 광범위하게 그녀의 인테리어 디자인 서비스를 고용해왔습니다.

Shawnie not only altered the atmosphere of our large mountain home from imposing to inviting, but helped us design a professional music studio from the ground up.
Shawnie는 도입부터 초청 단계에 걸쳐 우리의 넓은 산장의 분위기를 변화시켜왔을 뿐만 아니라, 전문 음악 스튜디오 설계 작업을 처음부터 끝까지 도왔습니다.

Before launching into the full-scale design projects that were to come, we engaged Shawnie's services to re-decorate a small guest room at our home in Lake Arrowhead.
다가올 본격적인 디자인 프로젝트를 개시하기에 앞서 우리는 Lake Arrowhead에 있는 우리의 사옥에 작은 게스트 룸의 재단장 작업을 그녀에게 맡겼습니다.

From the very first design meeting, Shawnie set a professional, yet congenial tone that would characterize the future of our business relationship.
첫 디자인 미팅 때부터 Shawnie는 향후 우리의 비즈니스 관계의 미래의 특징이 되는 전문적이면서도 적절한 톤을 사용했습니다.

In assessing our design needs, aesthetic preferences and budget constraints, she listened thoughtfully and thoroughly.
디자인적인 요구와 미적 기호, 제한된 예산을 가늠하는 과정에서 그녀는 사려 깊으면서도 꼼꼼하게 우리의 소리에 귀 기울여 주었습니다.

With astonishing speed, only a few days, she returned to us with a detailed design proposal that incorporated -- even exceeded -- all our requests, yet respected our budget.
그리고는 놀라운 속도로 단 며칠 만에 그녀는 우리의 요구를 모두 통합하는 — 심지어 뛰어넘는 — 하지만 우리의 예산을 존중하는 세부적인 디자인 제안서를 가져왔습니다.

The plan was laid out superbly, but with special attention to clear pricing of all items and all labor.
계획은 아주 훌륭하게 짜였으면서도 필요한 모든 물품과 노동의 투명한 금액에도 특별한 중점을 두고 있었습니다.

Once we agreed to the plan, the project took off and was completed so quickly, we were -- in a word -- shocked.
우리가 계획에 동의하자마자 프로젝트는 개시되었고, 신속하게 계획이 완성되었다는 사실에 우리는 한 마디로 충격을 받았습니다.

In our many years on the mountain, we had never experienced such speedy, precise, reliable workmanship as the workmanship she was able to coax out of the subcontractors.
수년간 산에서 작업을 하면서 우리는 그녀가 외주업자들을 다루는 기술만큼 신속하게 정확하고 신뢰가 가는 것을 본 적이 없었습니다.

To our delight, the guest room turned out to be beautiful, even better than we had hoped.
게스트 룸은 우리가 희망했던 바를 뛰어넘은 아름다운 자태로 완성되어 우리를 기쁘게 하였습니다.

But best of all, the project came in right on budget, which in our experience, is rare indeed.
무엇보다도 좋았던 것은 프로젝트는 주어진 예산 내에 시행되었고, 우리의 경험상 이것은 매우 드문 일입니다.

With the proof we needed right before our eyes, we confidently hired Shawnie to move forward with the re-design of other rooms in our home.
우리가 원했던 증거물을 눈앞에 경험한 이상, 우리는 자신 있게 Shawnie를 고용하여 사옥 내 다른 방의 재설계도 진행하였습니다.

We consistently found her to be efficient.
그간 지속적으로 우리는 그녀가 유능함을 확인할 수 있었습니다.

She was scrupulously clear about her design hours and provided detailed records.
그녀는 작업 시간에 대해 매우 꼼꼼하게 명확하였고 세부 기록 또한 제공하였습니다.

We had easy communication about all aspects of design and always felt that Shawnie <u>defer</u>red to our choices without any ego-clinging to her own stylistic suggestions.
우리는 디자인 전면에 대해 원활한 소통을 했고, 그녀가 자신의 디자인관에 집착하는 일 없이 우리의 선택을 따른다는 느낌을 항상 받았습니다.

Her primary concern was always client satisfaction, and she excelled at flexible, innovative problem-solving.
그녀의 주된 염려는 항상 고객을 만족시키는 것이었으며, 유연하고 혁신적인 문제 해결에 탁월한 모습을 보여 주었습니다.

As long-time clients, we have great respect for Shawn Rettig's design expertise, professional reliability, savvy taste, and can-do personality.
장기 고객으로서 우리는 Shawn Rettig의 전문 디자인 지식, 전문성에 대한 신뢰도, 최신(세련된) 취향, 그리고 해낼 수 있다는 의지에 깊은 존경을 표합니다.

We have had the pleasure of watching her succeed project after project.
우리는 그녀가 프로젝트를 연달아 성공시키는 모습을 지켜보는 기쁨을 누려왔습니다.

We look back in gratitude at our shared design adventures as time and money well spent.
우리가 함께 공유한, 시간과 돈의 가치가 충분했던 디자인적 모험들을 되돌아보면서 감사함을 느낍니다.

And we look forward to watching her fresh successes in the future.
미래에도 그녀의 새로운 성공을 기원합니다.

Sincerely,
진심을 담아서,

Jill and Mark Mancina
jamancina@aol.com

Jill and Mark Mancina
jamancina@aol.com

---

### 어휘 Check

- **letter of reference** - 추천서
- **impose** 도입하다
- **congenial** 기분이 좋은
- **astonishing** 믿기 힘든
- **coax** 구슬리다, 달래다
- **rare** 드문, 희귀한
- **ego-clinging** 자기 집착
- **extensively** 광범위하게
- **from the ground up** 처음부터 끝까지
- **aesthetic** 미적인
- **exceed** 뛰어넘다
- **subcontractor** 하청인, 외주인
- **consistently** 지속적으로
- **savvy** 최신의 (세련된)
- **alter** 바꾸다, 고치다
- **full-scale** 본격적인, 전면적인
- **constraint** 제약, 제한
- **superbly** 훌륭하게
- **consistently** 지속적으로
- **scrupulously** 빈틈없이

**정답**  01. (d)   02. (a)   03. (b)   04. (c)   05. (c)   06. (b)   07. (d)

## 01

| 영어문제 | 문제 한글 해석 |
|---|---|
| What is this letter written for?<br>(a) to praise the achievement of Shawn Rettig in her interior design career<br>(b) to make a further contract with Shawn Rettig on following design projects<br>(c) to wish Shawn Rettig a fortune and prosperity<br>(d) to commend Shawn Rettig to her future employer in design field | 이 편지는 무엇을 위해 작성되었는가?<br>(a) Shawn Rettig의 인테리어 디자인 경력 상의 업적을 칭송하기 위해<br>(b) 다가올 디자인 프로젝트들에 관하여 Shawn Rettig와 차후 계약을 진행하기 위해<br>(c) Shawn Rettig의 행운과 번영을 기원하기 위해<br>(d) 디자인 분야에서 미래의 고용주에게 Shawn Rettig를 추천하기 위해<br>**정답** (d) |

### 문제 해설

본문의 형식은 letter of reference(추천서)로, 과거에 Shawn Rettig를 고용한 경험이 있는 편지의 작성자, Jill과 Mark Mancina가 고용주의 입장에서 Shawn Rettig와 함께 일한 감상에 대해 이야기하는 내용이다. 추천서의 목적은 구직자의 능력과 경험을 증명하고 구직자를 고용할 것을 업체에 추천하는 것에 있으므로, 정답은 (d)이다.

> It is an honor to write a letter of reference in support of Shawn Rettig. We have engaged her interior design services extensively throughout the years since we first met her in 2013. Shawnie not only altered the atmosphere of our large mountain home from imposing to inviting, but helped us design a professional music studio from the ground up.

| 02 | 영어문제 | 문제 한글 해석 |
|---|---|---|

Which of the following is NOT mentioned as Shawn Rettig's works?

(a) coming up with a reasonable budget plan in the very first meeting
(b) remodeling parts of a building in her client's estate
(c) handling workers with fluency even in rough surroundings
(d) contributing to the construction of a music studio from start to finish

다음 보기 중 Shawn Rettig가 한 일로 언급된 것이 아닌 것은?

(a) 첫 회의 때 합리적인 예산안을 제시한 것
(b) 고객의 사유지에 있는 건물 내 여러 부분들을 리모델링한 것
(c) 열악한 환경에도 불구하고 일꾼들을 능숙하게 다룬 것
(d) 음악 스튜디오의 건축에 처음부터 끝까지 기여한 것

**정답** (a)

### 문제 해설

Shawn Rettig는 Jill과 Mark Mancina의 주택의 객실을 포함한 여러 방들을 재설계하고, 음악 스튜디오를 건축하는 것까지 도왔다. 첫 회의 때 그녀는 전문적이면서도 편안한 어조로 고객의 신뢰를 얻었다. 주택이 산속에 있어 작업하기 편한 환경은 아니었음에도 불구하고 그녀는 외주업자들을 능수능란하게 다루는 모습을 보여주었다. 여기에 포함되지 않는 보기는 (a)이다.

---

It is an honor to write a letter of reference in support of Shawn Rettig. We have engaged her interior design services extensively throughout the years since we first met her in 2013. Shawnie not only altered the atmosphere of our large mountain home from imposing to inviting, but helped us design a professional music studio from the ground up.

Before launching into the full-scale design projects that were to come, we engaged Shawnie's services to re-decorate a small guest room at our home in Lake Arrowhead. From the very first design meeting, Shawnie set a professional, yet congenial tone that would characterize the future of our business relationship.

...

In our many years on the mountain, we had never experienced such speedy, precise, reliable workmanship as the workmanship she was able to coax out of the subcontractors. To our delight, the guest room turned out to be beautiful, even better than we had hoped. But best of all, the project came in right on budget, which in our experience, is rare indeed.

| 03 영어문제 | 문제 한글 해석 |
|---|---|
| In the letter, why did the writers use the word "shocked" to express their feelings?<br><br>(a) Shawn proved that she remembered every part what the writers said.<br>(b) The whole design process went with harmony and unpredictable velocity.<br>(c) Shawn managed to come up with a completely renovated space within a few days.<br>(d) Shawn's proposal even included all the numerical details of material and labor required for the project. | 편지에서 작성자는 자신의 감정을 표현하기 위해 왜 "충격받았다"는 말을 사용하였는가?<br><br>(a) Shawn은 그녀가 작성자들이 한 모든 말을 기억하고 있음을 증명했다.<br>(b) 전체 디자인 과정이 조화로우면서도 예상치 못한 빠른 속도로 흘러갔다.<br>(c) Shawn은 불과 며칠 만에 완벽히 개조된 공간을 선보이는 것을 해냈다.<br>(d) Shawn의 제안서는 프로젝트에 필요한 재료와 노동의 세부적인 수치까지 포함하고 있었다.<br><br>정답 (b) |

"shock"가 쓰인 문단의 맥락을 잘 살펴보자. 작성자는 계획의 동의가 있고 나서 프로젝트가 바로 시행되었으며 매우 신속하게 완료되었다고 말하며, 그것이 한 마디로 충격적이었다고 묘사하고 있다. 따라서 프로젝트가 짧은 시간 내에 매우 원활하게 흘러갔음에 감탄하였음을 알 수 있다. 이를 나타내는 보기는 (b)이다. 나머지 보기들은 모두 사실과 조금씩 다르다.

> In assessing our design needs, aesthetic preferences and budget constraints, she listened thoughtfully and thoroughly. With astonishing speed, only a few days, she returned to us with a detailed design proposal that incorporated -- even exceeded -- all our requests, yet respected our budget. The plan was laid out superbly, but with special attention to clear pricing of all items and all labor. Once we agreed to the plan, the project took off and was completed so quickly, we were -- in a word -- shocked.

| 04 | 영어문제 | 문제 한글 해석 |
|---|---|---|

Regarding the reborn guest room, what was the writers especially contented with?

(a) It contained all the items that would strike client's fancy.
(b) It served a special purpose that was beyond the writers' imagination.
(c) It perfectly fit the budget, which was considered as a unusual occasion.
(d) It was completed much earlier than had been expected.

재탄생한 게스트 룸에 관해 작성자가 특히 만족하였던 점은 무엇인가?

(a) 고객의 환상을 겨냥할 만한 모든 품목을 포함하였다.
(b) 작성자의 상상의 범주를 뛰어넘는 특수한 기능을 수행하였다.
(c) 그것은 예산안에 완벽히 들어맞았으며, 이는 흔하지 않은 경우로 여겨졌다.
(d) 예상되었던 것 보다 훨씬 일찍 완공되었다.

**정답 (c)**

### 문제 해설

편지를 통해 작성자는 재건축된 게스트 룸을 아주 마음에 들어 하였음을 알 수 있다. 그 중에서도(best of all), 작성자가 제일 좋았던 점으로 꼽은 것은 프로젝트가 예산을 초과하지 않았다는 사실이다. 이는 아주 드물게 성사되는 일이라고도 언급하고 있다. 이 내용을 담고 있는 보기 (c)가 정답이다.

> In our many years on the mountain, we had never experienced such speedy, precise, reliable workmanship as the workmanship she was able to coax out of the subcontractors. To our delight, the guest room turned out to be beautiful, even better than we had hoped. But best of all, the project came in right on budget, which in our experience, is rare indeed.

| 05 | 영어문제 | 문제 한글 해석 |
|---|---|---|

According to the letter, why did the writers find communicating with Shawn Rettig amicable?

(a) Their esthetical senses exactly coincide with each other.
(b) Shawn kept track of her working hours that helped their conversation run smooth.
(c) Shawn always put her client's preference ahead of her own opinions.
(d) Shawn had such pathbreaking perspectives that would amaze the writers all the time.

편지에 의하면, 작성자들이 Shawn Rettig와의 소통을 원만하다고 느낀 것은 어째서인가?

(a) 그들의 미적 감각이 서로 정확히 일치한다.
(b) Shawn은 자신이 일한 시간을 기록하였으며 이로 인해 그들의 대화가 원활하게 진행되었다.
(c) Shawn은 항상 그녀 자신의 의견보다 고객의 선호를 우선시하였다.
(d) Shawn은 무척이나 혁신적인 관점을 지니고 있어서 작성자를 언제나 놀라게 했다.

**정답 (c)**

### 문제 해설

작성자는 모든 디자인적 측면에서 원활한 소통을 경험하였으며, Shawn이 자기 관점만을 관철하려 하지 않고 고객의 만족을 중점에 두고 있는 것을 느낄 수 있었다고 말한다. 이에 해당하는 보기는 (c)이다.

> With the proof we needed right before our eyes, we confidently hired Shawnie to move forward with the re-design of other rooms in our home. We consistently found her to be efficient. She was scrupulously clear about her design hours and provided detailed records. We had easy communication about all aspects of design and always felt that Shawnie deferred to our choices without any ego-clinging to her own stylistic suggestions. Her primary concern was always client satisfaction, and she excelled at flexible, innovative problem-solving.

| 06 | 영어문제 | 문제 한글 해석 |
|---|---|---|

In the context of the passage, the word "engage" means
(a) arrest
(b) employ
(c) interconnect
(d) preoccupy

이 글의 문맥상 "engage"는 무엇을 의미하는가?
(a) 시선을 끌다, 체포하다
(b) 고용하다
(c) 서로 관계를 맺다
(d) 사로잡다

**정답** (b)

### 문제 해설

이 글의 문맥상 "engage"는 '고용하다'라는 뜻을 지닌 동사이다. 따라서 가장 가까운 의미의 (b) employ '고용하다'가 정답이다. 그 외에 단어들은 유의어이기는 하나 문맥상 쓰인 의미와는 서로 다른 의미를 지닌 단어들이다.

| 07 | 영어문제 | 문제 한글 해석 |
|---|---|---|

In the context of the passage, the word "defer" means
(a) adjourn
(b) delay
(c) prolong
(d) follow

이 글의 문맥상 "defer"는 무엇을 의미하는가?
(a) 중단하다
(b) 미루다
(c) 연장시키다
(d) ~에 따르다

**정답** (d)

### 문제 해설

이 글의 문맥상 "defer"는 '(의견, 희망)~에 따르다'를 의미하는 동사이다. 따라서 가장 가까운 의미의 (d) follow '~에 따르다'가 정답이다. 하지만 defer은 동사로 '미루다, 지연하다' 란 의미도 있으므로 주의해야한다. 그 외에 단어들은 유의어이기는 하나 문맥상 쓰인 의미와는 서로 다른 의미를 지닌 단어들이다.

## 4S 1트 합격
## 지텔프 경찰&소방 기본서

초 판 인 쇄　2023년 3월 7일
초 판 발 행　2023년 3월 13일
편 저 자　한사랑
발 행 인　최창호
등　　　 록　제2016-000065호
발 행 처　주식회사 좋은책
주　　　 소　서울시 관악구 관악로12길 10, 3층
교 재 문 의　TEL) 02-871-7720 / FAX) 02-871-7721
I S B N　979-11-6348-557-5 (13740)

본서의 무단 전재·복제 행위는 저작권법에 의거하여 5년 이하의 징역 또는 5천만원 이하의 벌금에 처하거나 이를 병과할 수 있습니다.

저자와의 협의하에 인지를 생략합니다.

정가 26,000원